# 코로나19 가짜뉴스 수사학

The Rhetoric & Forensic of Coronavirus Disinformation

– 미디어리터러시 원리로 푸는 26가지 생각 레시피 –

황치성 지음

교육과학사

## | 머리말 |

올해도 어김없이 봄은 찾아왔다. 산과 들은 초록빛으로 변하고 온갖 종류의 꽃들은 겨우내 감춰두었던 자태를 뽐내느라 바빴다. 그러나 2020년 지구촌의 봄은 참으로 잔인했다. 예년 같으면 산으로 들로 꽃구경, 사람 구경을 가야 할 때였지만 봄바람에 날려오는 꽃향기마저도 우리를 두려움에 휩싸이게 만들었다. 손발도 마음도 움츠러들었고 자연의 재앙 앞에 인간은 한없이 무기력했다. 사람들의 고귀한 생명은 자동으로 찍히는 계기판의 숫자처럼 허망하기 그지없었다. 전 세계를 불안과 공포로 몰아넣은 코로나19 때문이다.

2019년 12월 8일, 중국 우한에서 첫 확진자가 발생한 이후 약 8개월여 동안 전 세계에서 2천5백만 명 이상이 감염되었고 사망자 수도 이미 85만 명을 넘어섰다. 2012년의 사스나 2015년에 발생한 메르스는 비할 바가 아니었다. 디지털과 첨단 의료기술의 발달로 평균수명 1백 세 시대를 이야기하곤 했지만 코로나19엔 그저 무력할 뿐이었다.

그게 끝이 아니었다. 코로나19는 여전히 진행 중이고 벌써 우리 일상의 많은 것들을 바꿔 놓았다. 재택근무가 크게 늘어나면서 러시아워라는 단어가 무색해졌고 학교 수업은 비대면 온라인으로 대체되었다. 점심시간이면 무리 지어 다니면서 같이 밥을 먹는 식사 문화도 혼밥으로 바뀌고 있고 장보기 대신 온라인 쇼핑이 대세가 되고 있다. 코로나19가 확산되면서 생존의 필수조건이 된 사회적 거리 두기는 단순히 물리적 격리를 넘어 사람들 간의 만남까지 제한하는 언택트 문화를 만들어냈다.

### 우리를 디지털 세상의 시험대에 들게 한 코로나19 가짜뉴스

이런 가운데 우리는 또 하나의 강적을 맞닥뜨려야 했다. 코로나바이러스에 이은 가짜뉴스의 창궐이다. 서울대 보건대학원 유명순 교수 연구팀이 2020년 1월 31일부터 2월 4일까지 전국 1천 명을 대상으로 실시한 설문조사에 따르면 응답자의 42.1%가 "가짜임을 확인한 가짜뉴스를 접한 적이 있다"고 응답했다.[1] 확인되지 않은 가짜뉴스를 포함하면 그 비율은 훨씬 더 높아진다.

코로나19는 가짜뉴스가 서식하고 활개를 치는 데 최적의 환경을 제공했다. 일상에서의 불확실성과 미래에 대한 두려움, 그런 가운데 가능한 한 많은 것을 알고 싶어 하는 욕구의 증가 그리고 비대면 온라인 생활의 확대 등등. 실제로 코로나19 상황은 정보 전염병이라고 하는 인포데믹의 실상과 폐해를 여실히 보여주었다.

우선 전염병에 대한 불안과 두려움이 엄습하고 있는 상황에서 정확하지 않은 처방이나 조언들은 개인이나 집단에 실질적인 피해를 초래했다. 서울대 보건대학원 이민정 박사에 의하면 코로나19 사태 이후 73.2%가 몸이 아픈데도 불구하고 병의원 방문을 기피하는 현상이 일어났고 결과적으로 적정 치료 시점을 놓침으로써 기저질환이 발생하고 막대한 추가 의료 비용까지 발생했다.[2]

코로나19가 한창 확대일로를 걷고 있던 3월 10일경, 경기도 성남시에 소재하는 은혜의강 교회에서 소금물 분무기로 인해 67명에 이르는 확진자가 발생한 것은 '소금물이 코로나19 바이러스의 침범을 막아 준다'는 가짜뉴스에서 비롯된 것이다.[3] 이란에서는 '알코올이 코로나 바이러스를 제거해 준다'는 가짜뉴스에 메탄 알코올에 표백제를 넣어 에탄 알코올이라고 속여 판 악덕 상혼까지 겹쳐 796명이 사망하는 사고까지 발생했다.[4] 유럽에서는 '5G가 코로나 바이러스를 옮긴다'는 가짜뉴스 때문에 최소 140개 이상의 기지국들이 파손되었다.[5] 또 코로나19에 혐오와 차별까지 부추긴 가짜뉴스 때문에 집단갈등과 폭력이 일어난 경우도 부지기수였다.

가짜뉴스는 또 보건 당국과 의료진의 체계적인 대응을 어렵게 만들었다. 대규모 전염병이 발생하고 불안과 공포가 짓누르는 상황에서 이를 극복하는데 가장 중요한 첫걸음은 보건당국과 국민간의 신뢰 관계 구축이다. 그러나 가짜뉴스는 보건당국과 국민간의 불신을 조장하고 불필요한 시간과 자원을 허비하게 함으로써 사태를 더욱 악화시켰다. 더 나아가 상황을 오도하게 함으로써 보통 사람들이 제대로 치료받을 수 있는 기회를 놓치게 하고 결과적으로 더 큰 희생을 낳게 만들었다.

디지털 시대를 살아가는 우리들에게 가짜뉴스는 이제 너무 흔한 말이 되었다. 그런 탓인지 가짜뉴스의 심각성에 대한 사람들의 인지적 방어막도 무뎌지고 있다. 가짜뉴스는 마치 이러한 사람들의 심리를 파악이라도 한 듯 교묘하게 파고들었다. 그리고 변이와 진화를 거듭하고 있다. 뉴욕 타임스가 2018년, 러시아발로 추정되는 것들을 포함, 전 세계에 큰 반향을 일으켰던 가짜뉴스들을 분석한 결과, 일곱 가지의 제조법칙을 따르고 있었다.[6]

첫째, 사람들은 평범한 뉴스에는 흥미를 느끼지 않는다. 따라서 흥미를 느끼게 하기 위해서는 질병, 건강, 섹스, 인종 등 민감한 소재를 선택해야 한다.

둘째, 대범하게 충격적인 거짓말을 날조하는 편이 성공 확률이 높다.

셋째, 거짓말의 주변을 작은 진실들의 파편들로 둘러치면 수월하게 신뢰를 얻을 수 있다.

넷째, 가짜뉴스 생산자는 자신의 이름을 숨겨서 조작행위를 추적할 수 없게 만들어야 한다.

다섯째, 가짜뉴스를 전파해 줄 '유용한 바보'를 이용한다.

여섯째, 가짜뉴스의 정체가 탄로나도 모든 것을 끝까지 부인한다.

일곱째, 만들어낸 가짜뉴스의 논리에 부합하는 사례들을 모아 계속 추가하고 장기전을 펼친다.

## 진화를 거듭하고 있는 코로나19 가짜뉴스

이러한 몇 가지 제조법칙들은 가짜뉴스가 특수한 바이러스처럼 상황 적응능력을 가지고 있음을 시사한다. 더구나 최근에 나타난 가짜뉴스들은 '코로나19'라는 유행성 전염병의 특성과 함께 사람들의 심리를 완벽히 파악한 듯 진화해 가고 있었다.

첫째, 코로나19 가짜뉴스는 '처음 겪는 질병에 대한 무지와 두려움', '사회적 격리'라는 상황을 고려한 맞춤형 기획작품식 특징을 보였다. 앞서 뉴욕 타임스가 분석한 대로 사람들에게 가장 흥미를 끄는 것 중의 하나가 질병에 관한 소재이다. 거기에다 코로나19는 그야말로 처음 경험하는 유행성 전염병이다. 그런 탓에 사회적 거리두기는 필수화가 되었다. 이런 상황에서 카톡이나 페이스북 등 SNS를 타고 오는 가짜뉴스들은 흔히 생각하는 '악당의 모습'이 아니었다. 친구나 지인의 이름에다 따뜻한 격려성 글까지 담겨 있었다.

대표적인 사례가 '우한 병원에 근무하는 친구 삼촌'으로 시작되는 조언형 가짜뉴스다. '코로나19 증상에서 일반 감기와의 차이점', '따뜻한 물 마시기의 효능', 예방정보에 바이러스 차단 정보까지 한 상 가득한 정보를 담고 있다. 그러나 이 정보는 대부분 가짜였다. 혼자 보기엔 너무나 아까워 친구, 친지들에게 다 보낼 수밖에 없게 만든다. 그런 탓에 2020년 1월 24일, 반무슬림 성향의 극우 활동가 파멜라 겔러(Pamela Geller)가 자신의 웹사이트 '겔러리포트(Geller Report)'에 처음 올린 이후 세계에서 가장 많은 조회 수와 공유 수를 기록했다.[7] '우한 병원의 친구 삼촌'은 '스탠퍼드 의과대학'에서 '질병예방통제센터 고위 관계자', 그리고 '홍콩에 있는 아들'에 이르기까지 수많은 변종을 낳으면서 지금도 세계를 떠돌고 있다.

둘째, 코로나19 가짜뉴스는 완벽한 거짓이 아니라 파편화된 사실과 뒤엉켜 있어 혼란을 더욱 가중시켰다. 뉴욕 타임스가 밝힌 세 번째 법칙 '거짓말의 주변을 작은 진실들의 파편들로 둘러치면 수월하게 신뢰를 얻을 수 있다.'를 그대로 적용하고 있는 셈이다. 평상시라면 조금만 생각하면 사실이 아님을 바로 알 수 있는 것들도 많다. 그러나 새로운 질병이라는 특징에 뭔가 두려움과 불안을 가지고 있다면 상황은 달라진다. 거기에다 단편적인 사실도 몇 개 포함되어 있고 심각한 악의도 드러나 보이지 않는다. 그래서 친구와 친지, 그리고 그 밖의 많은 사람들에게까지 공유하게 함으로써 결과적으로 수많은 가짜뉴스 공모자를 만들어냈다.

셋째, 글로벌 시대를 반영한 듯 순식간에 번역판이 만들어져 세계로 퍼지면서 국가별, 지역별 특색을 고려한 진화가 이루어졌다. 예를 들면 세계적으로 많은 조회 수를 기록한 코로나19 가짜뉴스 중에 마늘의 효능을 강조한 것이 있다. 우리나라 음식에서 마늘은 빼놓을 수 없는 요소이다 보니 이 가짜뉴스는 토종이라 생각할 수 있다. 그러나 이 가짜뉴스는 2020년 1월 31일 'Helpfull Blog'라는 이름의 페이스북에 '오랜 경력을 가진 중국 의사가 추천한 것'이라면서 영문으로 처음 올라왔다.[8] 그리고 지역의 특색을 반영하면서 세계로 퍼져나갔고 2월 초에 우리나라에 상륙했다. 이런 유형의 가짜뉴스는 출처 확인을 더욱 어렵게 만들 뿐 아니라 내용 자체에 대한 진위를 가리기 어렵게 만들고 있다.

넷째, 유명 인플루언서들의 역할이 새롭게 드러났다. 최근 옥스퍼드 로이터저널리즘 연구소가 2020년 1월부터 3월 말까지 영어로 된 225건의 허위정보 또는 오도성 정보를 분석한 연구에 따르면 유명인들이 코로나 바이러스와 관련된 정보를 배포하는 데 중요한 통로 역할을 수행했다.[9] 정치인, 유명인 등 저명한 인물들이 코로나19와 관련된 허위정보의 20%를 생성하거나 유포했으며 총 반응(ingagement) 수의 69%를 차지할 정도로 인기를 끌었다. 트위터와 인스타그램에서 수백만 명의 팔로워를 거느린 영화배우 등의 유명인들은 잘못된 정보의 불길을 부채질하여 주류미디어보다 훨씬 더 많은 사람들에게 도달하게 하는 데 일조했다. 뉴욕 타임스의 표현을 빌리면 유명 인플루언서들이 '유용한 바보' 역할을 한 것이다.

### 더 이상 늦출 수 없는 가짜뉴스 바이러스 백신

미국 하버드대 연구팀은 2020년 4월 15일 "실질적인 치료제나 백신이 제공되지 않는다면 코로나19가 2022년까지 지속될 수 있고 그 전에 감염병이 멈춰도 2024년에 다시 창궐할 가능성이 있다."는 연구결과를 발표했다.[10] 안타까운 일이지만 우리가 코로나19 상황에서 경험하고 또 감내했던 비대면 접촉과 사회적 거리 두기 등 이 모든 것들이 일상화될 것임을 예고하는 부분이다.

코로나19가 지속되는 가운데 온라인 일상이 확대되면서 가짜뉴스는 더욱 기승을 부릴 것이다. 다른 때와 달리 개개인이 메시지를 스스로 주고받을 수 있는 소셜미디어 시대에는 인포데믹의 파급력이 더욱 빠르고 강력해진다. 전염병 자체에 대한 예방과 방역도 중요하지만 가짜뉴스라는 정보 바이러스에 대한 면역력을 키우는 일이 필요한 이유는 바로 여기에 있다.

가짜뉴스 바이러스에 대한 면역체계를 갖추는 일은 크게 두 가지 방향에서 고려할 수 있다. 하나는 가짜뉴스가 발생하고 서식할 수 없는 환경을 구축하는 일이고 다른 하나는 국민 개개인이 가짜뉴스를 감별하고 스스로 대응할 수 있는 면역능력을 갖추는 일이다. 전자는 가짜뉴스에 대한 제도와 정책을 마련하는 일이다. 물론 시급하고도 중요한 일이다. 그러나 일의 속성상 코로나19에 한정된 것이 아니라 가짜뉴스 전반에 대해 다루어져야 하는 복잡성을 내포하고 있다. 더 이상의 언급은 이 책의 범위를 뛰어넘기 때문에 제도와 정책 면에서 본격적인 논의와 준비가 필요하다는 점만 강조하는 것으로 그치겠다.

가짜뉴스를 막기 위한 제도와 관련해서 많은 전문가들이 팩트체킹을 강조한다. 팩트체킹도 중요한 역할을 하는 것은 맞다. 가짜뉴스 내용의 진위 여부를 확인해 줄 뿐 아니라 특히 사회적 논란이 있는 가짜뉴스에 대해 공적으로 객관화된 검증을 해 주기 때문이다. 이는 그 누구도 대신해 줄 수 없는 역할이다.

그러나 우리나라에서 현재 행해지고 있는 팩트체킹은 몇 가지 한계를 가지고 있다. 우선 적시성 문제다. 팩트체킹이 실효성을 갖기 위해서 최대한 시의성이 있어야 한다. 그러나 현재까지 수행되고 있는 우리나라의 팩트체킹은 시간적으로 더디다. 예를 들어 2020년 3월 10일 이후 성남시의 은혜의강 교회에서 단 며칠 만에 60명이 넘는 코로나19 집단 감염 사건이 발생했다.[11] '소금물이 코로나19를 막아준다'는 가짜뉴스와 '분무기를 사용하면 더 효과적으로 분사할 수 있다'는 섣부른 판단이 결합한 결과다. 이 사건을 놓고 가장 먼저 팩트체크에 들어간 언론사가 인터넷 매체인 뉴스톱이다. 3월 16일에 팩트체크 결과를 발표했다. 단순 계산으로만 봐도 6일이 지나서 팩트체크가 이루어진 것이다. 지금이 소셜미디어 시대인 점을 고려하면 이미 퍼질 대로 다 퍼진 상태이다.

실제로 '소금물이 코로나19를 막아준다'는 가짜뉴스는 이미 1월

21일 중국의 웨이보*에서부터 시작했다.[12] 중국 광저우 의과대학 제1부속병원은 소금물 가짜뉴스가 떠돈다는 것을 바로 파악하고 1월 22일 그것이 허위정보라고 발표했다. 그리고 그 시기를 전후해 AFP를 비롯한 언론사들이 팩트체킹을 하고 그 결과를 보도했다. 시의성이 단연 돋보인다.

이 소금물 관련 가짜뉴스가 우리나라에서 처음 나타난 것은 2월 21일 한 유튜버를 통해서였다.[13] 다시 말하자면 2월 21일부터 돌기 시작한 가짜뉴스를 3월 16일에서야 처음으로 팩트체킹을 했다는 의미다. 이 문제는 현재 우리나라 언론사의 취재 인력과 전문성 현실을 고려할 때 어쩌면 당연한 일인지도 모른다.

팩트체크의 또 다른 한계는 정치적 신념이 뚜렷한 사람들에게 별 영향을 미치지 못한다는 점이다. 가짜뉴스의 무서움은 인간 내면에 깊숙이 자리하고 있는 편견을 파고들면서 보고 싶은 것만 보고 믿고 싶은 것만 믿는 확증편향 현상을 강화시킨다. 이런 이유 때문에 팩트체크를 통해 확인된 사실을 전해주더라도 이미 굳어질 대로 굳어진 정치적 태도나 신념에 별 영향을 미치지 못한다. 더구나 낮은 신뢰도에다가 진영논리에 함몰되어 한국의 언론 상황에서 팩트체크 결과조차도 믿지 못하는 경향까지 보이고 있다.[14]

이런 한계를 극복한다 해도 또 하나 중요한 문제가 남는다. 팩트체크는 그 완성도는 둘째 치고라도 우리 사회에 만연한 모든 가짜뉴스의 진위를 다 가려줄 수는 없는 한계가 있다. 비유해서 말하

* 중국에서 최대의 이용자를 가진 소셜네트워크 서비스다.

자면 팩트체크는 바다에 있는 물고기를 잡아다가 줄 뿐이지 생선을 잡는 방법을 가르쳐 주는 것은 아니라는 의미다.

이 책은 두 번째 대응책인 국민 개개인이 코로나19와 관련된 가짜뉴스를 감별하는 방법, 즉 생선을 잡는 방법을 체계적으로 익히고 일상에서 활용할 수 있는 능력을 키우는 데 도움이 되고자 만든 것이다. 이를 위해 세 가지 주안점을 두고 책을 집필했다.

첫째, 이 책은 코로나19의 발생과 더불어 우리나라는 물론 세계 각국에서 맹위를 떨쳤던 다양한 가짜뉴스 사례들을 집대성했다. 그리고 각각의 사례별로 가짜뉴스의 내용과 배경, 전파과정에서의 변화, 그리고 그 반응과 실제 피해 등을 자세하게 수록했다. 이 사례들 중에는 우리가 이미 알고 있는 것들도 있지만 처음 접하는 것들도 많다. 이는 코로나19에 대한 대응능력을 익히기에 앞서 가짜뉴스의 실상과 심각성을 널리 알리기 위함이다.

뉴욕대학교 심리학과 제이 반(Jay J. Van) 교수 등의 연구에 따르면 이미 가짜뉴스에 노출된 경험이 있는 사람들은 그렇지 않은 사람들에 비해 가짜뉴스를 구분하는 능력이 더 큰 것으로 나타났다.[15] 이는 가짜뉴스의 실상을 아는 것만으로도 면역효과가 커질 수 있다는 점을 시사한다.

둘째, 코로나 바이러스와 관련된 가짜뉴스들이 만들어지는 원리와 방법을 체계적으로 유형화했다. 여기에서는 미디어리터러시의 원리를 적용했다. 미디어리터러시는 '이 세상의 미디어 메시지는 의도적으로 만들어진다'는 데서 출발한다. 즉 미디어 속의 메시지는 실제 세계를 그대로 보여주는 것이 아니라 인위적으로 만들어진 구성물이다. 그리고 인위적으로 만드는 과정에서 다음과 같이 다섯 가지의 메시지 구성원리가 작용한다.[16]

모든 미디어 메시지는 누군가가 만든 것이다(저자)
미디어 메시지는 그 자체의 언어적 표현기법을 사용한다(포맷)
동일한 메시지라도 받는 사람에 따라 다르게 인식한다(수용자)
모든 미디어 메시지는 만드는 사람의 가치와 관점을 가진다(콘텐츠)
미디어 메시지에는 어떤 형태로든 목적이 있다(목적)

미디어리터러시는 이 다섯 가지의 원칙에 따라 세부적인 질문을 던지고 비판적 사고를 통해 메시지의 진위와 오류 여부를 찾아가는 과정이다. 또 이를 바탕으로 자신이 메시지를 만들 때 이를 적용해 효율적인 방법을 도출하는 과정도 미디어리터러시에 포함된다.

가짜뉴스 역시 미디어 메시지의 한 부분이며 이 다섯 가지 원칙을 그대로 따른다. 다만 가짜뉴스는 '거짓'을 전제로 '사실'인 것처럼 보이기 위해 다양한 트릭을 쓴다. 그래서 일반 메시지와 달리 만든 사람의 '정체를 숨기고', 컬러풀하게 '위장된 언어 및 이미지를 차용'하며, '타깃화된 사람들의 편견'을 파고든다. 또 '한두 개의 사실에 십중팔구는 거짓'인 주장을 통해 '자신만의 이익을 취하거나 남에게 해를 끼치기 위한 목적'을 향해 나아간다. 그래서 이 책은 코로나19와 관련된 가짜뉴스 제조의 다섯 가지 원리와 스물 여섯 가지의 세부적인 방법을 구체적으로 제시했다.

셋째, 일반 독자들이 어렵지 않게 가짜뉴스를 판별할 수 있는 26가지의 구체적인 기준과 방법을 제시했다. 가짜뉴스 일반은 물론 코로나19 가짜뉴스가 범람하면서 이를 판별해내기 위한 방법들이 미디어리터러시 관련 기관이나 언론사들로부터 다양하게 제시되어 왔다. 이를테면, '정보의 출처가 신뢰할 수 있는지', '웹사이트 주소가 맞는지', '사진이나 영상이 정확한지', '극한 감정이나 분노를 일으키고 있지 않는지' 등등이다.

이런 판별법들이 여러 가지 도움을 주는 것은 사실이다. 그러나 지나치게 원론적이다. 또 단편적이고 한정된 범위에 국한되어 있다. 코로나19를 겪으면서 직접 경험을 했겠지만 이런 정도의 기준은 의미 있는 도움을 주지 못했다. 그래서 이 책에서는 각각의 사례와 함께 코로나19와 관련된 가짜뉴스가 만들어지는 원리와 방법을 넘어 그것들을 체계적으로 판별해 낼 수 있는 기준과 방법을 26개의 질문 형태로 제시했다.

이 책은 총 5장으로 구성된다. 1장 '가면 무도회'는 코로나19와 관련해서 가짜뉴스 제작자들이 자신의 정체를 숨기는 다양한 방법과 사례들을 분석적으로 제시하고 7개의 질문을 통해 가짜뉴스의 요소를 추출해내는 방법을 다룬다.

미디어 메시지를 만드는 사람이나 기관은 일반적으로 내용과 함께 스스로를 널리 알리기 위해 노력한다. 그러나 가짜뉴스는 그 특성상 자신의 정체를 숨기기 위해 다양한 방법을 동원한다. 여기에서는 정체를 숨기기 위한 다양한 사례와 은폐 방법을 분석하고 '출처 확인', '웹사이트나 URL 위조', 그리고 '언론사 사칭', '미디어 자체의 투명성', '인용된 전문가의 신뢰성'을 가려내는 방법을 다루고 있다. 또 가짜뉴스를 판별하는 가장 일반적인 방법으로서 SNS 상의 정보를 언론사의 뉴스와 교차 검증하는 방법 등을 제시했다.

2장 '디테일 속에 숨은 악마'는 가짜뉴스 제작자들이 자주 사용하는 언어적, 설득적 표현 방식과 기법들을 분석하고 그에 대한 판별방법을 제시한 것이다. '철자, 맞춤법' 등과 같은 '언어적 표기 형식'의 문제와 '언어적 표현의 적합성', '시급성을 강조하는 수식어', '과도한 약물과 대문자' 등을 사용한 가짜뉴스의 판별방법들을 다뤘다. 이와 함께 가짜뉴스에서 필수 요소로 자리 잡은 '이미지'와 '동영상'의 진위 여부를 가리는 분석 방법도 함께 제시했다.

3장 '디지털 사회의 적들과 내 안의 편견'에서는 거대 플랫폼 업체들의 수익 알고리즘을 포함한 디지털 환경과 편견 및 인지적 귀차니즘의 문제를 다뤘다. 가짜뉴스는 성, 인종, 종교 등과 관련된 민감한 소재들을 자주 활용한다. 이러한 소재들은 그 자체가 편견의 문제를 내포하고 있지만 미디어 이용자들의 내면에 깊숙이 자리 잡고 있는 편견과 상호작용함으로써 더 큰 위력을 발휘한다. 이런 배경에서 가짜뉴스의 문제는 '인간의 내면에 있는 편견과 인지적 게으름에서 비롯될 수 있다'는 전제에서 네 가지의 분석 기준과 질문들을 제시했다.

4장 '십중팔구가 거짓인 허위사실 레시피'는 거짓 혹은 부분적인 사실과 거짓을 버무려 사실로 포장하는 다양한 방법들을 다루었다. 모든 미디어 메시지에는 그것을 만든 사람의 가치나 관점이 포함되어 있다. 누구든 어떠한 의견이나 주장을 피력할 수 있지만 올바른 정보라면 사실과 근거가 전제되어야 한다. 그러나 가짜뉴스는 사실과 증거에 의하지 않고 현란한 사기술로 감언이설을 토해낸다. 여기에서는 한둘의 사실과 십중팔구 거짓을 섞어 전체를 사실로 포장하는 방법, 맥락의 불일치, 논리학에서 말하는 잘못된 유비추론의 오류, 중요한 사실의 은폐 등의 사례와 판별방법들을 제시했다.

5장 '양두구육의 정치경제학'은 가짜뉴스가 가지고 있는 동기나 목적을 중심으로 '경제적 이익', '정치경제적 이익' 그리고 '이해 상충의 문제'로 나누어 핵심질문을 바탕으로 가짜뉴스를 판별해내는 방법을 다루었다.

가짜뉴스는 지난 몇 년간 수많은 사람들에게 회자되고 또 익숙해진 단어가 되었지만 그 개념에 대해서는 여전히 통일된 입장을 보이지 못하고 있다. 이 책에서는 가짜뉴스를 '타인에게 해를 입히거나 정치적 해를 입힐 목적으로 혹은 경제적 이익을 위해 의도적으로 만든 거짓 정보'로 정의했다. 이 책에서 사례로 들고 있는 가짜뉴스 사례들은 이 정의에 부합하는 사례들을 중심으로 수록했지만 설명의 편의를 위해 이 기준을 일부 벗어난 사례들도 제시했음을 밝혀 둔다. 가짜뉴스의 구체적인 개념과 발생 원인, 그 영향과 폐해, 그리고 주요 국가의 정책 사례들은 필자가 2018년 집필한 〈세계는 왜 가짜뉴스와 전면전을 선포했는가〉(북스타 간)에 체

계적으로 정리되어 있다.[17]

그리고 이 책을 집필하기 위해 세계 각국의 방대한 자료들을 수집, 분석했다. 우리나라는 용어를 코로나19로 통일했지만 세계보건기구를 포함해 외국의 경우 공식 명칭은 'COVID-19'로 통일해서 쓰고 있다. 번역 과정에서 외국의 사례들에 나오는 명칭은 우리나라의 적용례에 맞게 '코로나19'로 통일했다.

코로나19라는 희대의 전염병이 지금까지 보여준 파괴력은 실로 가공할 만했다. 그리고 우리가 예전엔 생각지도 못했던 언택트 문화와 뉴노멀이라는 새로운 경제 패러다임으로의 전환을 가져오기도 했다. 그런데 이게 끝이 아니다. 정은경 중앙방역대책본부장은 2020년 6월 22일 정례 브리핑에서 코로나 2차 대유행 가능성을 경고했고[18] 미국 국립보건원 국립알레르기 · 감염병연구소 앤서니 파우치 소장은 "세계적으로 5000만~1억 명의 사망자를 낸 스페인 독감의 재현이 일어날 수도 있다"고 경고했다.[19] 코로나19가 일상이 된 채 전개될 미래에 또 어떤 변화가 일어날지 가늠조차 하기 어려운 상황이다.

그나마 다행스러운 일은 지금까지 코로나19에 대한 정부 차원의 대응이 세계가 인정할 정도로 성공적이었다는 점이다. 그러나 코로나19에 대한 신체적, 물리적 대응과 달리 심리적 차원의 대응은 그에 미치지 못했다. 코로나바이러스가 신체 내부의 면역체계를 파괴하는 것이라면 가짜뉴스는 정신적, 심리적 면역체계를 파괴한다. 가짜뉴스에 대한 면역력을 높이는 시급하고도 절실한 이

유이자 이 책을 쓴 이유이기도 하다.

이 책은 미디어리터러시의 원리를 바탕으로 전문지식이 없이도 거의 완벽하게 코로나19 가짜뉴스를 판별할 수 있는 기준과 방법을 제시한 것이다. 온갖 정보가 난무하는 디지털 세상에서, 그리고 편향되고 일방적인 주장이 득세하는 오늘의 현실에서 올바른 판단과 열린 사고로 삶을 살아가는 데 디딤돌이 되었으면 하는 바람이다.

## 차례

차례

차례

차례

# 1장
# 가면무도회
## : 누가 만들었는가

과거에 신문, 텔레비전, 라디오, 잡지 4개의 매체가 우리 사회에서 유통되는 뉴스나 정보를 좌우하던 때가 있었다. 이른바 매스미디어 시대다. 이 시대에는 4개 매체를 운영하는 언론사 내지 언론인이 정보를 통제했기 때문에 일반인이 언론에 이름을 올리는 일이 극히 어려웠다. 그래서 신문이나 TV에 이름이라도 한번 나오면 그야말로 가문의 영광이었다. 그러나 인터넷이 등장하고 소셜미디어가 일상화되면서 상황이 달라졌다. 이젠 누구라도 글을 쓰고 메시지를 만들어 배포하는 일이 가능한 1인 미디어 시대가 되었다.

미국의 심리학자 에이브러햄 매슬로(Abraham Maslow)의 인간욕구 5단계론에 따르면, 글을 쓰고 메시지를 만들어 배포하는 일은 인간의 삶에서 특별한 의미를 가진다. 매슬로는 인간을 '자기실현을 지향하며 성장해가는 동물'로 규정하고 가장 기본적인 욕구인 '생리욕구'에서 '안전', '애정 및 소속', '존경' 욕구의 단계를 거쳐 마지막 단계인 '자아실현 욕구'로 나아간다고 주장했다.[1] 글을 쓰고 메시지를 만드는 일은 바로 자아실현 욕구의 영역에 속한다.

누가 만들든 의도적으로 메시지를 만들고 제작하는 일은 일반적으로 즐거운 일이다. 자아실현 욕구의 충족은 물론 많은 사람들에게 자신의 존재감이나 능력을 알릴 수 있는 기회가 되기 때문이다. 이런 이유 때문에 사람들은 글을 쓰거나 메시지를 만들어 배포할 때 자신의 참모습을 더욱 드러내고 싶어 한다. 이게 메시지를 만드는 사람들의 일반적인 경향이다.

그러나 가짜뉴스를 만드는 사람들은 다르다. 오히려 자신의 정체를 숨기거나 모호하게 얼버무린다. 가짜뉴스는 기본적으로 남을 해롭게 하거나 자신만의 이익을 취하려는 '악한 목적'과 '거짓말'을 담고 있기 때문이다. 그래서 가짜뉴스 제작자들은 철저하게 위장된 가면을 쓴다.

## 1. 메시지의 출처가 있는가, 있다면 확인 가능한가

우리가 흔히 접하는 미디어 메시지가 신뢰할 수 있는 것인지 그렇지 않은지를 구분할 때 가장 먼저 해야 할 질문은 '메시지의 핵심을 이루는 내용의 원래 출처가 있는가, 있다면 확인이 가능한 것인가'이다.

출처는 사물이나 말 따위가 생기거나 나온 근거를 말한다. 따라서 출처는 어떤 일의 신뢰성을 파악하는 데 근간이 된다. 우리가 농수산물을 구매할 때 원산지가 어디인가를 확인하는 것이나 인스턴트 식품을 살 때 라벨에 표기되어 있는 제조원을 확인하는 것과 같은 이치다. 바꾸어 말하면 출처가 없거나 불분명하다면 그것은 의심스러운 것이 된다.

특히 코로나19 상황에서는 뉴스나 정보의 출처를 확인하는 일의 의미가 더욱 커진다. 출처가 없는 정보는 본인은 물론 가족과 이웃의 건강 혹은 생명에까지 영향을 미칠 수 있기 때문이다. 그래서 코로나19와 관련된 정보를 접할 때 우선적으로 해야 할 일은 그 정보의 원래 출처를 확인하는 일이다. 여기서 출처란 원래의 메시지가 나온 곳으로 언제든지 확인할 수 있는 '웹사이트 주소', 'URL 주소' 등을 말한다.

### '우한' '친구' '병원 관계자'가 조합된 가짜뉴스와 그 변종들

코로나19가 심각해지면서 사회적 거리 두기가 지속될 때 가장 아쉬운 것 중의 하나가 바로 늘 만나던 친구다. 그래서 카톡이나 페이스북 등 SNS를 타고 오는 친구들의 말과 글들이 반가울 수밖에 없다. 또 코로나19라는 처음 겪는 희대의 전염병에 대해 뭐라도 알고 싶은데, 그 친구들이 예방에 치료까지 할 수 있는 정보들까지 보내준다면 그야말로 감지덕지다.

'친구' 혹은 '친구의 친구'는 이런 사회적 고립감을 쉽게 파고들었다. 그래서 친구나 가족으로부터 오는 정보를 의심 없이 받아들이는 경우가 많았다. 문제는 바로 여기에서 비롯된다. 코로나19가 확산되는 과정에서 전 세계에서 가장 많은 조회 수와 공유 수, 그리고 가장 많은 변종 가짜뉴스를 잉태한 '우한', '친구', '병원 관계자'가 조합된 가짜뉴스와 그 변종들이 우리들에게 어떻게 다가왔는지 살펴보자.

2020년 2월 21일, A씨라는 사람이 활동하는 단톡방에 코로나19

에 대해 핵심정보만 뽑아 놓은 듯한 글이 올라왔다.[2] 2월 20일은 우리나라에서 코로나19로 인해 첫 사망자가 발생하고 확진자가 100명을 돌파한 시점이다. 2월 23일은 위기 경보가 경계 단계에서 심각 단계로 돌입한 시기임을 감안하면 코로나19가 본격적으로 그 위력을 발휘한 시기라고 할 수 있다.

> "우한연구소로 파견되는 ○○○의 미국 친구의 글입니다. 꼭 많이 전달해 주십시오. … "

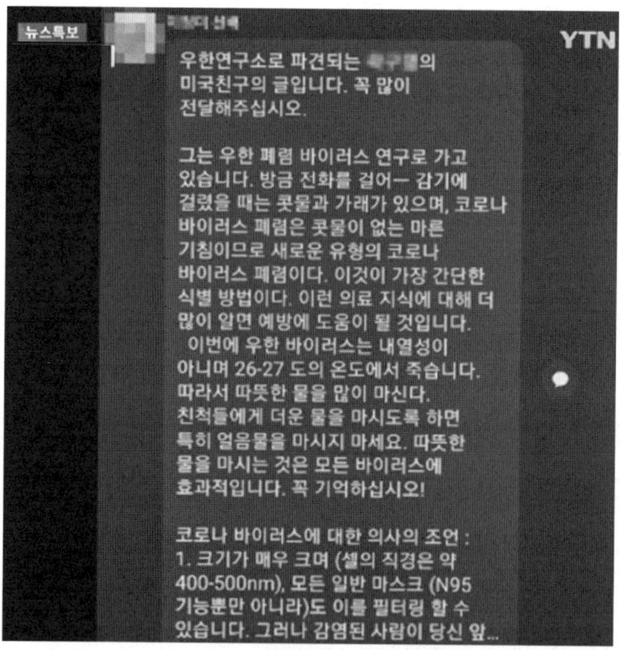


첫 문장부터 나오는 우한연구소라는 단어가 예사롭지 않다. 코로나19 첫 확진자가 나온 곳이기 때문이다. 더구나 '우한연구소로 파견되는 자신의 미국 친구'라고 하니 뭔가 중요한 사람인 것 같은 생각이 들기도 한다.

이후 이 글은 소제목들과 내용이 조금씩 바뀌면서 SNS를 타고 확산되었다. 예를 들어 2

월 22일 '건강을 공부하는 사람들의 모임'(건공모)의 인터넷 카페에서는 다음과 같은 내용으로 게시되었다.[3]

우리 반 친구 삼촌과 조카, 석사학위를 받고 졸업했고 선전병원에서 일한다. 그는 우한 폐렴 바이러스를 연구하기 위해 전근했다. 그는 방금 나에게 전화해서 친구들에게 이렇게 말하라고 했다. 감기에 걸렸을 때 콧물과 가래가 나온다면, 코로나바이러스 폐렴은 콧물 없이 마른 기침이기 때문에 새로운 형태의 코로나바이러스 폐렴이 될 수 없다. 이것이 식별하는 가장 간단한 방법이다. 만약 여러분이 의학 지식에 대해 더 많이 안다면, 여러분은 식별과 예방에 대한 더 많은 인식을 갖게 될 것이라고 친구들에게 말하라.

이번에 우한 바이러스는 내열성이 없어 26~27도의 온도에서 살처분된다. 그러므로 뜨거운 물을 더 마셔라. 당신은 그것을 막기 위해 당신의 친구들과 친척들에게 뜨거운 물을 더 마시라고 말할 수 있다. 태양 아래로 가라. 최근에 날씨가 추웠고, 더운 물을 마시는 것도 매우 편안하다. 그것은 치료법이 아니고 몸에 좋다. 따뜻한 물을 마시는 것은 모든 바이러스에 효과적이다. 얼음을 마시지 않도록 해, 기억해!
…(중략)

여러분, 각별히 조심하시고 물을 많이 드십시오.

문장이 어색한 부분도 많다.* 그렇지만 우한의 한 병원에서 뭔가 중요한 연구를 하는 사람이고 석사학위가 있으며 우리 반 친구

* 이 부분은 2장에서 다시 자세히 다룬다.

의 조카라는 말에 귀가 솔깃하다. 말미에는 건강에 대한 당부와 함께 물을 많이 드시라는 조언까지 들어 있다. 댓글을 보니 "정보 감사합니다.", "유익한 정보였습니다." 등등 고맙다는 말이 넘쳐 난다.

그러나 이 두 개의 글은 모두 가짜뉴스다. YTN이 첫 번째 글에 대한 팩트체크 차원에서 국내에서 퍼진 관련 글의 출처와 진위를 조사하기 위해 국내 최초 유포자로 알려진 사람(A씨)을 찾아 인터뷰했다. 다음은 취재 기자와 A씨 대화의 일부다.[4]

> "[A씨:(선생님께서 우한 연구소로 파견되시지는 않으셨죠?) 그건 아니고 미국에서 내가 친구한테 (해당 글을) 받은 건데 그거를 번역하다 보니까…. 내 친구라고 이름을 밝혀버렸어요. (이거를 번역만 해주신 거예요?) 그렇죠. 네네.]
>
> 실제로 A씨가 처음 보냈다는 21일부터 해당 글은 국내에서 빠르게 퍼졌습니다. 그렇다면 원문을 작성한 사람은 누굴까?
>
> [A씨:(이걸 맨 처음에 작성하신 분은 누구세요?) 모르겠어요. (글을 보낸 재미교포) 친구도 미국에서 돌아다니는 글 속에, 초창기에 그런 게 한 번 돌았지 싶어요. 다른 데서 돌아다니는 걸 받아서 나한테 보내준 거지, 그 친구가 직접 작성했고 이런 건 아니에요.]"

결과적으로 보면 원래의 출처가 어디인지도 모르고 그저 친구가 보내온 글이니까 그대로 받았다는 것이다. 먼저 이 글의 진위 여부를 한번 살펴보자. 앞에 나오는 두 개의 글은 글의 형식과 문맥에서 여러 가지 문제점을 안고 있다.

우선 첫 번째 글의 "방금 전화를 걸어- 감기에 걸렸을 때는 콧물과 가래가 있으며, 코로나 바이러스 폐렴은 콧물이 마른 기침이므로 새로운 유형의 코로나 바이러스 폐렴이다." 부분이다. '걸어-' 뒤에 불필요한 하이픈이 있고, 대조적인 증상을 비교하는데 필요한 접속사가 없어서 어색함을 노출하고 있다. 또 문장의 어미가 '~있습니다', '~폐렴이다', '~방법이다', '~될 것입니다' 등으로 경어체와 평어체를 뒤섞어 사용하고 있다.

그리고 "친척들에게 더운 물을 마시도록 하면 특히 얼음물을 마시지 마세요"라는 문장은 주어가 없는 비문일 뿐만 아니라 문장들 간의 호응도 이루어지지 못하고 있다. 이런 몇 가지 문제점들은 자신이 직접 쓴 글이 아니라 외국어로 된 원문을 엉성하게 번역했거나 다른 사람의 글을 오려붙인 것이다.

내용 면에서는 일반 독감과 코로나 바이러스 폐렴의 차이를 거론하면서 후자는 콧물이 나오지 않는다고 했으나 코로나 바이러스 역시 콧물 증상이 있을 수 있다.[5] 또 첫 증상이 목구멍에서 3~4일간 지속되고 폐렴을 일으키기까지 5~6일 정도가 소요된다고 했으나 모두가 이런 시간대로 진행되는 것은 아니며 특정 환자들은 아예 증상이 나타나지 않는 경우도 있다.

그 밖에 코로나 바이러스가 26/27도의 온도에서 살처분되고 섬유에서 6~12시간, 그리고 금속에서는 12시간을 살아 있는다고 했지만 날씨와 온도가 코로나에 영향을 미치는지의 여부는 아직 밝혀진 것이 없다. 그리고 최대 생존 시간도 플라스틱과 스테인리스에 2~3일 동안, 골판지에서는 최대 24시간 동안 살아 있는 사례도 있다.

글의 형식이나 내용 면에서 여러 가지 문제점이 많지만 결정적인 근거는 출처가 없다는 점이다. 첫 번째든 두 번째 글이든 명확한 출처가 없이 '막연한 친구'만 언급하고 있을 뿐이다. 그리고 두 글이 거의 비슷한 내용의 글인데도 불구하고 글을 보내준 사람의 신분이 '미국 친구'와 '우리 반 친구의 삼촌과 조카'로 다르다.

그렇다면 이 글이 맨 처음 온 곳은 어디일까. '우한'과 '친구'를 조합한 가짜뉴스는 2020년 1월부터 나돌기 시작했다.[6] 반무슬림 성향의 극우 활동가 파멜라 겔러(Pamela Geller)가 운영하는 웹사이트 '겔러리포트(Geller Report)'는 2020년 1월 24일, "코로나바이러스: 중국 우한에서 10,000명 사망 보도"라는 제목의 글을 올렸다.[7]

> "나는 방금 전에 가까운 미국 친구로부터 전화를 받았다. 그 친구는 우한에 친척이 있는 중국인 친구로부터 방금 전화를 받았다며 나에게 그 내용을 전해 주었다. 그는 (코로나) 바이러스로 인해 이미 만 명 가까이 죽었을지 모른다고 말했다. 그는 우한의 끔찍한 상황들을 아주 생생하게 묘사했다. 그 역시 중국 정부가 사실을 투명하게 전하지 않고 있다는 데 공감하고 있었다. 한번 상상해봐라.
> 사람들이 생각하는 것보다 훨씬 심각한 상황이다. 내 친구는 중국의 다른 도시보다 우한이 쥐, 박쥐, 뱀 등을 소비하는 사람들이 많다는 이야기를 반복했다.
> 그의 우한 친척은 길을 걷다가 죽어 내동댕이쳐진 사람들에 대한 이야기도 했다…."

2월 7일에는 영국의 '해피피플(Happy People)'이라는 커뮤니티 게시판에 유사한 글이 올라왔다.[8]

> "우리 반 학생의 삼촌과 조카는 석사 학위를 받고 중국 선전 병원에서 일하고 있다. 그는 폐렴 바이러스를 연구하기 위해 지금 우한으로 이동 중이다. 그가 방금 전화를 걸어 많은 친구들에게 공유해 달라고 말했다."

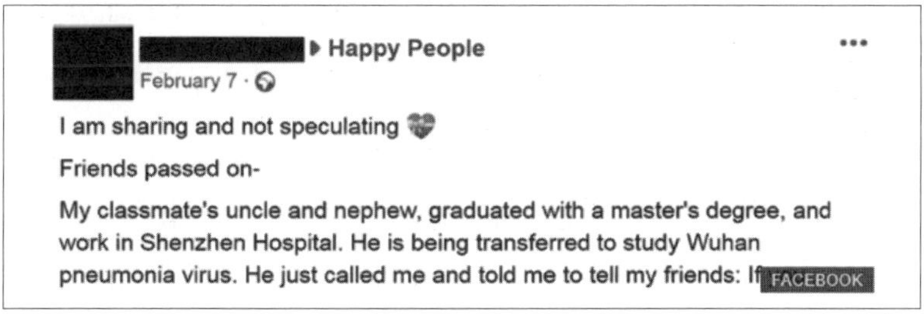


이 포스트는 영국의 SNS에서 떠돌다가 이틀 후인 2월 9일, 인도의 글렌(Glen)이라는 사람의 페이스북에 게시됐고 발신인이 글렌으로 바뀌어 페이스북을 통해 다시 확산되기 시작했다.[9]

인도 버전에는 원래의 내용에 몇 가지가 추가되었다. 예를 들면 코로나 바이러스에 대비한 손 씻기의 중요성을 이야기하면서 예방 조치로 철저한 손 씻기를 독려했다. 또 코로나 바이러스가 진행되는 방식을 매우 상세하게 설명했지만 이 내용은 근거가 없는 것이었다. 전문 의사들은 '코로나 바이러스 증상과 중증도는 매우 가변적이며 정확한 진행 패턴은 없다'고 일관되게 말한다.

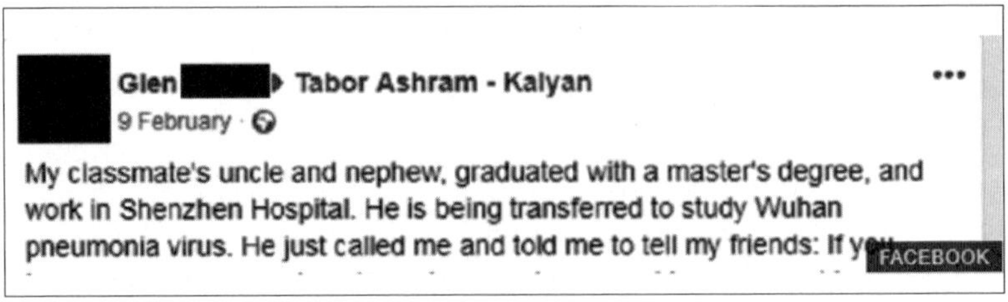


2월 27일에는 잉글랜드 남부에 거주하는 피터라는 84세의 전 화랑 운영자에 의해 다시 확산되었고 35만이 넘는 공유 수를 기록했다. 글렌의 게시물과 유사했지만 코로나 바이러스는 햇빛에 약하다는 말을 추가했다. 이후 게시물은 빠르게 확산되면서 풀팩트 및 스놉스* 같은 팩트체크 기관의 검증 대상으로 떠올랐다. 이 두 기관은 세계보건기구, 미국 질병통제예방센터(CDC) 그리고 영국의 국민보건서비스(NHS)의 확인을 거쳐 잘못된 정보라는 결론을 내렸다.

이후 이 게시물은 페이스북, 왓츠앱, 트위터 등의 SNS를 넘나들면서 다른 나라들에까지 급속히 확산되었다. 이 과정에서 원래의 '석사학위'가 '스탠퍼드 대학의 대학병원 이사회 임원', '대만의 전문가' 등으로 바뀌고 출처도 '친구 여동생 친구의 삼촌'으로 바뀌었다. 이 게시물이 확산되자 급기야 스탠퍼드 대학병원이 나서 게시물에 나오는 사람은 스탠퍼드와 관련이 없다고 발표하기까지 했다.

그 게시물은 또 가나 TV 진행자와 미국의 영화배우 등 유명인들 그리고 그 팔로워들을 통해 급속히 확산되었다. 3월 이후에는

---

* 풀팩트(Full Fact)는 비영리재단 형태로 운영되는 영국의 팩트체크 기관이며 스놉스(Snopes) 역시 비영리재단으로 미국에서 활동하는 팩트체크 기관이다.

아랍어, 암하라어, 베트남어, 프랑스어, 스페인어 및 이탈리아어를 포함한 여러 언어로 번역되어 여러 나라로 퍼져 나갔다.

한편 2020년 2월 7일에 올라온 '석사학위를 가진 친구의 삼촌' 가짜뉴스는 정보의 소스는 그대로 유지하고 정보의 내용이 일부 변형된 채 2월 21일 '우한연구소로 파견되는 ○○○의 미국 친구의 글입니다.'라는 제목으로 우리나라에도 상륙한다.

우한 병원에 근무하는 친구 삼촌 이야기는 '유명 병원 응급실 의사인 친구', '아빠가 질병통제센터에서 일하는 친구' 등으로 바뀌었고 내용이 전혀 달라진 아류 가짜뉴스를 만들어냈다. 홍콩에 있는 아들이 전화로 알려준 가짜뉴스는 출처가 '의학계 연구생인 고등학교 동창 친구'로 바뀌고 따뜻한 생강물의 효과를 덧붙였다.[10]

> **안녕하세요 방금 홍콩 아들이**
> **전화왔는데 이번 바이러스**
> **제일좋은 예방에는 생강**
> **이랍니다 생강 물을 끌여마시면**
> **바이러스균이 몸에 침투**
> **못한다고 하네요.**
> **아들 고등학교 동창 친구가**
> **의학계의 연구생인데 원래 중국**
> **신천 병원에서 근무하고 있는데**
> **우한에 발령받고 갔는데**
> **아들에게 전화왔는데 집에서**
> **생강 물만 따뜻하게 자주마시면**
> **괜찮다네요 생강물을 뜨겁게**
> **끌여 마셔요**
> **그럼 편히쉬세요**
>
> **— 받은글 —**

우한 병원의 친구 삼촌으로부터 온 가짜뉴스는 다분히 의도성이 엿보이는 일종의 기획작품이다. 이 가짜뉴스에는 세 가지 핵심 단어가 들어가 있다. '친구나 친구의 친척', '석사학위를 가진 병원 관계자', '중국 우한 현지' 등이다. 코로나 바이러스의 발원지인 우한의 병원은 현장감 내지 생생함을 보여주기 위한 것이고 석사학위는 이 분야에 대한 상당한 전문성을 가지고 있다는 점을 시사한다. 이 가짜뉴스 메시지를 받아

보는 사람의 입장에서 경계심을 허물 수밖에 없는 그야말로 완벽한 조합의 가짜뉴스다.

이 가짜뉴스는 역설적으로 모든 것이 미디어 메시지를 통해서 유포되고 공유되는 상황에서 아무리 친구라도 특히 나와 주변 그리고 다른 사람에게 피해를 줄 수 있는 정보의 공유는 신중해야 하고 확인이 필요하다는 것을 말해준다. 신뢰할 수 있는 사람이 보낸다고 해서 그들이 실제로 아는 사람으로부터 정보를 받았다는 의미는 아니다.

친구의 친구, 친구의 친인척 그리고 그 친구와 관계가 있는 삶들을 내가 직접 알고 있지 않다면 그 출처를 믿어선 안 된다. 이러한 기법은 친구라는 이름으로 전해지는 게시물들도 출처가 불확실할 때는 공유를 하지 말아야 하며 최소한 스스로 확인하는 자세가 필요하다는 것을 보여준다. 지인이나 친척이 보내준 것이라고 해서 그 사람들이 직접 확인한 것도 아니다. 친구의 친구를 통해지는 이 게시물이 결과적으로 엄청난 피해를 양산할 수도 있기 때문이다.

앞서 잠시 언급했지만 여기서 우리는 농수산물에 적용되는 원산지 표시제의 개념을 상기할 필요가 있다. 우리나라는 1990년대부터 원산지 표시제를 실시해 왔다. 수입개방화 추세에 따라 값싼 외국산 농산물이 무분별하게 수입되고, 이들 농산물이 국산으로 둔갑 판매되는 등 부정유통사례가 늘어나고 있어, 공정한 거래질서를 확립하고 생산농업인과 소비자를 보호하기 위해 취한 조치다. 1993년 7월부터 수입농산물에 대한 원산지표시를 의무화하는 한편, 1995년부터는 '국산농산물', 1996년부터는 '국내가공 농산물

원료'에까지 확대해 시행하고 있다.

여기서 원산지란 농산물이 생산 또는 채취된 국가나 지역을 말한다. 농산물은 동일 작물, 동일 품종이라도 재배지역, 기후, 토질, 재배방법, 시기 등에 따라 그 품질이 달라지기 때문에 농산물의 특성을 아는 데 중요한 근거가 된다. 나아가 잘못된 농산물에 대해서는 일종의 책임을 물을 수도 있다.

원산지 표시제는 건전한 농산물 유통 환경을 구축하는 발판을 마련했을 뿐만 아니라 소비자들이 농산물을 고르는 데 중요한 기준이 되었다. 어떤 농산물을 소비하느냐의 문제는 우리의 식생활과 건강에 대단히 중요한 영향을 미치기 때문에 이는 당연한 일이다.

그러나 우리는 뉴스를 포함한 정보를 획득하거나 소비하는 문제에 대해서는 너무나 무심했다. 정보 역시 우리의 지적 능력이나 정신 건강에 중요한 영향을 끼치는데도 말이다. 더구나 코로나19가 진행되는 상황에서 가짜뉴스가 얼마만큼의 해악을 끼쳤는지를 직접 목격해 왔다. 따라서 농산물의 원산지표시제처럼 정보의 원산지표시제를 적극적으로 고려할 필요가 있다. 다만 그 이전에 정보 소비자인 국민 개개인이 원래의 정보 출처를 확인하는 것을 습관화하고 하나의 문화로 만들 수 있다면 더 좋을 것이다.

'메시지의 핵심 내용에 대한 출처가 있는가, 있다면 확인 가능한 것인가'를 반드시 질문해 봐라. 모든 뉴스나 정보가 다 가짜는 아니지만 '출처 불명의 뉴스나 정보'는 대부분이 가짜뉴스다. 이 원칙만 명심하면 가짜뉴스의 절반 이상은 잡아낼 수 있다.

'출처를 확인하기 전에는 사실이라고 생각하지 말고 공유도 하지 마라.'

## 2. 메시지가 게시된 웹사이트 주소나 URL 철자는 정확한가

가짜뉴스 제조자들은 '사람들이 평범한 정보나 뉴스에는 흥미를 느끼지 않는다'는 점을 잘 안다. 그래서 충격적이거나 자극적인 소재 혹은 코로나19와 같이 많은 사람들이 관심을 가질만한 이야기를 엮어서 거짓말을 담아낸다. 거기에다 정치인, 연예인, 스포츠 스타들의 일거수일투족은 늘 일반 사람들의 관심 대상이 된다. 이런 유명 인플루언서들에 대한 이야기는 언론사 보도를 통해서건 SNS를 통해서건 보게 된다면 일차적인 관심은 정보의 내용으로 쏠린다. 따라서 내용 외적인 것, 즉 그 정보의 출처가 어디고 어떤 매체에 게재되었는가 따위는 관심 밖으로 밀려난다.

이 과정에서 특히 웹사이트나 URL의 주소에 나오는 철자는 아예 보지 않거나 보더라도 대충 보고 지나치는 경우가 많다. 가짜뉴스는 그 틈을 노려 유명 언론사의 웹사이트나 SNS의 철자를 한두 자만 바꿔 넣는다. 또 웹사이트 도메인의 철자를 바꿔놓는 경우도 있다. 가짜뉴스를 만드는 사람들이 자신의 정체를 숨기는 또 다른 방법이다.

### 다니엘 래드클리프를 유명인 최초 확진자로 만든 가짜계정

코로나19가 전 세계를 휩쓸고 있던 2020년 3월 10일, 영화 해리 포터 시리즈의 주인공이었던 '배우 다니엘 래드클리프가 코로나19에 감염되었다'는 글이 트위터를 중심으로 유포되었다. 'BBC뉴스 투나잇'이라는 이름의 트위터 계정이 최초 게시한 것으로, '래드클리프가 유명인 최초로 코로나19 확진 판정을 받았다'는 내용을 담고 있었다.[11]

이 트윗은 가짜뉴스로 판명되어 삭제되기 전까지 7시간 동안 762회 리트윗됐으며, 약 1천 개의 '좋아요'를 받았다.[12] 이를 리트윗 한 사람들 중에는 뉴욕타임스 소속 백악관 출입기자 매기 해버만(Maggie Haberman)과 미국의 정치 전문 일간지 폴리티코 편집국장 블레이크 하운셸(Blake Hounshell)도 포함되어 있었다.[13] 미국에서도 내로라하는 베테랑급 기자들이 이렇게 당했는데 일반인들이야 말할 나위가 없을 것이다. 이들은 해당 트윗 글이 가짜뉴스라는 사실을 알고 곧바로 사과문을 올렸다.

다니엘 래드클리프 측은 곧바로 이 루머를 사실이 아니라고 일축했지만 이 정보가 세계적으로 신뢰도를 인정받는 BBC 계정을 타고 왔다는 점에서 파급력은 대단히 컸다.

그렇다면 이렇게 감쪽같은 가짜뉴스가 어디서 들통이 났을까. 그것은 BBC 트위터 계정을 사칭한 가짜 계정의 철자에서 드러났다. 이 가짜뉴스가 사용한 BBC 트위터 계정은 'bb.co.uk'였다. 이 계정은 BBC가 2009년 이후 사용한 트위터 계정이 맞지만 2017년에 그 계정을 바꿨고 그 이후는 사용한 적이 없다. 위 그림에 나오는 'bbc.co.uk'라는 문구가 트위터의 하단에 뜨기는 하지만 그것은 자세한 뉴스의 내용으로 연결해주는 뉴스 얼러츠(news alerts) 아이콘의 역할을 하는 것이다.

### BBC 사칭 트위터로 날라온 엘리자베스 여왕 서거 소식

BBC SNS 계정의 철자를 비틀어 가짜뉴스로 만든 사례는 과거에도 있었다.

> "긴급 속보: 버킹엄궁이 엘리자베스 여왕 2세가 90세를 일기로 서거했다고 발표했다. 구체적인 상황은 아직 알려지지 않았다."

2016년 12월 29일 영국 공영방송 BBC News(UK)의 로고가 선명하게 찍힌 트위터로 날아온 소식이다. 엘리자베스 여왕 2세가 활짝 웃는 모습의 사진도 함께였다. 영국 국민이나 엘리자베스 여왕 2세를 존경했던 사람이라면 충격을 금치 못할 비보였다.

그러나 그 트윗은 가짜였다. 상단에 나와 있는 'BBC News(UK)'는 실제 BBC 로고와 비슷하지만 그 아래에 있는 BBCNewsUKI는 실제의 것에 'I'가 추가된 것이다.[14] 웹사이트 계정을 사칭한 가짜뉴스다.

그리고 가짜뉴스의 요소는 또 있다. 영국에서 여왕은 일종의 국가 원수 격으로 여왕과 관련된 일거수일투족은 최고의 뉴스감이 된다. 이런 이유로 여왕의 서거 소식은 영국뿐만 아니라 세계적인 빅뉴스거리다. 이렇듯 의미가 큰 뉴스를 덜렁 SNS를 통해 첫 보도를 내보내지 않는다.

돌발적으로 중요한 사건이 발생할 경우 정상적인 활동을 하는 뉴스미디어는 제일 먼저 웹사이트 홈페이지를 통해 게시한다. 즉 아무리 중요한 내용이라 할지라도 일련의 검증과정을 거치기 때문에 SNS를 통해 먼저 게시하지 않는다. 따라서 중요한 정보나 뉴스가 웹사이트가 아닌 SNS상에서 게시된 정보일 경우 의심할 필요가 있다. 따라서 SNS상에 올라온 충격적인 뉴스, 빅뉴스는 원래의 홈페이지를 통해 재확인하는 습관이 필수적이다.

### 오바마 전 대통령을 매국노로 만들어버린 도메인 'com.co'

우리나라에서는 웹사이트 URL 자체를 위조한 가짜뉴스는 보기 힘들지만 외국의 경우 자주 사용되는 기법 중의 하나다. 2016년 8월 31일 'ABCNews.com.co'라는 URL의 뉴스 사이트에서 "오바마 대통령, 학교 내 국기에 대한 맹세 금지 행정명령에 서명"이라는 제목의 글이 올라왔다.[15] 그 기사는 사진과 함께 "오바마 대통령은 공립학교에서 연방 정부 충성 서약에 대한 공식적인 인정을 철회하고 그것을 금지한 행정명령 제13738에 서명했다"고 말하면서 "오바마 대통령은 또한 '연방 정부에 대한 충성 서약이라는 말이 분열적이어서 미국이 가장 중요하게 생각하는 가치에 반한다'고 말했다"는 내용을 담고 있다.[16]

오바마 대통령에게 비판적이었던 트럼프 대통령 후보 지지자들은 이 기사를 적극 공유하면서 오바마 대통령이 애국심이 없다고 비판했다. 그런데 이 내용은 전혀 사실이 아니었다. 내용도 내용이지만 이 정보가 나오는 도메인의 주소를 보면 'ABCNews.com.co'로 되어 있다. 본래의 계정인 'ABCNews.com'에 '.co'를 살짝 얹어 놓은 것이다. 본래 도메인의 맨 뒤에 나오는 점 뒤의 확장명은 자선단체나 비영리단체, 기업, 공적 기관 등을 구분하기 위해 만들어 진 것이다. 최근 들어서는 그 경계가 흐려지고 있지만 'com'이든 'co'든 어느 하나만 있어야 한다. 가짜 전문 사이트 운영자인 폴 호너(Paul Horner)가 ABC 방송사의 URL을 위조해 임의로 만든 것이었다. 명백한 허위정보였다.[17]

그러나 트럼프 지지자들을 중심으로 이 가짜뉴스가 페이스북에서 적극 공유되면서 공유 수, 댓글 수, 좋아요를 합한 이용자 참여(engagement) 수가 217만을 넘어섰다.[18] 이 가짜뉴스의 작성자로 등록돼 있는 '지미 러스틀링(Jimmy Rustling)'은 당연히 가명이었다. 호너는 본인이 작성자로 밝혀지자 한 매체를 통해 "트럼프 지지자들이 좋아할 것으로 보이는 콘텐츠는 어떤 내용을 올리더라도 그들은 믿었다"며, "이들이 공유를 할수록 광고를 통한 수익이 증가했다"고 밝혔다. 미국 대선 캠페인이 진행되는 와중에 조회 수로 돈을 벌기 위해 만들어진 대표적 가짜뉴스 사례다.

### 가짜 계정에 속아 65억 원의 과징금을 물어낸 블룸버그 통신사

언론사 웹사이트의 주소나 URL을 확인하지 않아 65억 원 상당의 과징금을 내야 했던 실제 사례가 있다.[19] 2016년 11월 22일, 블룸버그 통신사 파리 지국의 속보 데스크에 있는 두 명의 기자가 프랑스의 대형 건설기업 빈치의 회계 오류에 관한 보도자료를 받았다.

매출 기준으로 글로벌 건설 수주액 5위를 차지하는 '빈치의 2015년과 2016년 상반기 재무자료에서 수십억 유로에 이르는 회계 오류를 발견해 수정했다'는 내용으로 그야말로 빅뉴스감이었다. 파리 지국은 곧바로 이를 블룸버그 본사에 송고했고 블룸버그 본사는 바로 속보로 보도했다.

그런데 문제가 있었다. 외부로부터 받은 보도자료가 가짜였던 것이다. 빈치 그룹이 공식 배포한 자료처럼 위장했지만 웹사이트 주소부터가 달랐다. 빈치 그룹의 웹사이트 주소는 'vinci.com'이지만 보도자료에 나오는 웹사이트 주소는 'vinci.group'이었고, 대변인의 휴대폰 연락처도 잘못 기재돼 있었다. 조작된 보도자료는 통상적인 보도자료와 비슷했고, 빈치의 언론 담당 부서장의 승인을 받은 것처럼 서명도 있었다. 다른 언론사들도 블룸버그 속보를 받아쓰면서 잘못된 정보가 널리 퍼졌다.

빈치 그룹이 즉각 '사실무근'이라는 공식 보도자료를 냈으나 이미 늦은 뒤였다. 보도 직후 빈치 주가는 순식간에 19% 폭락해 시가총액 60억 유로(약 7조 8천억 원)가 증발됐다. 결국 블룸버그는 확인 절차 없이 보도해 빈치 그룹에 엄청난 손실을 입혔다는 이유로 500만 유로(약 65억 원)의 과징금을 물어야 했다.[20]

우리나라에선 아직까지 언론사 웹사이트나 URL의 철자 비틀기를 적용한 가짜뉴스는 발견되지 않았다. 그럼에도 불구하고 미디어 메시지를 보낸 사람이나 그가 속한 기관이나 단체의 면면을 살피는 일은 대단히 중요하다.

웹사이트뿐만 아니라 모르는 사람이 보내온 소셜미디어 메시지인 경우 그 계정을 확인할 필요가 있다. 계정의 프로필 사진도 가짜인 경우가 많다. 따라서 실제 사람인가, 아니면 유명인의 얼굴이나 캐릭터를 차용한 것인가, 아니면 자연 풍경을 담은 것인가 등등을 살펴야 한다.

그리고 팔로우가 몇 명 정도인지 확인해 보는 것도 필요하다. 예를 들어 특정 언론사의 SNS를 가장한 뉴스 메시지라면 일정한 규모의 팔로워들이 있기 마련이다. 언론사 이름을 달고서라도 팔로우의 수가 적다면 그것도 정상이 아니다. 더 나아가 스크롤을 움직여서 다른 게시물들의 내용도 확인할 필요가 있다.

그 게시물에 정보의 원출처를 연결해 주는 링크가 있는지도 확인 대상이다. 링크가 없이 게재되면 그것은 신뢰할 만한 정보가 아니다. 그리고 링크가 있으면 그것을 클릭해서 실제로 이동을 하고 연결된 웹사이트나 계정의 신뢰도를 다시 한번 검증하는 것도 필요하다.

## 3. 메시지 제작자는 신뢰할 수 있는가

우리가 일상에서 보고 접하는 메시지에서 원래의 출처가 없다면 당연히 의심을 품어야 한다. 그러나 코로나19와 관련된 가짜뉴스 중에는 출처가 없는 경우도 많지만 출처를 명확하게 밝힌 가짜뉴스나 오도성 주장도 적지 않다. 따라서 코로나19와 같이 자신은 물론 다른 사람들의 건강과 생명에 영향을 줄 수 있는 뉴스나 정보에 대해서는 출처가 있더라도 그 정보를 만든 제작자가 어떤 사람이고 신뢰할 수 있는지를 확인해야 한다.

신뢰할 수 있는 사람을 평가하는 기준은 여러 가지가 있을 수 있다. 이를테면 해당 분야와 관련된 경력이나 전문성, 사회적 평판, 소속된 기관이나 단체의 특성, 기타 범죄나 비리 연루 여부 등이다. 이 모든 요소들이 다 중요하지만 코로나19와 관련된 메시지 제작자의 신뢰성은 아래와 같이 몇 가지 질문으로 압축할 수 있다.

메시지 제작자의 전문성이나 경력이 메시지의 내용에 부합하는가
메시지 주제와 관련된 저서나 연구 실적이 있는가
객관적인 기준에 근거한 사회적 평판은 어떠한가
메시지 제작자가 속해 있는 기관이나 단체는 어떤 곳인가
메시지 제작자가 공적으로 쓴 글이나 발언은 일관성이 있는가
메시지 제작자는 가짜뉴스나 오도성 주장으로 인해 비판이나 법적 제재를 받은 적이 없는가

우선 코로나19라는 상황을 고려할 때 뭔가 조언이나 주장을 하는 사람이라면 그에 걸맞은 지식이나 전문성이 있어야 한다. 이 조건을 충족하지 못한다면 그의 조언이나 주장은 가짜뉴스거나 오도

성 주장일 가능성이 크다. 이는 인터넷이나 검색 포털에 이름을 검색하면 어렵지 않게 알 수 있다. 이 경우 메시지와 관련해서 전문적인 지식이나 경력이 없는 사람이 무언가 조언을 하거나 주장을 한다면 당연히 합리적인 의심의 대상이다.

문제는 이 조건을 충족한 사람이라 할지라도 가짜뉴스를 만들어 퍼트리거나 오도성 주장을 하는 사람들이 많다는 점이다. 이때 필요한 것이 사회적 평판 조사이다. 가장 손쉽게 할 수 있는 것은 '인터넷이나 언론에 그 사람이 어떻게 보도되거나 평가되는가'이다.

메시지 제작자의 이름을 네이버에 입력하면 포스트, 블로그, 웹사이트, 책, 그리고 뉴스 메뉴로 이어지면서 그 사람에 대한 다양한 내용들이 나온다. 그중에서 블로그는 주관적인 판단을 담고 있기 때문에 제외를 하고 웹사이트, 책, 뉴스의 내용을 중심으로 그 사람의 이력을 조사해 본다. 사례를 한번 보자.

### 간호사 경력이 전부인 초보 유튜버의 코로나19 음모론들

2020년 4월 21일 스피카스튜디오라는 이름의 유튜브 채널에 '빌게이츠의 과거 행적과 계획' 등을 담은 14분짜리 동영상이 올라왔다.[21] 이 동영상은 빌 게이츠의 친중국 행적과 사회주의적 주장을 시작으로 백신 및 에너지 문제를 둘러싼 의심스러운 발언들을 보여 주고 '인구 수를 줄이는 등 일련의 계획을 통해 궁극적으로 사회주의 체제의 세계 단일정부를 수립하려 한다'는 음모론*을 펼치고 있다. 그중 중요한 내용만 간추려 제시하면 다음과 같다.

"최근 빌 게이츠의 행적을 보면 석연치 않은 구석이 한두 가지가 아닙니다.
그는 미국 사람이면서도 친중국적인 행보를 지속해왔습니다. …

세계를 경악하게 만든 빌 게이츠의 발언이 하나 있습니다. 2015년 그는 "사회주의만이 지구를 지킬 수 있다"고 주장합니다.(동아일보 2015년 11월 3일자 기사 제시) 그는 또한 "자본주의하에서는 탄소 배출 감소를 위한 적극적인 노력이 이루어지기 어렵다"라고 주장했는데, 이는 탄소 배출이라는 글로벌 이슈를 빙자해 자본주의와 자유시장경제 시스템을 전면 부정한 것입니다.
…
빌 게이츠는 이보다 훨씬 앞선 2015년 TED에 출연해 세계적인 전염병의 대유행을 예견하는 강연을 펼치기도 합니다. 거기에서 그는 백신을 독려했고 자신의 소원은 오직 하나, 즉 ONE WISH를 강조하기도 했지요. 그런데 여러분은 이런 예측들이 우연일 것이라고 생각하세요? 아니면 그가 쓴 제목의 책처럼 '생각의 속도가 빠른' 한 지식인의 선견지명에 의한 경고라고 생각하세요? 저는 둘 다 아니라고 봅니다.

---

* 음모론(conspiracy theory)은 사회에 큰 반향을 일으킨 사건의 원인을 명확하게 설명하지 못할 때, 배후에 거대한 권력조직이나 비밀스런 단체가 있다고 해석하는 것을 말한다. 일반적으로 정확한 정보를 듣기 힘든 격동기나 혼란스러운 시기에 이러한 음모론들이 많이 유포되는 경향이 있다. 일반적으로 음모론은 1) 권력을 지닌 2) 둘 이상의 사람들(음모집단)이 3) 어떤 뚜렷한 목적을 위해 4) 비밀스런 계획을 짜서 5) 중요한 결과를 불러올 사건을 일으킨다는 패턴으로 전개되는 특징을 가진다.

COVID-19가 발생하기 약 세 달 전인 2019년 10월 18일 세계 정상들이 모여 팬데믹 모의훈련인 EVENT201을 시행했습니다. EVENT201은 신종 코로나가 발생해 전 세계에 퍼지면 어떻게 되는지, 또 대책은 무엇인지에 관한 내용을 구체적으로 논의하는 자리입니다. 이 시뮬레이션에 따르면 가벼운 독감 같은 증상이 시작되고 심한 폐렴으로 이어지는데, 이는 현재 진행되고 있는 COVID-19와 같습니다. 또 해외여행을 통해서 전염병이 확산되는데 감염된 사람마다 평균적으로 2명씩 감염시키고 전염성은 사스나 메르스보다 높다고 예측된다고 분석합니다. …

그건 그렇고 COVID-19이 우한에서 발생하기 3달 전에 그들은 어떻게 지금의 사태를 미리 알고 모의훈련까지 할 수 있었을까요? 또 빌 게이츠가 COVID-19 사태가 공식적으로 불거지기 몇 달 전에 동종 바이러스에 대한 팬데믹 대비 훈련에 관심을 갖고 적극 지원했다는 것도 이상한 일입니다.

…

빌 게이츠는 백신 개발을 지속적으로 독려하고 있지만 빌 게이츠 자신과 그의 가족들은 무백신주의자로 단 한 종류의 백신도 투여받지 않고 있습니다. 그렇다면 백신에 무슨 문제라도 있는 것일까요. 그 단서는 다음 그의 발언에서 찾을 수 있습니다. 빌 게이츠는 앞서 말했던 TED 강연에서 이렇게 말했습니다.

"혁신적인 신종 백신을 만들어내고 효과적인 의료체계를 만들면 인구를 현재의 10~15% 줄일 수 있습니다. 지금의 현실은 인구가 13억씩 증가하는 상태지요. 단순히 백신만을 통해 현재 지구의 10~15%를 줄일 수 있다니… 그렇다면 백신의 연구목적이 인구 감축이라는 것인가요."

이처럼 빌 게이츠는 강연, 인터뷰 등에서 인구 감축 계획이 있다는 것을 종종 언급했었다는 것을 알 수 있습니다. 또한 빌 게이츠는 COVID-19이 전 세계로 확산되기 전 이미 COVID-19의 진원지인 우한 연구소에 천문학적인 금액을 지원한 것이 알려져 큰 논란이 되기도 했습니다. 뿐만 아니라 빌 게이츠는 COVID-19 사태가 공식적으로 확산되기 전에 이미 백신을 개발하는 제약사 등에 거액을 투자해 의혹을 사기도 했습니다.

…

이전 방송에서도 수차례 설명드렸듯이 세계 인구 수를 5억으로 줄인 다음 우생학에 의한 우성 인자들만 살리고 열등한 민족들은 다 멸종시킵니다. 그리고 그들만의 사회주의 철권통치로 세계를 단일정부화하겠다는 것이 일루미나티*의 목표입니다. 그렇다면 혹시 빌 게이츠는 이것을 남은 인생의 숙원으로 알고 마지막까지 실행하고 있는 것은 아닐까요.

코로나19가 창궐하면서 갖가지 음모론이 제기되었다. 실제로 음모론이라는 것을 이해하기란 쉽지 않다. 그런데 그것을 재미있는 스토리텔링으로 엮어 풀어가기란 더욱 쉽지 않다. 그런데 스피카스튜디오라는 유튜버는 기승전결까지 맞춰 이를 잘 끌어가고 있다. 조회 수도 80만을 넘을 정도로 많았다. '도대체 어떤 사람인데 이런 음모론을 유튜브에 올렸을까' 하는 궁금증이 들어 그의 이력을 찾아보았다. 음모론 자체의 옳고 그름을 떠나 그가 과연 음모론

---

* 일루미나티(illuminátus): 계몽주의가 대두되던 1776년 프로이센에서 조직된 비밀 결사 조직으로, 신 중심의 중세 질서에 반대하고 가톨릭 체제의 불평등에 저항했다. 이후 정부와 교황의 탄압으로 해산됐으나 현대에 와서 세계 정치와 경제 등을 조종하고 있다는 음모론에 등장한다.[네이버 지식백과]

을 자연스럽게 끌고 갈만한 전문성이나 경력이 있는지를 알아보기 위해서다.

잘 알려져 있는 사람이 아니어서인지 인터넷상에 드러나는 이력은 별로 없었다. 우선 나무위키에 나와 있는 내용[22]과 유튜브에서 자기 소개를 한 내용[23]을 조합하니 몇 가지 단서들이 나왔다.

이 유튜버는 이민1세 출신의 한국계 미국 시민이고 유튜브 크리에이터 별명은 '수(Sue)'였다. 한국의 이화여대 간호학과를 졸업한 후에 대학병원에서 근무하다가 미국으로 이민을 갔고 현지에서 미국 간호사 면허를 취득하여 종합병원의 신경외과 간호사로 일을 시작했다. 그 후 중증 호흡기센터 매니저를 거쳐 특수 재활 종합병원 두 곳에서 간호부장으로 오래 근무하다 현재는 에스테틱클리닉 디렉터로 클리닉 운영과 메디컬 에스테틱 시술을 전담하고 있다. 그러다 2020년 코로나19로 인해 에스테틱클리닉이 일시적으로 문을 닫았고 이를 계기로 유튜브에 뛰어들었다.

이와 함께 개인적으로 역사, 세계사, 정치, 과학, 밀리터리, 음모론 등에 관심이 많다고 밝혔다. 본인 스스로가 미국 트럼프 대통령이 재선하는 것이 소원이라고 밝힐 만큼 극우적인 성향을 가진 것으로 나와 있다. 이상이 알려진 이력의 전부다.

이를 확인하고 나니 뭔가 이상하다는 생각이 든다. 음모론이 학문으로 잘 정립된 것은 아니지만 이를 풀어가려면 상당한 전문성이 필요하다. 그런데 그 전문성과 매치될만한 이력이 전무하다. 그렇다고 유튜브 방송을 오랫동안 한 것도 아니다. 그럼에도 벌써 수십 편의 유튜브 동영상을 만들어 올렸다. 그 내용들도 대부분 음모론에 관한 것들이었다. 이러한 배경은 그가 신뢰할 만한 유튜버인지 의문이 가기에 충분했다. 그래서 스피카스튜디오는 정체성 면에서 신뢰하기 어렵다는 1차 결론이 내려진다.

혹시 잘못 판단한 것이 아닐까 싶어 그가 만든 동영상의 내용을 추가로 분석했다. 허위 내지는 오도성 주장이 수두룩했다.

첫째는 동아일보 기사를 인용하면서 "빌 게이츠가 사회주의만이 지구를 지킬 수 있다"고 말한 부분이다.[24] 동아일보에 실린 것은 사실이다. 그러나 그는 동아일보 기사 제목의 일부를 은폐했다. 그의 유튜브에 화면 캡처 형태로 보인 제목은 '빌 게이츠, 사회주의만이 지구의 희망'이다.

그러나 동아일보 기사의 원래 제목은 '빌게이츠, "사회주의만이 지구의 희망"…갑자기 무슨 말?'이다. 어쩌면 그 제목에서 가장 중

요한 의미를 담고 있을 수 있는 '… 갑자기 무슨 말?'이라는 내용이 빠져 있다.[25] 좌우의 여백이 흑백으로 되어 있는 것을 보면 공간이 없어서 그런 것이 아니라 의도적으로 은폐했다는 것을 알 수 있다. 그리고 '갑자기 무슨 말?'이라는 것은 '사회주의만이 지구의 희망'이라는 말이 액면 그대로가 아니라 뭔가 의문스러운 부분이 있다는 것을 암시한다. 따라서 그 표현이 있고 없음에 따라 보는 사람의 해석이 완전히 달라질 수 있다. 이는 원문을 의도적으로 은폐했다는 지적을 받기에 충분하다.

dongA.com 오피니언 정치 경제 국제 사회 문화 연예 스포츠 핫이슈

뉴스 > 사회

빌게이츠, "사회주의만이 지구의 희망"…갑자기 무슨 말?

동아닷컴 입력 2015-11-02 13:51 수정 2015-11-02 14:07

1 도박빚 10억인 여배우K양 '이것'후 돈벼락 ...
2 이번주 로또1등 예상번호 "3,12,24,32"
3 추적60분 "한국로또 비밀 풀렸다" 줄줄이 ...

'빌게이츠 사회주의'

마이크로소프트의 빌 게이츠(60) 회장의 '사회주의' 발언이 눈길을 사로잡았다.

주요뉴스

[김순덕의 도발]국회 보이콧은 바보짓이

금감원 "라임펀드 피해 100% 배상" 사실상 '금융범죄' 판단

'민주당의 원구성 협상결렬 배후설'에 김종인 반응은...

또 이 유튜버가 동아일보 기사의 제목의 일부를 은폐해서 왜곡했지만 빌 게이츠는 '사회주의만이 지구의 희망'이라는 말을 한 적

이 없다. 동아일보가 게재한 기사의 원래 출처는 미국의 시사종합 월간지 애틀랜틱이 2015년 11월호에 에너지 문제를 주제로 한 빌 게이츠와의 인터뷰를 특집 형태로 실은 기사이다.[26]

그 특집 기사의 중간쯤에 인터뷰를 진행한 제임스 베넷 편집장(James Bennet)이 '자유시장(free market)이 새로운 형태의 에너지를 빨리 충분히 개발하지 못하는 이유'를 질문한 내용이 있다. 이에 대해 빌 게이츠는 "상당한 탄소세 부가 없이 혁신가들이나 생산설비 구매자들이 (새로운 형태의 에너지로) 전환하거나 투자할 인센티브가 없다"는 취지의 응답을 했다.

빌 게이츠는 이어서 '탄소 에너지에서 (새 에너지로의) 전환을 가속화하려면 어떻게 해야 하나'라는 질문에 "에너지 R&D에 정부 투자를 두 배 이상 받기는 어려울 듯싶지만, (나는) 세 배가 되길 원한다"고 답했다.[27] 그러면서 빌 게이츠는 새로운 형태의 에너지 산업을 개발하기 위해서는 정부의 개입이 필요하다는 취지의 말을 했다.

기사 전체로 볼 때 자본주의니 사회주의니 하는 사회체제와 관련된 내용은 이 부분이 유일하다. 그런데 이 인터뷰 내용을 따로 기사화한 영국 일간지 인디펜던트는 2015년 10월 30일에 '빌 게이츠는 자본주의는 기후변화로부터 우리를 구해줄 수 없다고 말한다'라는 제목을 달아 기사화했다.[28]

빌 게이츠가 새로운 에너지 산업 개발을 위해서는 일정 부분 정부의 개입이 필요하다고 주장한 것은 사실이지만 자본주의나 사회주의와 같이 체제 변화의 문제를 논한 것은 더더욱 아니었다. 결과적으로 인디펜던트의 기사 제목도 빌 게이츠의 원래 인터뷰 내용을 크게 벗어난 셈이다.

그런데 우리나라 일간지는 거기에서 한 단계 더 나아갔다.[29] 세계일보는 2015년 11월 2일자 기사에서 '빌 게이츠, 사회주의가 미래 지구의 유일한 대안체제'라는 제목의 기사를 게재했고 동아일보도 같은 날짜 기사에서 '빌 게이츠, "사회주의만이 지구의 희망"… 갑자기 무슨 말?'이라는 제목의 기사를 게재했다. 동아일보의 경우 물음표를 통해 복선을 깔았지만 이 역시 원래의 인터뷰 내용과 엇나가는 것이었다.

그런데 이렇게 엇나간 동아일보 기사를 인용한 스피카스튜디오 유튜버는 그에 더해 '빌 게이츠, "사회주의만이 지구의 희망"'으로 바꾸어 놓았다. '… 갑자기 무슨 말?'이란 대목을 빼고서다. 사실이 아닌데도 이를 왜곡해 기정사실화했다.

스피카스튜디오는 또 빌 게이츠가 2015년에 테드 강연에서 했던 발언을 들면서 문제를 제기했다. 즉 빌 게이츠가 앞에 언급한 강연에서 발언했다면서 "혁신적인 신종 백신을 만들어내고 효과적인 의료체계를 만들면 인구를 현재의 10~15% 줄일 수 있습니다. 지금의 현실은 인구가 13억씩 증가하는 상태지요. 단순히 백신만을 통해 현재 지구 인구의 10~15%를 줄일 수 있다니… 그렇다면 백신의 연구 목적이 인구 감축이라는 것인가요."라고 반문한다. 그러나 이 내용은 2015년의 테드 강연이 아니라 2010년 테드 강연에서 한 발언들이다.[30]

내용 또한 빌 게이츠가 실제로 한 발언과 내용 및 맥락에서 전혀 다르다. 빌 게이츠가 당시에 발언한 정확한 내용은 "첫 번째는 인구입니다. 현재 지구에는 68억이 살고 있죠. 이 수치는 90억까지 늘어날 것입니다. 우리가 정말로 훌륭하게 새로운 백신, 보건, 출산 의료 서비스의 과업을 잘 해낸다면, 10~15%까지 낮출 수 있겠죠. 하지만 여전히 1.3배 정도 증가합니다."이다. 즉 현재 지구 인구의 10~15%가 아니라 68억에서 90억으로 증가하는 22억 명의 10~15%를 의미한다.

그리고 이 발언은 '궁극적으로 인구증가율을 낮추는 데는 한계가 있지만 새로운 백신을 만들어 내고 보건, 출산 및 의료 서비스 체제를 잘 갖추어 나간다면 인구증가율을 어느 정도 낮추는 데 기여할 것'이라는 취지를 담고 있다. 이 유튜버가 얘기한 것처럼 인구 증가를 낮추기 위한 수단으로 새로운 백신을 개발하자는 의미와는 전혀 다른 이야기다. 그럼에도 불구하고 위 동영상은 빌 게이츠가 말한 내용의 극히 일부만 발췌해서 전체 뜻을 왜곡했다. 흔히 악마의 편집*이라고 하는 비틀기 수법이다.

결과적으로 스피카스튜디오가 '빌 게이츠 백신음모'라는 주제로 만든 동영상은 많은 허위사실에 의도적 왜곡까지 포함하고 있다. 내용 면에서 여러 가지 오도성 주장이 많지만 무엇보다 동영상 제작자의 경력이나 전문성이 그 내용과 매치를 이루지 못하는 정체성 면에서의 문제점을 드러낸 사례라고 할 수 있다.

---

* 악마의 편집에 대해서는 4장에서 더 구체적으로 다룬다.

### 유튜브와 요리연구가 칼럼으로 졸지에 코로나19 면역제가 된 울금

2020년 3월 3일 오전 8시 3분 이전으로 추정되는 시간*에 메디힐 TV라는 이름의 유튜브에서 '코로나바이러스 13억 인도사람은 안걸리는 이유'라는 제목의 동영상을 올렸다.[31]

자칭 백승헌 한의사라고 밝힌 사람이 운영하는 이 유튜브는 "13억 명의 인도인 중 단 한명도 코로나바이러스에 걸리지 않았다. 현재 인도에 3명의 확진자가 있는데 그 3명은 중국 우한지역에서 유학 온 유학생이고 인도인은 단 한 명도 걸리지 않았다"라고 말했다. 이어서 "그 이유는 인도인들이 먹는 카레 속에 울금이라는 한

---

* 현재 이 동영상은 삭제된 상태여서 정확한 방영시간을 알기 어렵다. 다만 어느 카페(https://cafe.naver.com/scjpress/17719)에서 이 영상을 보고 댓글을 단 시간이 2020년 3월 3일 오전 8시 30분으로 되어 있어서 이를 고려해 시간을 추정했다.

약재가 들어 있다. 바이러스는 백신을 만들어서 면역을 하는 게 아니라 면역의 핵심인 폐와 간, 신장 기능을 강화시키면 바이러스 자체를 몰아낼 수 있다"고 주장했다. 한마디로 카레 속 울금이라는 한약재가 코로나19 치료효과가 있다는 것이다.[32] 이 동영상은 거의 70만에 가까운 조회수를 기록할 정도로 인기를 끌었다.[33]

중앙일보 인터넷판도 거의 같은 시기인 2020년 3월 3일 07시에 '14억 명 중 확진자 3명, 인도가 코로나19 강한 건 카레 덕분?'이라는 제목의 칼럼을 올렸다.[34] 이 칼럼에서 저자인 강하라 작가는 "인도가 전체 인구 수에 비해 확진자 수가 극히 적다"면서 "인도 사람들이 즐겨 먹는 카레의 주성분 강황 혹은 울금이 신종플루에서 그랬던 것처럼 코로나19에 대한 집단 면역을 높여줄 것"이라고 주장했다. 그리고 동의보감의 한 구절을 인용하면서 "강황가루는 코로나 바이러스뿐만 아니라 평소의 면역을 위해서 가까이해야 한다"고 권유했다. 몇 가지 단서를 달긴 했지만 카레 속의 강황가루가 코로나19에 대한 면역력을 높이는 효과가 크다는 주장이다.

카레 속 울금 또는 강황이 코로나19를 치료할 수 있다는 주장들이 나온 시점은 3월 초다. 우리나라의 경우 3월 3일에 감염자 수가 4,812명에 달했고 사망자는 28명이었다. 확진자의 경우 하루 전보다 600명이 증가한 것을 보면 코로나19가 급속히 확산되는 시기임을 알 수 있다. 따라서 모든 국민의 눈과 귀가 코로나19에 쏠려 있었고 그 해법에 골몰하던 시기였다. 이때 나온 코로나19 치료법은 누구라도 관심을 가질 사안이었다. 그래서 많은 언론들이 이 주장들을 근거로 내세우면서 앞다투어 보도를 했다.

국제뉴스(3.4): 진도 울금, 코로나19 관련 면역성 강화에 효과 '우수'
글로벌경제(3.4): 전남 진도 울금, 면역성 강화에 '효과 우수'
남도일보(3.5): 진도 울금, 코로나19 면역력 강화 효과
노컷뉴스(3.4): 진도 울금, 코로나19 관련 면역성 강화에 '효과'
뉴시스(3.4): "진도 울금, 코로나 면역력 강화에 효과 크다"
스포츠서울(3.4): 진도군, 울금 면역력 강화에 '효과 우수'
전남일보(3.4): "진도 울금, 코로나 면역력 강화 효과 크다"
프레시안(3.4): 진도 울금, 코로나19 관련 면역성 강화 '효과 우수'

이를 보도한 상당수의 언론이 보도자료를 옮겨놓은 듯 제목까지 유사하다. 이 정도로 많은 언론이 보도했다면 당연히 일반 국민들은 사실로 믿었을 것이다. 그렇다면 이 주장들이 사실일까? 한마디로 사실이 아니다.

울금이 코로나19에 면역 내지는 치료효과가 있다는 가짜뉴스는 우리나라뿐 아니라 외국에서도 나돌고 있었다. 예를 들면 인도의 한 영화제작자는 2020년 3월 12일에 자신의 트위터를 통해 "울금은 레몬과 더불어 코로나19에 대처할 수 있는 가장 싸고 손쉽게 구할 수 있는 것"이라는 내용의 글을 올렸다.[35] 인도는 세계 시장에서 울금을 가장 많이 수출하는 나라이기도 하다. 그러나 이에 대해 세계 3위의 규모를 자랑하는 대형병원인 인도 아폴로병원 내과의 수석 컨설턴트 수란짓 채터지(Suranjit Chatterjee) 박사는 "울금이 일상적인 건강 보조제로 알려져 있지만 코로나19를 예방한다거나 치료한

다는 어떠한 과학적, 의학적 증거는 없다"고 말했다.

고려대 구로병원 김우주 교수는 "카레를 많이 먹는 인도에서 코로나19 확진자가 적은 건 정확한 진단이 안 되고 있는 영향도 있을 것"이라며 "신종 감염병이 돌 때마다 이른바 면역 장사꾼들이 만들어내는 가짜정보를 조심하라"고 당부했다.[36]

전문가들의 공통된 견해는 울금이나 강황이 코로나19에 어떤 형태로든 직접적인 효과가 없다는 것이다. 이와 관련하여 수잔 보이치키 유튜브 최고경영자는 2020년 4월 22일 "코로나19 상황에서 허위정보가 큰 혼란을 초래할 수 있다"면서 "세계보건기구의 권고에 맞춰 울금, 비타민C 등 의학적으로 입증되지 않은 주장이나 기적의 치료법 등에 대한 영상을 삭제하겠다"고 발표했다.[37] 가짜뉴스의 삭제 여부에 대해 비교적 보수적인 입장을 취해왔던 유튜브가 이를 공식 확인한 셈이다.

그럼 전문가들의 견해가 아닌 일반적인 시각에서 앞의 두 개의 글에 대한 진위 여부를 가려보자. 먼저 백승헌 한의사의 동영상과 강하라 요리작가의 칼럼이 "울금이 코로나19를 면역 또는 치료하는 데 효과가 있다"고 하면서 제시한 근거는 거의 같다. 즉 인도는 13억 혹은 14억이나 되는 인구를 가진 나라인데 코로나19 확진자 수가 극히 적다. 그런데 그 나라의 주요 음식 가운데 하나인 카레는 울금 혹은 강황이라는 성분을 내포하고 있다. 그리고 울금의 효능은 동의보감에서 잘 나타나 있다는 것이다.

인도의 인구가 많고 2020년 3월 3일 당시 확진자 수가 한 자릿수 이내일 정도로 적었던 것은 사실이다. 그런데 같은 시점에 확진자 수가 5명 이하인 나라는 최소한 40개 이상이었다.[38] 그리고 그 중에는 러시아(3명), 인도네시아(2명), 브라질(2명), 이집트(2명), 아프가니스탄(1명) 등과 같이 많은 인구 수를 가진 나라도 포함되어 있다.

그렇다면 '이런 나라들도 그 나라 특유의 음식 성분 때문에 확진자 수가 적은 것인가'라는 의문이 바로 제기된다. 다시 말하면 비교해서는 안 될 기준을 중요한 기준으로 삼아 주장을 펼친 것이다. 2020년 7월 16일 기준으로 인도는 확진자가 936,181명에 사망자는 24,309명에 달하고 있다.[39] 울금이 실제로 코로나19 치료에 효과가 있었다면 이런 정도의 수치는 나오지 않았어야 맞다.

두 글에 나오는 오도성 주장은 이뿐만이 아니다. 울금이 코로나19에 면역 내지는 치료효과가 있다고 한 주장에서 둘 사이의 상관관계를 입증할 만한 어떠한 의학적, 과학적 근거도 없었다. 단지 그 나라에서 많이 먹는 음식 중의 하나이니까, 그리고 동의보감에서 건강에 좋은 약재라고 했으니까 하는 정도가 근거의 전부였다. 이는 그런 주장을 하는 사람들이 과연 그 정도의 전문성을 가지고 있는가라는 의문을 사기에 충분하다. 이 주장들이 오도성을 띠고 있다는 결정적인 증거는 바로 이들의 신뢰성과 전문성에 있다.

이들의 전문성과 신뢰성을 알아볼 수 있는 방법은 검색 포털 등에 나와 있는 이력 확인*, 이름을 키워드로 한 뉴스 내용 확인, 그

---

* 특정 인물의 이력을 알아보기 위해 네이버에 이름을 입력하면 있을 경우, '인물정보'나 '지식백과' 메뉴를 통해 파악할 수 있다. 구글의 경우 이름을 입력하면 관련 이름을 가진 사람들의 프로필이나 SNS 계정이 나오는데 다소 산만하다. 그 경우 첫 화면의 맨 아

리고 저서나 연구논문 검색 등이다. 먼저 자신을 한의사라고 소개한 메디힐 TV 유튜버에 대해 알아보면 검색 포털에 소개된 이력도 없고 뉴스 보도에 나온 적도 없다. 그런데 그가 쓴 책에서 자신이 쓴 이력을 알 수 있었다.

네이버에서 이름을 입력하고 상단의 메뉴 중에서 '책'을 클릭하면 그의 이름으로 집필한 책의 목록이 나온다.[40] 2016년에 〈왕처럼 키워라〉, 〈만성 체증이 내 몸을 죽인다〉 그리고 2015년에도 〈아침 단식〉을 집필하는 등 많은 책을 쓴 것으로 나와 있다. 그중에서 가장 최근에 쓴 〈왕처럼 키워라〉를 클릭하면 저자 소개란에서 그의 이력이 펼쳐진다.

> "포항고와 부산대 철학과를 졸업하고, 성균관대 대학원에서 주역의 음양론 연구로 석사학위를 취득했다. 이후 미국 ALU(American Liberty University)에서 한의학 석사와 박사 학위를 취득했으며, 성균관대 대학원에서 교육학 박사과정을 수료했다. 철학과 한의학, 교육학, 영양학을 한국식 자연치유력 강화 식단에 접목한 연구 성과로 체질과 식품에 관한 다수의 저서를 발표하였다. 청주대학교와 성균관대학교에서 강의를 하였으며, 한의사를 대상으로 7년간 동양 철학과 사상 체질 이론 등 한방 역학을 강의했으며, 그 경험을 바탕으로 동서양 의학 이론을 통합한 '28체질론'을 완성했다. 이 이론적 근거를 바탕으로 수많은 환자들과의 상담을 통해 자연치유력 식단을 개발했다. 이후 사람들의 폭발적인 반응에 힘입어 체질식품과 개별맞춤 자연식을 대중화시키고

래쪽에 '관련 검색'이란 메뉴가 별도로 나오고 관련 인물이 있을 경우 이름과 직업이 연관된 리스트가 나온다.

있으며, 전통한식을 개선한 21세기 식단의 개념에 의한 자연치유력에 힘쓰고 있다."

일단 커리어상으로 보면 대단한 이력이다. 한의학 박사 학위에 교육학 박사 수료까지 했을 정도로 학력이 높다. 그런데 자세히 보면 몇 가지 의문이 든다. 전공 영역이 널뛰기를 한다. 철학과에서 동양철학, 한의학, 그리고 교육학까지 다양하게 걸쳐 있다. 한의학과 직접 관련된 전공이 아니면서도 미국에서 한의학 석박사 학위를 바로 취득했다는 점이 다소 의아하긴 하지만 학위증명서를 직접 확인하지 않은 이상 알 도리가 없다.

그래도 이상한 점은 남는다. 한의학 박사에 교육학 박사 수료까지 했으면 학력사항으로 볼 때 최정점을 찍은 것인데 소속이 없고 소속된 단체도 없다. 28체질론을 완성하고 강사활동을 한 것이 전부다. 백승헌 한의사라고 자칭했으니까 소속된 한방병원이 있거나 아니면 자신이 운영하는 개인 한의원 이름이라도 있어야 하는데 전혀 언급이 없다. 일반적인 한의사라면 유튜브를 하면서 자신이나 소속 단체를 홍보하기 위해서라도 한의원 이름 정도는 당연히 밝혔어야 했다. 석연치 않은 구석이 있지만 1단계 확인은 여기서 그칠 수밖에 없다.

그런데 결국은 가짜 한의사로 드러났다.[41] 우리나라 의료법에서는 국내 한의과대학에서 6년의 수학 과정을 거치고, 한국보건의료인국가시험원의 한의사 면허시험에서 공식적으로 합격한 자만이 국내에서 한의 의료행위를 할 수 있는 한의사 면허증이 부여된다.

그는 이 과정을 거치지 않았다. 대한한의사협회 관계자 역시 "그는 한의사도 아니고 협회 회원도 아니다"라고 확인했다.[42] 결국 그는 한의사를 사칭해 유튜브 활동을 하는 사람일 뿐이었다. 유튜브에서 버젓한 직책이나 전문가를 사칭해 활동하는 사람이 비단 이 사람뿐일까. 감언이설로 현혹하는 유튜버들의 행태를 잘 보여준 사례다.

다음은 강하라라는 작가 부분이다. 먼저 검색 포털을 중심으로 이력사항을 알아봤으나 별다른 사항이 나오지 않는다. 이름을 키워드로 해서 뉴스를 검색했더니 비교적 많이 나왔다.[43] 주로 채식 음식 애호가이자 그 분야 전문가로서의 활동이나 책에 대한 소개 등이다. 다음으로 2020년에 집필한 책 〈따뜻한 식사〉에 나오는 저자 소개 부분을 살펴봤다.

> "아내는 러시아 문학을 공부했고 남편은 영상 미디어를 공부했습니다. 서울에서 두 아이, 두 반려견과 살며 지속 가능한 삶에 대한 글을 씁니다. 쓴 책으로는 〈요리를 멈추다〉, 〈따뜻한 식사〉가 있습니다.

객관적으로 드러나는 그의 이력을 정리하면 '러시아 문학 전공자이고 채식 음식 전문가이며 글을 정기적으로 쓰는 사람'이다. 요리에 관한 한 전문가이다. 그러나 코로나19라는 전염병과 관련된 전문성은 찾아보기 어렵다. 최소한 많은 사람들의 건강에 큰 영향을 미칠 수도 있는 코로나19에 대해 공개적인 주장을 할 사람은 아니라는 의미다.

이 칼럼의 글은 엄밀한 의미에서 가짜뉴스는 아니다. 최소한 '악의'는 없다고 보여지기 때문이다. 그럼에도 불구하고 이 잘못된 정보가 신문 칼럼에 게재되었다는 점에서 파장은 클 수밖에 없다.

어떤 정보나 메시지를 접했을 때, 특히 코로나19와 같이 나쁜 아니라 친지나 다른 사람의 건강 및 생명에도 좋지 않은 영향을 미칠 수 있는 정보를 접했을 때는 메시지 작성자가 신뢰성과 그에 걸맞은 자격이 있는지 살피는 일이 얼마나 중요한지를 잘 보여주는 사례다.

이 사례에서 가짜 한의사를 내세워 오도성 주장을 퍼트린 것도 문제지만 이를 받아쓴 언론의 행태도 심각한 문제를 드러냈다. 엄밀히 보면 유튜버의 주장과 중앙일보 칼럼니스트의 주장을 그대로 인용한 언론의 보도는 정통 가짜뉴스는 아니다. 가짜뉴스는 크게 두 가지로 구분되는데 특정의 목적을 위해 처음부터 의도적으로 거짓말을 만들어낸 허위정보(disinformation)와 이 과정에서 의도가 들어가지 않은, 즉 모르고 만들어 유포한 잘못된 정보(misinformation)으로 구분된다. 위 사례에서 든 언론의 보도는 후자에 해당하지만 언론은 입증되지 않은 사실을 확인 없이 그대로 보도함으로써 언론의 가장 기본적인 취재보도 윤리를 어긴 셈이다.

코로나19와 같은 전염병 상황에서 언론은 일반 사람들에게 특정의 정보가 가짜뉴스인지 아닌지를 확인해주는 역할을 하는 곳이다. 따라서 가짜뉴스라 해도 언론이 보도했다면, 그것도 한두 개가 아니라 그 이상의 복수로 보도했다면 그것은 사실이 되어버린다.

이렇게 사실로 둔갑한 가짜뉴스가, 더구나 코로나19라는 위중한 상황에서 어떤 피해를 가져올지 상상하기조차 어렵다.

### 미국 의사 라시드 부타르 박사의 코로나19 가짜뉴스 퍼레이드

앞의 유튜버 사례는 메시지 내용과 제작의 전문성 및 주제 적합성이 맞지 않은 경우지만 외견상 전문지식과 경력을 갖추고 가짜뉴스를 만들어 퍼뜨리거나 오도성 주장을 하는 사람들도 많다.

미국에서 넥스트 뉴스 네트워크라는 웹사이트를 운영하고 있는 라시드 부타르(Rashid A. Buttar) 박사는 코로나19가 한참인 시기에 가짜뉴스나 오도성 주장으로 여러 번 화제를 모았다. 그는 자신의 웹사이트와 연결된 왓츠앱 메시지를 통해 "코로나 바이러스는 중국 우한의 한 의사가 미국 자금을 지원받아 만든 것"이라는 음모론을 제기했다.[44] 그러나 이 주장에 대해서는 세계적인 과학저널 네이처를 비롯 많은 전문가들이 코로나 바이러스는 실험실에서 인위적으로 만들어질 수 없다는 결론을 내렸다.

또 5월 7일에는 'Forever Inspired'라는 이름으로 올려진 유튜브 동영상에서도 여러 가지 오도성 주장을 펼쳤다.[45] 이 동영상에서 그는 "'안면 마스크를 착용하라'는 명령은 사람들을 바이러스로부터 더 취약하게 만드는 것"이라면서 "이는 사람들의 신체에 바이러스의 활성화를 촉발시키고 나아가 갖가지 스트레스를 주는 것"이라고 비판했다.[46]

이 비디오에서는 또 "코로나 바이러스는 이미 수년 전에 특허를 받았다"고 주장하고 있다. 그리고 "현재 전개되고 있는 코로나19 상황의 배경엔 거대한 음모가 숨어 있다"면서 그 증거로 코로나 바이러스에 대한 두 개의 특허증을 제시했다. 즉 코로나 바이러스는 중국 우한에서 발생하기 이전부터 이미 존재하고 있었다는 말이다. 그러나 조사결과, 그 특허증들은 현재 진행되고 있는 코로나 바이러스(SARS-CoV-2)에 대한 것이 아니라 2002년에 발생했던 사스(SARS-CoV)에 관한 것들이었다.[47]

의사이자 의학박사로서 최고 수준의 경력을 보유한 부타르 박사의 이런 오도성 주장들은 다른 가짜뉴스 제조자 및 유포자들이 그것을 근거 삼아 악용하기 딱 좋은 소재였다. 2020년 4월 24일 래리 쿡이란 명의로 된 페이스북에서 이런 내용의 글이 올라왔다.[48]

"당신이 지난 10년 동안 독감 백신을 맞았다면, 우한에서 발생한 코로나19 플루의 계열에도 양성 판정을 받을 것이다.

-라시드 부타르 박사"

즉 독감 백신이 코로나19 감염의 원인이 되었다는 얘기다. 백신 무용론을 주장하는 음모론자들의 입장을 그대로 반영하고 있다. 미국의 웨이크 포리스트 뱁티스트 메디컬센터의 감염병 전문가인 존 샌더스(John Sanders) 박사는 "그것은 입증되지 않은 쓰레기 같은 이야기"라고 잘라 말했다. 즉 코로나19는 SARS-CoV-2에 의해 발생하는 것으로 독감 바이러스와 관련성이 전혀 없다는 얘기다.

라시드 부타르 박사는 2012년에 〈100세 인생도 건강해야 축복이다〉라는 책을 집필했다. 우리나라에서도 번역판으로 출간된 이 책은 부제에 나온 것처럼 100세 시대를 살아가는 데 필요한 건강과 장수의 팁들을 담고 있다. 우선 쉽고 재미있는 제목의 표현이 눈에 쏙 들어온다. 그런데 책 소개와 더불어 나오는 저자 라시드 부타르 박사 소개는 더욱 눈길을 끈다.[49]

1966년생인 부타르 박사는 세인트루이스의 워싱턴 대학교에 입학, 그곳에서 생물학과 신학 학사를 취득한 후 아이오와주 디모인의 '정골의학 및 보건과학대학교' 의과대학에 진학하여 일반외과와 응급의학을 전공했다.[36] 그 밖에 임상금속독성학 및 예방의학 면허와 더불어 응급의학 면허도 취득했으며, 미국의학진보학회(ACAM), 미국예방의학회, 미국통합의료협회 회원으로도 활동 중이다. 부타르 박사는 또 노스캐롤라이나주 샬럿의 '진보의학 및 임상연구센터' 책임자로 근무했다. 그 밖에 〈월스트리트저널〉, 〈유에스 뉴스 앤드 월드리포트〉, 〈뉴욕타임스〉뿐만 아니라 〈20/20〉, 공영방송인 PBS 프론트라인 등과 같은 유수 언론사들과 인터뷰를 하는 등 미국 각 지역 및 전국적인 매체 그리고 국제 언론에 주목을 받기도 했다. 그리고 금속 중독과 자폐증에 관한 업적을 인정받아 미국국립보건원이 선정하는 '파이어니어 어워드(Pioneer Award)'를 수상하기도 했다.

이 정도면 그야말로 전문의사로서 흠잡을 데 없는 학력과 경력이다. 또 코로나19에 대해 조언과 자문을 충분히 할 수 있는 자격을 가지고 있다. 그러나 저서에 나오는 저자 소개의 내용은 엄밀히 말하면 객관적인 내용으로 보기 어렵다. 책 판매를 위해 좋은 부분만 강조했을 가능성이 크기 때문이다. 따라서 객관적인 자료나 근거들을 바탕으로 다시 확인해 볼 필요가 있다.

이를 확인하는 가장 일반적인 방법은 인터넷이나 검색포털을 통해 확인하는 것이다. 먼저 구글로 들어가 영문 이름 'Rashid A. Buttar'을 입력하면 상단 부분에 'Rashid Buttar – Wikipedia'라는 제목의 글이 나온다.[50] 이 부분을 클릭하면 출생국가에서 학력, 주요 경력 등이 나오고 그 사람과 관련된 사건이나 논란이 되었던 발언 등이 함께 소개된다.

간단한 약력 소개를 보면 그는 음모론자이며 백신 반대론자라고 나온다. 그리고 비전문적인 의료 행위로 인해 노스캐롤라이나주 의료 감독관으로부터 두 차례 징계를 받았으며 승인되지 않은 약물과 불순물을 함유한 약물 등을 불법으로 판매한 혐의로 미국 식품의약청으로부터 징계를 받은 전력을 가지고 있다. 밑으로 내려가 배경 부분으로 가면 이러한 설명에 대한 보다 구체적인 설명들이 곁들여지지만 이 정도만 봐도 최소한 코로나19와 관련해서 신뢰하기 어려운 인물임을 알 수 있다.

부타르 박사의 코로나19에 대한 최근 행적이나 발언에 대해 더 알고 싶다면 그의 이름과 코로나바이러스를 조합한 키워드 검색을 하면 된다. 예를 들면 'Rashid Buttar'+'coronavirus'+'fake news'를 조합해서 입력을 하면 부타르 박사가 코로나19와 관련해서 제기한 가짜뉴스나 오도성 발언들에 관한 내용들이 나타난다. 실제로 검색을 해 보면 몇 페이지에 걸쳐 나타날 정도로 의심스러운 발언이나 주장들이 많이 나온다. 특히 '뉴스' 메뉴를 클릭하면 최근의 발언과 행적에 대해 비교적 객관화된 자료를 얻을 수 있다.

외국 사람에 관한 자료를 찾을 때 가장 방대한 자료를 축적하고 있는 구글을 활용하는 것이 유리하지만 신뢰성 있는 정보를 찾으려면 구글 외에 다른 검색 포털도 확인할 필요가 있다. 일반적으로 구글을 이용하는 경우가 많고 또 최근에는 유튜브를 이용해 정보를 찾는 사람들도 많다. 구글이나 유튜브 모두 검색능력이 뛰어나고 방대한 것은 사실이다. 그러나 이들 역시 악성 이용자들이 인위적으로 만든 검색엔진 최적화 결과에 취약하며 특히 기업들이 상업적인 이익을 위해 조작한 결과에 취약한 단점을 가지고 있다. 이는 검색을 했을 때 우선순위로 먼저 나오는 정보들, 다시 말하면 조회 수가 높다고 해서 신뢰할 만한 정보는 아니라는 의미다. 또 개인의 취향에 따라 맞춤화된 정보가 제공될 가능성도 높기 때문에 신뢰성 있는 정보를 찾으려면 검색 포털을 구글이나 네이버 같은 단일 검색 포털에만 의존하지 말고 다양화할 필요가 있다.

또 특정 인물에 대한 신뢰도 검색을 할 때 첫 페이지에만 나오는 내용에 너무 의존해서는 안 된다. 특정 인물에 대한 정보는 사실성이나 정확성을 기초로 앞 순위부터 열거되는 것이 아니라 이용자들이 많이 보는 순서로 나열되는 경우가 많다. 사람들이 많이 본다고 해서 정확하다는 의미는 아니다. 더구나 검색엔진 최적화(search engine optimization; SEO)라는 방법을 사용해 인위적으로 순서를 바꿔 놓은 것들도 많기 때문이다.

앞서 제시한 유튜버 스피카스튜디오와 라시드 부타르 박사 사례는 메시지 작성자의 신뢰도를 평가하는 데 매끄러운 말솜씨나 외형적으로 드러난 전문성이나 경력이 신뢰성을 담보하는 것이 아님을 잘 보여준다.

## 4. 미디어는 자신의 이력사항을 투명하게 밝히고 있는가

누군가가 취업을 할 때 필수적으로 제출해야 하는 것이 이력서다. 이력서는 서로 모르는 상태에서 지원자가 어떤 사람인지를 잘 보여주는 약식 서류라고 할 수 있다. 그리고 이력서의 서식은 다를 수 있지만 필수적으로 기재해야 하는 사항들이 있다. 이를테면 성명, 생년월일, 주소, 전화번호, 이메일, 학력 및 경력사항, 자격증, 수상내역 등등이다. 지원자 입장에서 보면 어쩌면 단순한 정보일 수도 있지만 면접관이나 기업의 입장에서 보면 지원자를 평가할 수 있는 유용한 자료가 된다.

웹사이트 역시 마찬가지다. 정상적인 웹사이트라면 온라인을 통해 소통하거나 거래를 해야 하기 때문에 이런 이력 사항들을 투명하게 밝히는 것이 원칙이다. 그러나 가짜뉴스나 오도성 정보를 만들고 배포하는 웹사이트라면 사정은 달라진다. 공개적으로 떳떳하게 밝힐 수도 없고 밝혀서도 안 되기 때문이다. 그래서 가짜뉴스 사이트들은 어떻게든 자신을 감추려고 한다. 따라서 무엇을 감추고 있는지를 확인하면 그 웹사이트의 신뢰성을 비교적 쉽게 파악할 수 있다. 웹사이트의 신뢰성을 확인할 수 있는 6가지의 기준을 질문 형태로 제시해 보면 다음과 같다.

### 1. 웹사이트 자체 소개(About Us) 섹션은 충실히 되어 있는가

정상적인 웹사이트라면 자기 소개 섹션을 충실하게 만든다. 웹사이트의 특성을 잘 보여줄 수 있는 공간이기 때문이다. 때론 지나친 홍보나 자랑을 하는 경우도 많지만 자체 소개 섹션은 웹사이트를 처음 찾는 사람들이 자주 드나드는 공간이다. 그러나 가짜뉴스를 제작하는 사람이나 기관의 입장에서는 매우 곤혹스런 공간이다. 드러내 놓고 가짜뉴스를 만드는 곳이라고 소개할 수도 없으니 말이다. 그래서 가짜뉴스 제작자들은 아예 이 섹션을 만들지 않거나 만들더라도 거짓된 내용만 쓸 수밖에 없다. 따라서 자체 소개 섹션이 있는지 없는지, 있다면 충실하게 되어 있는지를 확인하면 그 웹사이트가 신뢰할 수 있는지 없는지를 파악할 수 있다.

### 2. 전화번호를 포함, 연락처를 공개하고 있는가

신뢰성 있는 사이트는 상호소통이나 피드백을 두려워할 이유가 없다. 오히려 명확하고 다양한 소통공간을 활용해 더 적극적으로 하고 싶어 할 것이다. 그러나 가짜뉴스 제조자들은 자신의 이름을 숨기고 자신들의 조작행위를 추적할 수 없게 만든다. 그래서 명확한 연락처를 공개하지 않거나 직접적인 소통이 어려운 연락처만 남겨두는 경우가 많다. 특히 코로나19 상황에서 코로나 바이러스를 예방 혹은 치료할 수 있는 상품이라면서 온라인 판매를 주로 하는 외국 업체들의 경우 한국어로 된 웹사이트를 운영했지만 알 듯 말 듯한 국제 전화번호만 올려두는 곳이 많았다. 따라서 웹사이트에 전화번호를 포함, 직접 소통할 수 있는 연락처가 없다면 당연히 의심을 해야 한다. 여기서 연락처는 전화번호, 실제 주소, 이메일 주소 및 상호소통이 가능한 SNS 계정 등이다.

### 3. 웹사이트의 연혁이나 이력이 나와 있는가

웹사이트의 연혁은 그 사이트를 운영하는 기관이나 단체가 걸어온 역사를 말한다. 정상적인 사이트라면 적극적으로 공개하고 자랑할 수 있는 공간이다. 그러나 가짜뉴스 사이트는 대체적으로 연한이 짧을 뿐만 아니라 공개적으로 보여줄 것이 없기 때문에 이 섹션은 없는 경우가 많다. 따라서 연혁이나 역사가 없다면 그것은 의심스러운 사이트다.

### 4. 기존 언론사의 명칭이나 다른 웹사이트의 명칭을 모방하거나 패러디한 것은 아닌가

가짜뉴스 사이트들이 새로 출범할 때 전략적으로 강조하는 것이 바로 웹사이트 명칭이다. 정보나 뉴스시장을 놓고 볼 때 연륜이 짧은 가짜뉴스 사이트는 당연히 후발주자일 수밖에 없다. 따라서 후광효과와 함께 인지도를 높이기 위해 기존에 있었던 유명 언론사 인터넷 매체의 명칭을 모방하는 경우가 많다. 그 수법은 기존 언론사 명칭 철자를 한두 자 바꾸거나 자연스럽게 연결되는 단어를 추가하는 식이다. 따라서 기존 언론사와 유사한 명칭을 쓰는 웹사이트에는 의심을 가질 필요가 있다.

또 가짜뉴스 웹사이트들 중에는 정체를 드러내지 않으면서도 인지도를 높이고 싶은 욕심에 과거에 실제로 있었지만 지금은 없어진 언론사의 명칭이나 상호를 모방하는 경우가 있다. BBC의 표현을 빌리면 일종의 좀비 사이트들이다.[51]

5. 웹사이트에 있는 정보는 최근까지 지속적으로 업데이트되고 있는가

웹사이트상의 정보가 지속적으로 게재되고 있는가의 여부는 그 웹사이트가 제대로 작동하고 있는지를 보여주는 가늠자다. 일반적으로 정보의 게시일자는 해당 정보의 제목 아래 표시되는데 이 날짜가 3개월 혹은 그 이전의 것이라면 의심스러운 웹사이트이다.

6. 이용자들을 위해 사이트의 편집, 디자인 등 기능성은 편리하게 되어 있는가

잘 조직되고 전문적인 웹사이트에는 여러 가지 요소들이 많이 포함되어 있다. 외양이 모든 것을 말해주는 것은 아니지만, 일단 웹사이트가 탐색하기 쉽고 사용자의 편의성을 담보하는 메뉴가 포함되어 있다면 그것은 독자나 이용자를 배려하고 있다는 의미를 내포한다. 그러나 가짜뉴스를 만들어내는 웹사이트는 일반적으로 그 형식이나 디자인에서도 조잡한 특성을 가진다. 어느 정도 공식적인 위치에 있는 뉴스 미디어라면 아무리 시간을 다투더라도 조악한 콘텐츠를 내보내지 않는다.

7. 운영 자금을 공개하고 있는가

웹사이트를 운영하는 데 필요한 자금의 출처를 제대로 밝히고 있는지의 여부를 말한다. 이 기준은 미국이나 영국과 같은 나라에서 특히 중요하게 인식하는 요소다. 뉴스 사이트를 표방하면서 자금을 지원해주는 기업이나 단체에 유리한 기사나 정보를 게재할

수 있기 때문이다. 따라서 운영 자금을 투명하게 공개하지 않는 웹사이트 역시 의심스러운 웹사이트라고 보면 된다.

### 워싱턴포스트 닷컴을 패러디한 '워싱턴포스티드 닷컴뉴스'

워싱턴포스티드 닷컴뉴스(washingtonposted.news)는 미국의 유력 일간지인 워싱턴포스트의 웹사이트를 패러디한 대표적인 가짜뉴스 사이트다. 이 매체는 코로나19가 미국 전역을 휩쓸고 있는 상황에서 "빌 앤드 멜린다 게이츠 재단이 후원하는 영국의 가축 전염병 연구소 퍼브라이트 연구소(Pirbright Institute)가 새로운 백신을 만들 목적으로 코로나 바이러스에 대한 특허권을 획득했다"는 등 코로나19와 관련된 음모론을 제기했다.[52] 최근에는 조이 플로이드의 죽음[*]과 관련하여 미국에서 가장 실질적인 위험은 폭력적인 선동이

아니라 정치적 이익을 위해 모든 것을 왜곡하는 사악한 언론 때문이라고 강변하는 등으로 일관하고 있다.[53]

또 하나의 특징으로서 워싱턴포스트의 보도를 타깃으로 한 반박과 비판 기사를 게재하기도 한다. 웹사이트 명칭 바로 아래에 있는 메뉴와 제목은 아이러니컬하게 워싱턴포스티드 닷컴뉴스가 반박하고자 하는 대상들이다. 즉 NPR은 미국 공영방송(Public Broadcasting Service)과 미국 공영 라디오(National Public Radio)의 보도나 활동에 대한 반박이나 비난을 하기 위해 만든 코너이다. 미디어팩트워치(MediaFactWatch)는 주류 언론이나 거대 테크놀로지 기업들의 보도나 활동을 가짜뉴스로 규정하고 반박하는 데 초점을 둔 코너이다. 마찬가지로 MSNBC(msnbc.news)는 MSNBC 방송사(msnbc.com)의 보도나 활동에 대한 반박 위주의 기사를 게재하고 다양한 음모론을 병행해서 다루고 있다.

이런 내용적인 면 외에 웹사이트 형식도 독특한 면모가 많았다. 우선 맨 윗줄에 있는 슬로건부터가 "인권과 언론의 자유에 대한 거대 테크놀로지 기업의 압제는 당신의 도움으로 끝낼 수 있습니다"라는 내용을 담고 있다. 중요한 것은 이 사이트의 이력과 역할(about us), 운영주체, 책임자, 연락처 및 위치 등 이 사이트의 정체를 알 수 있는 정보가 거의 노출되지 않고 있는 점이다. 뉴스 사이트의 신뢰도를 정기적으로 조사하는 미국의 뉴스 가드(NewsGuard)는 워싱턴포스티드 닷컴뉴스를 전형적인 가짜뉴스 사이트로 분류하고 있다.[54]

## 'Korea Times' 제호를 모방한 'Times of South Korea'

EU 회원국들에 대한 허위정보 활동을 감시하고 연구하는 단체인 EU 디스인포랩(EU DisinfoLab)은 2019년 11월 15일 전 세계에서 활동하는 인도 관련 네트워크와 산하 웹사이트들의 존재를 공개했다.[55*]

약 65개 국가에 걸쳐 265개의 뉴스 사이트들이 활동하고 있는 것으로 나타났으며 EU 기관지인 EP Today.com 등 몇 개의 거점이 되는 언론들과 긴밀한 유대 관계 속에 파키스탄을 타깃으로 한 다양한 적대활동을 수행했다. 그런데 이 265개의 뉴스 사이트 중에 우리 한국에서 활동하는 뉴스 사이트도 있었다. Times of South Korea라는 이름으로 영문 뉴스를 게재하는 이 사이트는 그럴듯한 웹사이트 형식을 갖추고 있었지만 불투명한 점이 한두 가지가 아니었다.[56]

우선 웹사이트를 소개하는 About Us 코너는 있었다. 그러나 클릭을 하고 들어가 보니 "우리는 한국에서 일간으로 발행되는 영어 신문들 중에서 가장 오래된 것 중의 하나입니다."라고 나와 있다. 그러나 실제로 한국에서 가장 오래된 영자 일간지는 코리아타임스(Korea Times)이다. 신문의 명칭을 Times of South Korea라 하고 한국에서 가장 오래된 신문이라고 소개하는 것은 당연히 코리아타임스를 연

* 당시 EU 디스인포랩은 1차 조사보고서를 발표하고 보다 자세한 보고서를 수일 내로 발표한다고 밝혔으나 그 후로 추가 보고서는 나오지 않았고 1차 보고서의 내용도 삭제된 상태로 있다. 참고로 영국 공영방송사인 BBC는 2019년 12월 16일 관련 뉴스를 다뤘다.

상시킨다. 즉 코리아타임스를 모방한 웹사이트라고 볼 수 있다.

더군다나 웹사이트의 투명성을 알 수 있는 웹사이트의 연혁이나 발행 책임자의 이름도 없었고 더구나 연락처조차 없었다. 그리고 기사는 있었지만 인도 네트워크에서 일종의 거점 역할을 하는 4newsagency.com의 기사를 그대로 전재했고 바이라인도 달려 있지 않았다. 이 웹사이트는 EU 디스인포랩이 인도 네트워크 존재를 밝힌 며칠 후 패쇄되었다. 그럴듯한 웹사이트 외양을 갖췄지만 다른 뉴스 사이트의 명칭을 모방한 상호를 쓰고 있었으며 기본적으로 밝혀야 할 사항들을 숨긴 대표적인 사례라고 할 수 있다.

### 많이 보지만 신뢰할 수 없는 사이트 '헬시푸드 하우스'

뉴스가드는 2020년 1월, 소셜미디어 참여도(engagement)를 분석하는 뉴스휩(NewsWhip)과 함께 미국에서 2019년 12월 한 달간 가장 많은 참여도를 보인 뉴스 사이트들의 신뢰도를 조사해서 발표했는데 재미 있는 결과가 발견되었다. 신뢰할 수 없는 사이트가 가장 많은 참여도를 유발한 것이다.[57]

이 조사에서 응답자들이 가장 많은 참여를 보인 뉴스 사이트는 '낙태가 유방암에 영향을 미친다'는 기사를 게재한 라이프뉴스 닷컴(LifeNews.com)이었다. 그러나 뉴스가드가 심층 분석한 결과에 의하면 그 주장은 허위였다. 그럼에도 불구하고 라이프뉴스 닷컴에 대한 소셜미디어 참여도는 미국의 유수 일간지 시카고 트리뷴, 디트로이트 프리프레스 또는 달라스 모닝뉴스 웹사이트보다 더 높게 나타났다.

이 조사에서 또 하나 관심을 끄는 사이트는 건강식품 전문 사이트인 헬시푸드 하우스(Healthy Food House)였다. 이 매체는 암 치료에 효과가 있다는 식품과 화합물을 지속적으로 홍보하고 잠재적으로 위험하고 입증되지 않은 자연건강 치료법을 소비자들에게 적극적으로 권장하고 있었다. 그러나 뉴스가드 분석에 의하면 헬시푸드 하우스가 권하고 있는 식품이나 치료법의 효과는 입증된 것이 없었다. 일종의 오도성 주장을 하는 셈이다. 뉴스가드가 분석한 신뢰도는 당연히 낮게 나타났다. 그러나 이런 낮은 신뢰도에도 불구하고 이 사이트는 미국 최고의 의료센터 중 하나인 메이어클리닉* 의 웹사이트보다 62배나 많은 참여를 유발했다.

---

* Mayo Clinic: 미네소타주에 있는 병원으로 정밀검사 능력과 서비스 면에서 미국 내 최고 수준으로 알려져 있는 병원

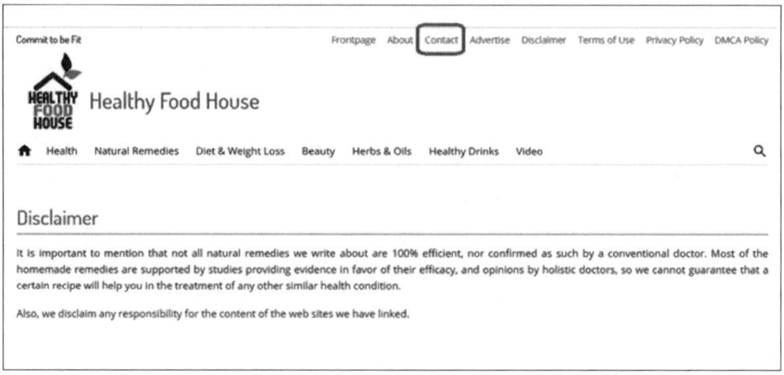


헬시푸드 하우스 웹사이트는 '어바우트'(about) 메뉴에서는 이 사이트의 기능에 대해 간단히 설명하고 있다.[58] 그러나 콘택트 메뉴난을 클릭하면 연락할 수 있는 전화번호, 메일 주소 심지어 위치 소개도 되어 있지 않다. 즉 어떤 방법으로든 연락할 공간이 없다는 의미다. 그리고 디스클레이머 난에서는 "우리가 링크해 온 웹사이트 내용에 대해서는 책임질 수 없다"고 밝히고 있다. 일종의 면책조항이다. 이렇게 볼 때 이 사이트를 신뢰하기가 대단히 어렵다고 할 수 있다. 또 가장 기본적인 정보라 할 수 있는 웹사이트 소유자, 자금, 그리고 기사 작성자의 실명도 밝히지 않고 있다.

우리나라에는 현재 없지만 미국의 경우 가짜뉴스 사이트 리스트를 만들어 공개하고 있다. 뉴스가드는 홈페이지에 코로나바이러스 허위정보 추적센터(Coronavirus Misinformation Tracking Center)를 만들어 코로나바이러스와 관련된 250개의 전 세계의 허위정보 사이트들의 목록을 게시하고 있다.[59] 위키피디아에도 알렉스 존스가 운영하는 인포워스를 비롯 약 80개 안팎의 가짜뉴스 웹사이트 리스트를 제시하고 있다.[60] 팩트체크 기관인 스놉스(Snopes)는 2019년 초 가짜뉴스 사이트들의 목록을 만들어 홈페이지에 게시했다. 개수는 많지 않지만 각 가짜뉴스 사이트들의 특징과 허위정보를 만드는 수법들을 소개하고 있다.[61]

인터넷에서 자료를 검색하거나 웹사이트의 자료를 사용할 때에는 특별한 주의가 필요하다. 심지어 통상 믿을만한 웹상의 정보원이라 하더라도 항상 정확한 것은 아니다. 가짜 웹사이트일 가능성도 경계해야 한다. 웹상에서 가장 설득력 있어 보이는 자료라도 보기와 다를 수 있다. 따라서 웹사이트 운영이 투명한지를 확인할 필요가 있다.

## 5. 메시지 작성자가 매체 이름을 도용한 것이 아닌가

거짓을 사실로 둔갑시키기 위해 자주 쓰이는 방법 중의 하나가 '권위'를 활용하는 것이다. 예를 들면 그럴듯해 보이는 가짜 전문가를 내세운다거나 언론사를 사칭하는 것이다. 오늘날 일반 국민들의 언론에 대한 신뢰도가 많이 떨어지긴 했지만 아직까지도 '언론사의 보도는 사실일 것'이라는 막연한 믿음이 남아있기 때문이다.

따라서 '사실임'을 보여주기 위한 방법으로 언론사의 명칭이나 기사 형식을 띤 가짜뉴스가 여전히 활개를 치고 있다.

가장 손쉬운 방법은 인터넷상에서 해당 언론사의 화면을 캡처한 후 거기에 내용을 바꾼 뉴스 기사문이나 사진 등을 오려붙이기 하는 것이다.

### SBS 뉴스 화면을 캡처한 고등학생들의 코로나19 가짜뉴스

2020년 1월 28일, 인터넷상에서 SBS 로고가 달린 채 '수원의 한 고등학교에서 다섯 번째 코로나바이러스 확진자가 나왔다'는 제목의 가짜뉴스가 퍼졌다.[62] "보충수업 도중 쓰러진 학생을 근처 성빈센트병원으로 데려가 바이러스 검사를 받았고 1차 검사에서 양성 반응이 나와 격리 중"이라는 내용이었다.

그러나 곧 SBS가 이를 확인하고 가짜뉴스라는 보도를 내보냈다. SBS는 29일 보도를 통해 "어제 SBS를 사칭해 '[속보]수원의 한 고등학교에서 다섯 번째 코로나바이러스 확진자'라는 제목의 가짜뉴스를 만들어 퍼뜨린 작성자가 자신의 행위를 시인하고 SBS에 공식 사과했다"고 밝혔다.[63] 가짜뉴스를 만든 주인공은 두 명의 고등학생이었다. 이들은 "친구들과 함께 장난 삼아 가짜뉴스를 만들었고 단체 카톡방에 공유했다"고 밝혔다.

이 학생들이 사용한 기본적인 방법은 포털에 나오는 SBS 방송 뉴스 화면을 캡처해 텍스트만 따로 만들어 오려붙이기를 한 것이다. 어떤 면에서 보면 손쉽게 할 수 있는 방법이다. 그러나 언론사 명칭과 로고 그리고 기사 형식을 차용했지만 보도문의 형식과 내용 등에서 실제 뉴스와 다른 요소들이 아주 많았다.

첫째, 신문 기사나 방송 뉴스에는 필수적으로 붙어야 할 기자의 이름, 즉 바이라인이 없다. 신문이나 방송사에서 속보라는 이름으로 나오는 뉴스는 원래의 작성자가 누구냐에 따라 두 가지로 나뉜다. 하나는 통신사로부터 기사를 받아 그대로 싣는 경우다. 이 경우 다른 언론사의 기사를 그대로 실었기 때문에 기자의 바이라인은 없는 대신 통신사의 명칭을 밝혀야 한다. 다른 하나는 뉴스 기사를 게시한 방송사에서 직접 취재한 기사의 경우다. 이 경우엔 취재 기자의 이름이 바이라인 형태로 필수적으로 들어간다. 위에 나오는 기사는 후자의 유형이기 때문에 기명의 바이라인이 나와야 했지만 이 가짜뉴스에는 그게 없었다.

포털 등에 언론사 명

의로 기사가 게재될 때 바이라인이 나오지 않는 경우는 두 가지다. 하나는 속보 기사 형식을 취하면서 제목만 나오는 경우다. 이것은 제목 중심으로 시급한 내용만 먼저 올린 다음에 후속 기사와 바이라인을 올리겠다는 것이다. 다른 하나는 광고 형태를 띤 기사, 즉 광고형 기사나 네이티브 광고인 경우다. 네이티브 광고는 '기사형식을 띠고 있지만 이용자들이 보기에 인터넷이나 포털 혹은 SNS 등의 미디어 콘텐츠 형식, 느낌, 기능 및 내용과 잘 어울리는 유료광고'다.[64] 기사형 광고나 네이티브 광고는 둘다 기사형식을 띠고 있지만 광고 목적을 띠고 있기 때문에 신뢰하기가 어렵다. 그 밖에 바이라인이 없는 기사는 가짜뉴스다. 학생들이 만든 기사는 이 점에서 가짜뉴스라는 것이 드러난다.

둘째, 이 기사는 방송사 뉴스 형식을 취하고 있지만 기자들이 통상적으로 쓰는 5W1H 원칙 중에 가장 중요한 요소인 '누가(who)'가 빠져 있다. 즉 두 문장으로 이루어진 리드 기사에서 '~밝히었다'라고 했는데 '밝힌' 사람이나 기관이 빠져 있다. 위에 나오는 사진으로 추측할 때 이재정 교육감이 뭔가를 발표하는 사진이 있지만 구체적으로 누가 밝혔는지를 제시하지 않았다. 사진 속의 인물이 발표자일 가능성이 높지만 원칙적으로 기사문에서 누가 밝혔는지를 분명하게 언급하는 것이 일반적이다.

셋째, 방송사의 뉴스 기사는 일반적으로 경어체를 쓰는데 이 뉴스 기사에서는 평어체로 되어 있다.

넷째, '학생의 부모와 학생의 학교 유신고등학교는 현재 바이러스 검사를 받고 있다'라는 내용이 나온다. 전체적으로 어색한 문장

일 뿐 아니라 주어와 서술어가 호응하지 못하는 문장이 원칙을 어긴 비문이다. 기자가 실제로 쓴 보도문이라면 이런 비문들은 다 걸러졌을 것이다.

이 같은 몇 가지 문제점들은 SBS 기자가 직접 취재 보도한 것이 아니라 SBS라는 언론사의 이름을 사칭한 가짜뉴스임을 보여주고 있다.

코로나19라는 상황은 물론 신문 기사나 방송사 뉴스 화면을 도용한 가짜뉴스 사례는 자주 활용되는 기법들이다.

2019년 1월 17일, 워싱턴 DC의 신문 가판대에서 워싱턴포스트 신문을 받아 든 사람들이 놀라움을 금치 못했다. 바로 '도널드 트럼프 대통령 사임(UNPRESIDENTED)'이라는 제목의 1면 톱기사 때문이었다. 기사 본문의 내용은 이렇다.[65]

> "중간선거가 끝난 지 거의 6개월 만에 트럼프 대통령이 백악관을 포기하고 대통령직에서 물러난 것으로 보인다. 트럼프 본인이 공식적으로 발표한 것은 아니지만 익명의 백악관 보좌관들이 '트럼프 대통령이 사임하겠다'는 메시지를 냅킨에 적어 집무실에 놔두고 워싱턴D.C를 떠나 2차 세계대전 종전 이후 회담이 열렸던 크리미아반도 얄타로 향했다고 주장했다. 이와 함께 트럼프 대통령의 사임 계기로는 대규모 여성 주도 시위와 여러 건의 인종 관련 시위를 언급하면서 '트럼프 시대가 끝나면서 전 세계가 축하하고 있다'면서 '전 세계가 어둠의 시대가 끝남에 따라 안도의 한숨을 내쉬고 있다'고 전했다."

이 기사는 가짜뉴스였다. 우선 발행일자부터 잘못되어 있었다. 2019년 1월 27일에 발행을 했는데 지면에 찍힌 날짜는 5월 1일로 되어 있었다. 워싱턴포스트 제호의 바로 아래에 있는 슬로건도 달랐다. 워싱턴포스트는 트럼프 대통령이 취임한 때부터 그 슬로건을 '민주주의는 어둠 속에서 죽는다(Democracy Die in Darkness)'라는 것을 썼는데, 가짜 지면에는 '민주주의는 행동으로 깨어난다(Democracy Awakens in Action)'라는 다른 내용으로 표기되어 있다.[66]

The Washington Post

May 1, 2019 Democracy Awakens in Action Edition: U.S. & World | Regional

UNPRESIDENTED

ENDING CRISIS, TRUMP HASTILY DEPARTS WHITE HOUSE

On May 1, barely six months after the midterm elections, Donald Trump appears to have abandoned the White House and abdicated his role as president. He issued no formal statement, though four White House aides — who spoke on the condition of anonymity — claim they found a napkin on the president's desk in the Oval Office on the evening of April 30, scrawled in red ink with the following message:

Celebrations break out worldwide as Trump era ends

Worldwide, impromptu street parties popped up in major cities and small towns as people realized the American president had fled. A

The Washington Post

Democracy Dies in Darkness WEDNESDAY, JANUARY 31, 2018

McCabe's handling of probe examined

IG looking at whether FBI delayed action on Clinton emails in Oct. '16

BY DEVLIN BARRETT AND KAROUN DEMIRJIAN

The Justice Department's inspector general has been focused for months on why Andrew McCabe, as the No. 2 official at the FBI, appeared not to act for about three weeks on a request to exam-

STATE OF THE UNION

A call for bipartisanship

TRUMP DELIVERS MESSAGE OF UNITY

President highlights military, economy

기사의 제목으로 나온 '언프레지덴티드(unpresidented)'도 본래 사전에 없는 단어다. 2016년 12월 17일 트럼프 당선자가 자신의 트위터에 당시 중국이 남중국해에서 미군 수중드론을 압수한 것을 두고 '전례 없는 행동(unprecedented act)'이라고 쓰려다가 '언프레지던티드 행동(unpresidented act)'이라고 잘못 쓴 데서 비롯된 것이다.[67] 이 단어는 트럼프 대통령에 대한 일종의 조롱의 의미를 담고 있다.

가짜 워싱턴포스트를 만들어 배포한 주인공은 '트릭스터 액티비스트 컬렉티브(trickster activist collective)'라는 단체로, 이날 오전 자신들이 가짜 신문을 만들었다고 발표했다.[68] 이 단체의 창시자 중 한 사람인 앤디비 클바움은 "트럼프 대통령의 탄핵을 촉구하는 '그래스루트 운동(grass-roots movement)'을 알리기 위해 가짜 신문을 만들었다"고 밝혔다. 결국 이 가짜뉴스는 퍼포먼스의 일종이었던 셈이다.*

이런 유형의 가짜뉴스는 자신의 정체를 숨기고 언론사의 권위를 빌려 의도한 메시지를 보내고자 한 가짜뉴스의 유형이라 할 수 있다.

## 6. 메시지에 인용하는 전문가는 공신력에 문제가 없는가

사상 초유의 전염병이 발생하고 그에 대한 치료법이나 백신 개발이 언제 이루어질지 모르는 상황에서 불안과 두려움에 싸여 있는 사람들에게 뭔가 알고 싶은 욕구는 강할 수밖에 없다. 그래서 어떤 정보에도 관심을 가지고 특히 코로나19와 관련된 전문 지식에도 목말라한다.

---

* 이 가짜신문은 오려 붙이기를 한 것은 아니고 실제로 가짜판 지면을 만들어 인쇄기로 찍어냈다.

코로나19와 관련된 가짜뉴스에는 특히 충고나 조언을 담고 있는 경우가 많았다. 그중에는 전문적인 용어와 지식수준을 요하는 것들도 많아서 일반인들이 그 내용의 진위 여부를 가리기가 쉽지 않았다. 이럴 때 전문가의 조언들은 더욱 가깝게 다가온다. 역으로 말하면 이런 상황은 가짜뉴스 제조자들에게 좋은 기회가 된다. 알 듯 말 듯한 내용에 그럴듯한 직함을 가진 전문가만 덧붙인다면 바로 큰 관심을 받을 수 있기 때문이다. 이것은 역설적으로 가짜뉴스의 내용이 전문적이라 해도 관련 전문가가 적합한 사람인지 아닌지만 파악하면 그 정보의 진위 여부를 가려낼 수 있다는 의미가 된다.

흔히 사전적 의미로 말하면 전문가는 '어떤 분야를 연구하거나 그 일에 종사하여 그 분야에 상당한 지식과 경험을 가진 사람'이다. 이런 전문가를 믿을 수 있느냐의 여부, 즉 공신력은 크게 전문성과 신뢰성 두 가지로 나눌 수 있다.[69]

전문성은 정보원이 자신의 분야에 대해 잘 알고 있으며 정확한 지식을 가지고 있을 것으로 인식되는 속성이다. 예를 들면 신문에 경제칼럼을 연재하는 칼럼니스트가 대학의 경제학과 교수라면 그의 전문성 차원의 공신력은 높다고 할 수 있다.

신뢰성은 얼마나 믿을 수 있느냐의 여부를 말한다. 따라서 동기가 순수하고 사심이 없다고 인식할 경우 신뢰성은 높아진다. 전문가의 신뢰성과 관련하여 흔히 제기되는 문제가 바로 이해상충의 문제이다. 이해상충이란 개인의 사적인 이해관계가 자신이 맡고 있는 업무 또는 공공의 이익과 서로 상충되는 상황을 말한다. 예를 들면 사적으로 비타민 보충제를 제조, 판매하는 의학박사가 공적인 발언

석상에서 비타민 보충제의 효능을 이야기한다면 거기엔 이해상충의 여지가 있다. 경우에 따라 자신이 판매하는 비타민 보충제 효능만 강조할 수 있기 때문이다. 따라서 전문가의 신뢰성을 파악하기 위해서는 이해상충의 여지가 있는지 없는지도 확인해야 한다.

### '헤어드라이어로 코로나 바이러스를 죽일 수 있다'는 교육학 박사

2020년 3월 20일, 미 플로리다주 오키초비카운티에 있는 카운티 위원회에서 코로나19 대응을 위한 긴급회의가 열렸다. 이 자리에 참석한 브라이언트 쿨페퍼(Bryant Culpepper) 위원은 뜬금없이 신뢰할 만한 전문가 소스로부터 얻은 정보라며 코로나 바이러스를 죽일 수 있는 새로운 민간요법을 그 대책으로 내놓았다. 요지는 '헤어 드라이어로 뜨거운 바람을 흡입하면 코로나바이러스를 죽일 수

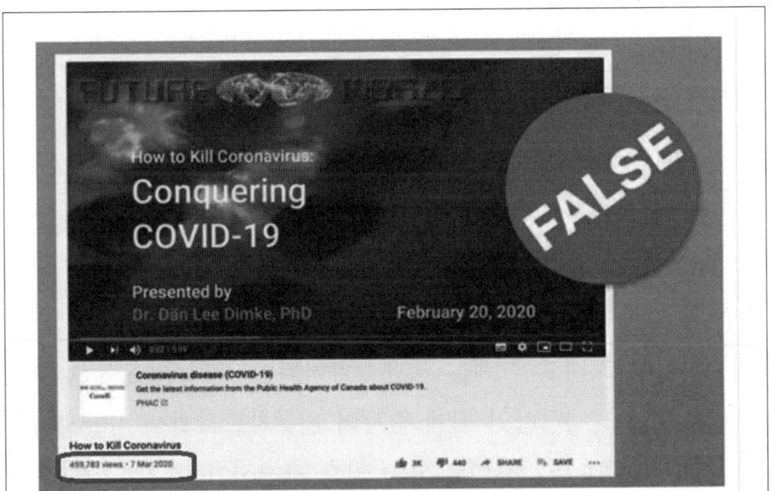

있다'는 것이었다.[70] 그가 이렇듯 자신 있게 해결책을 내놓은 것은 댄 리 딤케(Dän Lee Dimke) 박사가 유튜브에 올려놓은 동영상을 봤기 때문이다.

딤케 박사는 유튜브 동영상에서 "코에 있는 비강과 비중격(비강을 좌우로 나누는 칸막이벽)은 인간의 신체 중에서 가장 차가운 부위이기 때문에 코로나 바이러스는 폐로 들어가기 전에 이곳에 머물러 있다"고 하면서 "비강 주변을 가열시키면 코로나 바이러스를 죽일 수 있다"고 주장했다.[71] 따라서 복잡한 기구를 사용할 것도 없이 누구나 집에 가지고 있는 헤어 드라이어의 열기를 콧속과 주변에 쐬어주기만 하면 된다는 것이었다. 그러면서 "사우나에서 오랜 시간을 보내는 것도 좋은 방법"이라고 덧붙였다. 쿨페퍼가 보여준 딤케 박사의 유튜브 동영상은 당시 50만이 넘는 조회수를 기록할 정도로 인기가 높았다.

그러나 그 게시물의 내용은 채 하루도 지나지 않아 가짜뉴스로 판명되었다. 쿨페퍼는 발언 이튿날 한 언론과의 인터뷰에서 "저는 오키초비 주민들 중에서 경제적 여유가 없어 치료를 못 받는 사람들을 위해 조금이나마 위안을 주기 위해 말한 것인데, 결과적으로 큰 누를 끼쳤습니다. 확인되지 않은 정보를 퍼트려서 혼란을 끼친 데 대해 진정으로 용서를 구합니다"라고 말했다.

조언이라는 내용 자체도 문제투성이었지만 더 결정적인 것은 애초의 동영상 제작자인 딤케 박사의 전문가로서의 부적합성이었다. 딤케 박사가 박사학위를 가진 것은 사실이지만 그의 전문분야는 의료 분야, 특히 감염병이나 예방의학 분야의 박사가 아니라 교육학이었다.[72] 교육 분야 외에 최면학자와 미래학자 그리고 인터넷 정보 마케팅 회사인 퓨처월드(Future World)의 CEO 타이틀을 가지고 있지만 역시 코로나19와는 거의 관련성이 없다. 단지 박사라는 타이틀과 전문적인 용어를 섞은 현란한 수사술로 정보에 목말라 있는 사람들을 속인 것이다.

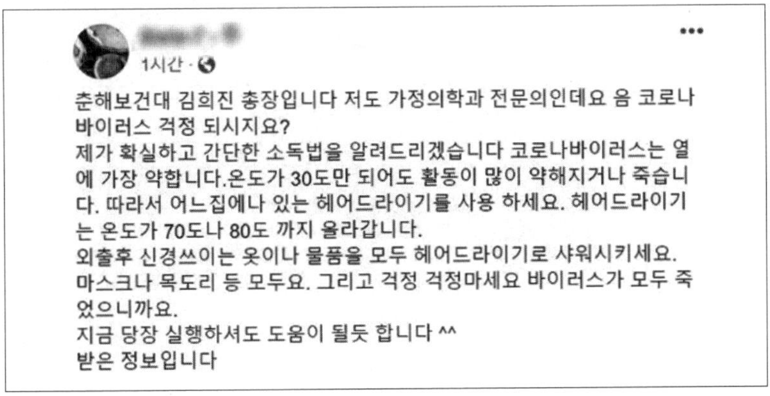
1시간 ·

춘해보건대 김희진 총장입니다 저도 가정의학과 전문의인데요 음 코로나 바이러스 걱정 되시지요?
제가 확실하고 간단한 소독법을 알려드리겠습니다 코로나바이러스는 열에 가장 약합니다.온도가 30도만 되어도 활동이 많이 약해지거나 죽습니다. 따라서 어느집에나 있는 헤어드라이기를 사용 하세요. 헤어드라이기는 온도가 70도나 80도 까지 올라갑니다.
외출후 신경쓰이는 옷이나 물품을 모두 헤어드라이기로 샤워시키세요.
마스크나 목도리 등 모두요. 그리고 걱정 걱정마세요 바이러스가 모두 죽었으니까요.
지금 당장 실행하셔도 도움이 될듯 합니다 ^^
받은 정보입니다

2020년 2월 24일경에는 우리나라에도 이와 유사한 가짜뉴스가 SNS를 타고 올라왔다. 춘해보건대 총장 명의로 페이스북과 트위터를 통해 유포된 글에는 "열에 약한 코로나바이러스는 30도만 돼도 활동이 많이 약해지거나 죽는다며 온도가 70~80도까지 올라가는 헤어 드라이어를 이용해 열풍을 쐬어주면 옷이나 물품을 효과적으로 살균할 수 있다"는 취지의 주장이 담겨 있다.[73] 춘해보건대는 2월 24일 기획처 명의로 총장이 이 글을 작성한 사실이 없다는 공식 입장문을 발표했다.

세계보건기구도 홈페이지에 설치한 신화깨기(myth busters) 코너에서 "헤어 드라이어나 뜨거운 사우나는 코로나 바이러스를 없애는 데 그 어떤 효과도 입증된 것이 없다"면서 "오히려 헤어 드라이어를 잘못 사용할 경우 화상을 입을 우려도 있다"고 경고했다.[74]

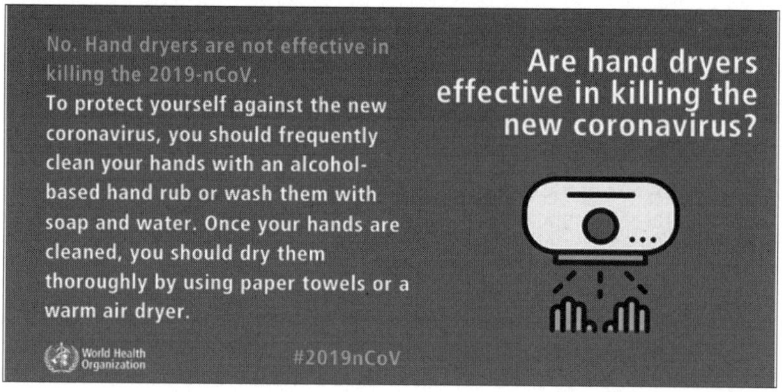


사실 이런 류의 허위정보는 감염병 분야의 전문 영역을 다루고 있어서 일반 사람으로서 진위 여부를 가려내기가 어렵다. 그렇다면 코로나19에 대해 조언이나 자문을 해주는 전문가의 공신력을 어떻게 확인할 수 있을까. 이를 가장 쉽게 확인할 수 있는 방법은 먼저 복수의 언론 보도에 이 가짜뉴스의 내용이 나왔는지를 확인하는 것이다.

방법은 간단하다. 먼저 이 가짜뉴스에 나오는 핵심 단어, 즉 '코로나19'와 '헤어 드라이어' 이 두 개의 키워드를 조합해서 포털의 뉴스 섹션을 확인해 본다. 그러면 이 두 개의 키워드가 들어 있는 뉴스의 목록이 뜨게 된다. 만약 관련된 뉴스가 나와 있다면 가장 최근의 뉴스들을 중심으로 그 진위 여부를 확인하면 된다.

문제는 뉴스에 나와 있지 않을 경우이다. 이때는 전문가의 공신력을 직접 찾아봐야 한다. 전문가의 공신력을 확인하는 일은 비단 코로나19 가짜뉴스 여부를 확인하는 데도 필요하지만 정치, 사회 등 다른 영역의 가짜뉴스, 더 나아가 보고서를 만들거나 논문을 쓸 때도 유용하게 써먹을 수 있기 때문에 차제에 그 방법을 직접 해 볼 필요가 있다. 그럼 앞에 나오는 존 리 딤케 박사의 공신력을 단계적으로 확인해 보자.

가장 먼저 할 일은 위키피디아의 인명록을 통해 대체적인 이력을 파악하는 것이다. 위키피디아에는 그 사람의 이력사항, 학력 및 직업사항 외에 저서와 수상 경력 그리고 논란이 되거나 가짜뉴스 및 오도성 주장에 대한 이력까지 나오기 때문에 하나하나 확인해 나가면 된다. 그러나 확인한 결과 위키피디아에 딤케 박사에 대한 소개는 없었다.

그러면 그 다음 단계로 검색포털로 들어가 딤케 박사의 개인 웹사이트나 SNS 계정이 있는지 살펴본다. 구글에는 없지만 덕덕고(DuckDuckGo)의 검색박스(Search Box)에는 그의 이력이 나온다.[75]

딤케 박사의 전기를 찾는 이유는 코로나19와 관련해서 전문성이나 관련 경력이 있는지를 알아보기 위한 것이기 때문에 우선 학력 사항을 찾아본다.

"딤케 박사는 뉴욕 주립대학교에서 과학 학사 학위를 받았으며 사우스웨스트 대학교에서 심리 언어학을 전공하여 정보 기술 및 교육 박사 학위를 취득하여 경영학 석사 학위를 취득했습니다. 또한 스쿠버 다이버, 제트 헬리콥터 조종사, 최면술사, 천문학자, 미래학자 및 유명인 인상파입니다. 딤케 박사는 20개 이상의 다양한 악기를 연주하며 4개 대륙의 관객을 위해 강의 및 공연을 해왔습니다."

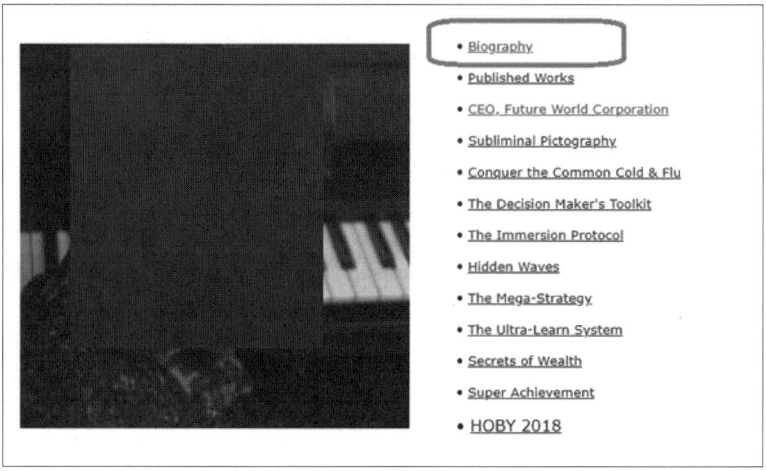


교육학과 경영학을 전공을 한 외에 다양한 분야에 관심과 취미를 갖고 있지만 의료나 건강 분야의 전문성과는 거리가 멀다. 이는 딤케 박사가 코로나19와 관련하여 전문적인 조언이나 자문을 할만한 자격을 갖추고 있지 않다는 것을 보여준다. 결과적으로 이 정보는 신뢰할 수 없다는 결론이 나온다.

더 알아보고 싶다면 'Dan Lee Dimke'+'coronavirus'+'fake news' 혹은 'false'로 결합해서 입력을 하고 '뉴스' 메뉴를 클릭하면 최근에 그가 한 발언이나 주장, 행적에 관한 기사들이 뜬다. 위의 키워드 조합은 딤케 박사가 코로나19와 관련된 가짜뉴스나 오도성 발언을 해서 뉴스에 등장하고 있는지 그렇지 않은지를 검색해보는 방법이다.

## 7. 게시내용이 SNS에만 있는가 복수의 뉴스미디어에도 보도되는가

2020년 4월, 코로나19가 세계적으로 한창인 가운데 북한의 김정은 국무위원장의 사망설이 나돈 때였다. 미국 캘리포니아 남부의 오렌지카운티에 사는 김화석(44세) 씨는 4월 24일 아침 70대 어머니가 카톡으로 받았다며 "북한 김정은이 죽었대"라는 소식을 전해 들었다.[76] 어머니와 함께 살고 있었던 김 씨는 화들짝 놀라 스마트폰으로 뉴스를 확인했다. 그는 "며칠 전부터 김정은 위원장의 건강 이상설이 돌고 있었기 때문에 그럴 수 있다"고 생각했다. 그리고 "김정은 위원장의 사망 소식은 거의 모든 언론의 톱으로 자리 잡았을 것이"라 생각했다. 그러나 웬걸 어떤 신문이나 방송사 뉴스에서도 김정은 위원장이 사망했다는 소식은 없었다.

가짜뉴스였기 때문이다. 순식간에 이뤄진 일이었지만 김화석

씨는 SNS를 오가는 정보가 사실인지 아닌지를 확인하는 최고의 방법 중 하나를 알고 있었던 셈이다. 뉴스나 정보에 독불장군은 없다. SNS에 회자되고 이야깃거리가 되면 언론에도 반드시 보도되게 되어 있다.

세상에는 많고 많은 사건과 사고가 일어나고 또 많은 정보가 흘러 다니지만 그것들 모두가 뉴스가 되는 것은 아니다. 그럴만한 공간이나 시간도 없다. 그래서 언론은 어떤 것을 뉴스로 하고 또 어떤 것을 버릴지 하는 공통의 기준을 갖고 있다. 흔히 이것을 뉴스가치라고 말한다.

뉴스가치는 통상 여섯 가지로 구분된다. 먼저 시의성(timeliness)의 기준이 있다. 시간적으로 가장 최근 혹은 최신일수록 가치 있게 다루는 속성이며 영향성(consequence)은 사회적으로 얼마나 중요하고 많은 사람에게 영향을 미치는가에 관한 속성이다. 근접성(proximity)은 지리적으로 또는 심리적으로 가까운 곳에서 일어나는 사건을 강조한 속성이며 저명성(prominance)은 사회적으로 저명한 인물과 단체에 더 가치를 두는 속성이다. 흥미성(interest)은 독자들이 어느 정도 관심과 흥미를 가지는가와 또 얼마나 인간적 감동 요소가 있는가에 초점을 둔 속성이며 예외성(unusualness)은 뭔가 특별하고 예상치 못했던 일이나 사건에 강조를 둔 속성이다.

앞의 예시에서 들었던 김정은 사망 소식은 뉴스가치 중에서 사회적 영향성, 중요성, 저명성 등 여러 가지 기준을 복합적으로 가지고 있는 거의 최고급의 뉴스가치이다. 따라서 그것이 사실이라면 SNS에서뿐만 아니라 거의 모든 언론에서 톱기사로 장식했을 기사이다.

코로나19 역시 마찬가지다. 유행성 전염병은 기본적으로 전염성이 강한 질병이다. 그래서 모든 사람이 그 영향권 내에 있다. 다시 말하면 사회적 영향이 클 수밖에 없는 사안이다. 그래서 코로나19에 관한 정보라면 중요한 뉴스가치가 되고 언론에서는 이를 중요하게 다룬다. SNS를 오가는 뉴스나 정보 역시 마찬가지다.

물론 소셜미디어에 난무하는 정보를 가지고 매번 뉴스가치를 따질 필요는 없다. 그러나 소셜미디어에서 유통되는 특정의 정보가 많은 사람들에게 회자된다면 그것은 뉴스가치가 큰 정보가 된다. 그래서 소셜미디어 속에서 뜨겁게 달아오른 정보들은 언론 보도를 통해 재확인되거나 확산된다. 달리 말하면 소셜미디어 속에서 뜨겁게 이슈가 되었다 해도 신문 기사로 또는 방송뉴스로 나아가 인터넷 매체의 뉴스에 오르지 않았다면 그것은 가짜뉴스일 확률이 높다. 뉴스가치가 높은 정보라면 더 말할 나위가 없다. 이는 해당 정보가 가짜뉴스인지 사실인지를 구분하는 일종의 바로미터가 된다.

물론 언론의 보도가 모든 것을 다 확인해 주는 것은 아니다. 많은 언론이 한목소리로 거짓말을 할 때도 있었다. 그럼에도 불구하고 언론은 사실 여부를 가늠해주는 중요한 사회적 공기임은 분명하다. 그래서 언론을 통한 사실 여부 확인은 코로나19뿐만 아니라 사실 여부를 확인할 때 필수적으로 거쳐야 하는 단계이다.

### 집단 감염을 불러일으킨 '코로나19엔 소금물이 특효' 가짜뉴스

2020년 3월 10일은 세계보건기구에서 코로나19를 팬더믹으로 선언하기 하루 전날이고 우리나라에서도 사망자가 50명을 넘어서기 시작한 무렵이다. 이런 심각한 상황에 '성남시 은혜의강 교회 신자들을 중심으로 코로나19 집단 감염이 확인되었다'는 또 하나의 비보가 전해졌다. 이후 4~5일 동안에 목사 부부, 신도, 접촉한 가족 및 지인 등 모두 67명이 코로나19 확진 판정을 받았다.[77]

그런데 집단 감염 이유가 특별했다. 교회 내에서 예배를 보다 흔히 발생하는 대면 접촉에 의한 감염이 아니라 예방 차원에서 이루어진 '소금물 분사' 때문이었다. 예배에 참석한 사람들을 소독한다며 입에 일일이 분무기로 소금물을 뿌린 것이 감염 확산의 주요 원인이 되었다. 경기도 코로나19 긴급대책단이 분석한 결과에 따르면 이 사태는 두 가지 오류가 겹쳐서 일어난 것이다. 하나는 '소금물이 코로나 바이러스를 예방하는 데 효과가 있다'는 가짜뉴스 때문이고 다른 하나는 '소금물을 효율적으로 뿌리기 위해 분무기를 통한 입사방법을 사용했다'는 것이다.

KBS가 팩트체크 코너를 통해 확인한 바에 따르면 은혜의강 관계자들이 IT에 대한 인프라와 이해 부족 때문에 소셜미디어를 타고 유포된 자신들만의 소식통에 의존하게 됐고 결과적으로 이런 거짓 정보를 믿게 되었다고 한다.[78] 좋지 않은 일이 겹치고 겹친 셈이다.

2020년 3월 초에 실제로 소금물이 코로나 바이러스를 치료하는 데 효과가 있다는 정보가 소셜미디어상에 흘러 다녔다. 예를 들면 소금물로 가글을 하면 좋다거나 우리 몸의 염도를 0.9% 정도 유지하면 코로나 바이러스가 우리 몸에 침입할 수 없다거나 하는 등의 정보였다. 은혜의강 목사 부부가 분무기로 소금물을 분사한 것은 그나마 소금물을 효율적으로 투입시키기 위한 방법이었을 것이다. 문제는 소금물이 코로나 바이러스를 퇴치시키는 데 효과가 있다는 거짓 정보를 확인하지 않고 믿었다는 점이다.

### 중국 우한발 '코로나19 소금물 효과' 가짜뉴스의 확산과 진화

그렇다면 이 정보는 어디에서 유래한 것인가. 코로나19와 관련하여 소금의 효능에 대한 이야기가 제일 먼저 나온 것은 이 전염병의 발원지인 중국 우한이었다. 코로나19의 첫 확진자가 확인된 이후 그 세를 확대해 가던 2020년 1월 20일경 중국의 주요 소셜미디어인 웨이보와 트위터, 그리고 페이스북에는 이 새로운 전염병에 대한 갖가지 정보가 떠돌았다.[79] 그중에서도 특히 중국 최고의 호흡기 전문가로 알려진 중국공정원 중난산(Zhong Nanshan) 원사의 의학적 조언들이 많은 사람들의 관심을 받았다. 그리고 같은 날 중난산의 조언이라며 "소금물로 입을 헹구면 코로나 바이러스를 예방할 수 있다"는 게시물들이 여기저기서 나돌기 시작했다. 그리고 그 구체적인 방법까지 제시되었다.

"입 안에 소금물(희석된 식염수) 한 모금 가득 뿌리십시오. 머리를 뒤로 젖히고 소금물이 목에 닿도록 하십시오. 입을 약간 열고 목을 통해 천천히 숨을 쉬십시오.(가글링) 그리고 천천히 숨을 쉬면서 몇 초 후에 식염수를 뱉어냅니다. 두 번째 식염수로 위의 단계를 반복한 다음 이 같은 절차를 총 3~5회 반복하십시오.

새로운 코로나 바이러스는 비강*을 통해 처음 들어온 후 인두**에 일정 기간 숨어 있기 때문에 희석된 식염수로 가글링을 하면 바이러스를 즉시 죽여 감염을 예방할 수 있습니다.

과거 사스(SARS)가 발발했을 당시 나는 학생들 사이에서 동일한 방법을 장려하고 그들이 따라 하도록 몇 번이고 독려했습니다. 그 결과, 우리 학급의 학생 중 아무도 감염되지 않았습니다."

이 게시물은 웨이보, 트위터, 페이스북에서 전파되다가 정보의 출처가 중난산 원사에서 우한종합병원으로 바뀌어서 다시 확산되기 시작했다. 그러면서 "이 방법은 간단하고 효율적입니다. 중요한 것은 일관성 있게 하는 것입니다"라는 문구가 추가된다.

이 정보가 SNS를 통해 급속히 확산되자 2020년 1월 22일, 광저우 의과대학 제1부속병원 측은 이를 허위정보로 규정하고 "식염수는 입과 목을 깨끗하게 하고 인두염을 치료하는 데 도움이 되지만 호흡기로 침범하는 새로운 바이러스는 입안 가글링으로 처치할 수

* 비강은 코의 등 쪽에 있는 코 안의 빈 곳으로 공기 속의 이물질을 제거하는 역할을 한다.
** 인두는 입안과 식도 사이에 있는 소화기관이다.

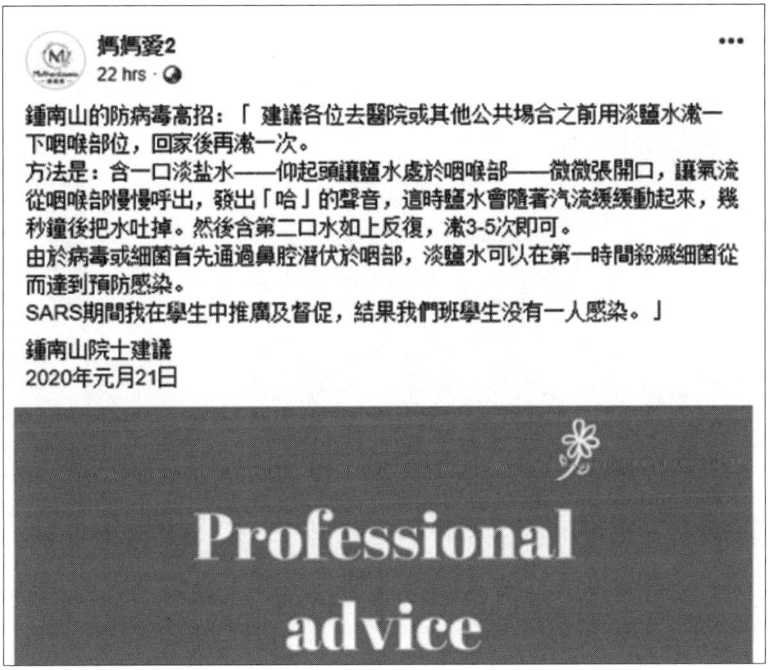
媽媽愛2
22 hrs ·

鍾南山的防病毒高招：「 建議各位去醫院或其他公共場合之前用淡鹽水漱一下咽喉部位，回家後再漱一次。
方法是：含一口淡盐水——仰起頭讓鹽水處於咽喉部——微微張開口，讓氣流從咽喉部慢慢呼出，發出「哈」的聲音，這時鹽水會隨著汽流緩緩動起來，幾秒鐘後把水吐掉。然後含第二口水如上反復，漱3-5次即可。
由於病毒或細菌首先通過鼻腔潛伏於咽部，淡鹽水可以在第一時間殺滅細菌從而達到預防感染。
SARS期間我在學生中推廣及督促，結果我們班學生没有一人感染。」

鍾南山院士建議
2020年元月21日



없다"고 밝혔다.[80] 또한 "소금물로 새로운 바이러스를 없애거나 약화시켰다는 증거가 어디에도 없다"고 말했다. 세계보건기구도 1월 24일 병원 측의 주장을 재확인했다.

그럼에도 불구하고 이 정보는 페이스북을 통해 전 세계로 확산되었다. 특히 인기를 끈 것은 스탠리 더햄(Stanley Durham)이라는 페이스북 그룹이었다. 이 그룹은 페이스북에 "코로나19를 방지하기 위해서는 입을 헹궈야 하는데 소금 들어간 따뜻한 물이면 딱이다"라는 게시물을 올렸다.[81] 2020년 2월 말 이 글은 '좋아요' 217개와 댓글 24개가 달렸고 최소 2천 회 이상 공유될 정도로 인기 있는 가짜뉴스가 되었다. 소금물의 효과와 관련된 글은 다시 시각적 효과를 보여주는 인포그래픽으로 만들어져 더 확산되었다.[82]

"코로나 바이러스는 폐에 도달하기 전에 4일 동안 목구멍에 잔류하는데 사람은 이때 기침을 하기 시작하고 목이 아프게 된다. 만약 그 사람이 물을 많이 마시고 따뜻한 물 혹은 소금 또는 식초로 가글링을 하면 바이러스를 제거할 수 있다. 당신은 이 정보로 누군가를 구할 수 있기 때문에 이 정보를 널리 퍼뜨려라."

원래의 버전보다 많은 내용이 추가되었다. 특히 코로나19에 대한 예방을 넘어 제거할 수 있다는 치료효과까지 추가됐다. 그럴듯한 그래픽까지 덧붙여져서 더 사실인 것처럼 보인다.

소금물 가글링과 관련된 가짜뉴스는 스페인어판 동영상으로 만들어져 700만 이상의 조회 수를 기록하기도 했다.[83] 출연자가 칠판에 그림까지 그려가면서 자세히 설명하고 직접 가글링하는 모습까지 보여주고 있다.

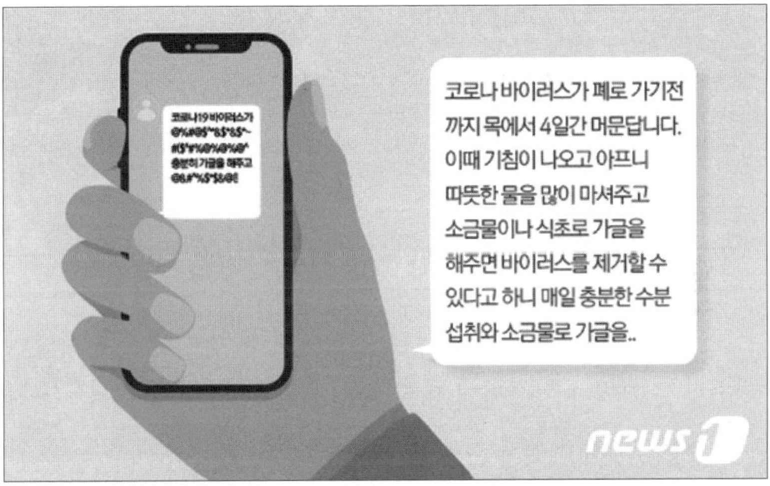


우리나라에서도 이 글이 SNS를 타고 떠돌기 시작했다. 2월 21일 한 유튜버가 소금으로 신종 코로나 바이러스 예방은 물론 퇴치까지 할 수 있다는 내용의 동영상을 올렸다.[84] 3월 17일 기준 2400여 회의 조회수를 기록한 이 영상에는 50여 개의 댓글까지 달렸다.

또 2월 29일에는 한 카페에 "내 몸에 염도를 0.9% 이상만 유지시켜 주면 이보다 더한 바이러스라 해도 내 몸에 들어올 수가 없습니다."라는 내용의 글이 올라왔다. 마치 최종 심판자라도 되듯 과학적인 용어에 확신에 찬 결론을 내리고 있다.

코로나 이기는 법 - 소금물 가글, 양치 권장 | 자유로운 글 전체공개 2020.02.29. 12:57

럽가디즈(a989****) 임원진 1:1 https://cafe.naver.com/koreatropicalfish/19534 주소복사

지구상에 모든 바이러스는 0.9%의 소금물 속에서는 존재할수 없다는 것은
과학적으로 입증된 사실입니다.
닿는 순간 죽기 때문이지요.

그러므로 코로나 바이러스를 물리칠수 있는 최선의 방법은
내몸에 염도를 0.9% 이상만 유지 시켜 주면
이보다 더한 바이러스라 해도 내몸에 들어올수가 없습니다.

모든 바이러스가 침투할수 있는 곳은 눈, 코, 입 뿐입니다.

그래서눈 물이나 침이나 코점막에 소금물로 배치시킨 것입니다.

그런데 우리 국민들 90%가 0.8% 미만이라고 하니
이것이 문제입니다.

코로나 바이러스를 물리치려면
체내 염도를 0.9%로 유지시켜야 합니다.

- 어느 건강 관련 글에서 퍼옴

구체적인 수치가 들어가면 더 그럴듯해 보이는 원리를 따랐던 모양이다. 그러나 가톨릭대 의대 백순영 교수는 "(시중에 떠도는 것처럼) 4% 정도의 고농도일 경우 삼투작용으로 세균은 사멸할 수 있지만, 바이러스의 증식 활동은 염도와는 상관없다."고 주장했다.[85] 또 세브란스병원 신장내과 박정탁 교수는 "우리나라 국민의 평균 소금 섭취량은 권장량의 150～200%에 달할 정도로 많다"면서 "염분 농도를 0.9%에 맞춰 몸 안의 염도가 높아지면 수분이 배출되지 않아 혈압이 오르고 나트륨이 위를 자극해 각종 합병증을 일으킬 수 있다."고 지적했다.[86] 즉 코로나19는 소금물과 관련이 없을 뿐 아니라 염도를 높일 경우 더 해로울 수 있다는 의미다.

이 역시 출처가 불분명하다는 점에서 일차적인 의심을 할 수 있다. 그런데 이 정보가 실제로 유용한 정보라고 가정해 보자. 이 방법대로라면 이미 확진된 사람은 둘째 치고라도 앞으로는 코로나19에 감염될 일이 없을 것이다. 코로나19가 확산되면서 온 나라, 아니

전 세계가 발칵 뒤집혀 있는데 이렇게 간단하고 효율적인 치료법이 있다니! 그런데 이 좋은 방법을 모르고 있다가 이제야 알게 됐다면 언론이 가만있을 리 없다. 한마디로 세기의 특종감이기 때문이다.

그렇다면 문제 해결은 간단하다. 게시물에 올라온 몇 가지 키워드를 가지고 인터넷에 검색을 해 보면 블로그, 카페뿐만 아니라 뉴스 항목에도 즐비하게 떠야 한다. 이 내용은 키워드 2개, 즉 '소금물'+'코로나 바이러스'만 가지고도 확인할 수 있다. 그런데 실제로 해보니 뜨지 않는다. 왜? 거짓이거나 확인되지 않은 것이기 때문이다. 뉴스나 정보에 독불장군은 없다. SNS에서는 돌고 있는데 인터넷의 뉴스 항목에 오르지 않았다면 그것은 사실이 아니다. SNS를 통해 여기저기 돌고 있다면 언론이 그 내용을 취재보도해야 할 만큼 뉴스가치가 있다는 의미이다. 시간은 다소 늦을지라도 그 내용은 뉴스 항목에 떠야 한다.

허위정보 중에는 내용 면에서 중요하고 소재 면에서 자극적인 경우가 많다. 따라서 이런 정도의 비중을 가진 정보라면 일반적인 뉴스 미디어의 홈페이지나 온라인 매체 등 여러 곳에 동시에 게재되는 것이 당연하다. 스스로 생각해서 믿고 싶은 정보라 할지라도 다른 뉴스 미디어 웹사이트에도 그 내용이 게시되고 있는지 확인해 볼 필요가 있다. 이것은 그 정보에 대해 보다 깊이 이해할 수 있는 방법이기도 하다.

특히 사회적으로 논란이 되고 있는 정치 정보의 경우 다양한 시각에서 보도하는 경우가 많기 때문에 관점의 다양성을 확보한다는 측면에서 다른 뉴스매체의 기사를 교차 검증할 필요가 있다. 이를테면 해당 메시지에 나오는 주요 단어들을 몇 개 골라 널리 알려진 뉴스미디어 홈페이지에 들어가 검색을 해 보는 것도 하나의 방법이다.

다시 한번 확인하자. 뉴스나 정보에 독불장군은 없다. SNS에 돌고 있다면 그것은 뉴스 항목에도 올라와야 한다. SNS에는 있는데 뉴스 항목에 없다면 그것은 가짜다. 이것은 언론인들이 사실을 검증할 때 흔히 사용하는 교차검증법이다.

다만 우리나라의 언론매체의 성향에 따라 가끔 뉴스에 대한 시각이 달라지는 경우가 있기 때문에 단 하나가 아니라 복수의 언론을 교차 검증해 보는 것이 필요하다.

# 2장
# 디테일 속에 숨은 악마
## : 어떤 언어적 표현과 설득적 수사를 사용했는가

미디어를 통해 이루어지는 커뮤니케이션은 그것이 언론사의 뉴스건 TV 드라마나 영화이건 그 자체의 독특한 언어를 가진다. 신문 기사에 나오는 헤드라인은 기사의 핵심 내용을 압축해서 보여주기 위한 것이고 카메라의 클로즈업은 강조나 친밀감을 나타내기 위한 것이다. 또 사운드와 이미지는 사람들의 정신세계 깊숙한 곳까지 도달해서 특별한 감정을 느끼게 하거나 즐거움을 배가시킨다.

가짜뉴스 역시 나름의 언어양식이 있다. 그리고 그 언어 양식의 일차적 특징은 거짓을 사실처럼 보이게 하거나 단편적인 사실을 일반화된 사실로 보이게 하는 데 있다. 가짜뉴스가 가진 또 다른 특징은 뉴스나 정보를 새롭게 만들어 내는 것이 아니라 기존의 것을 재활용하는 데 있다. 거기에다 가짜뉴스는 언론사의 뉴스처럼 체계적인 시스템에 의해 만들어지는 것이 아니라 단기간에 급조한 것들이 많기 때문에 언어적 표기나 표현에서 문제가 있을 가능성이 높다. 특히 코로나19 상황에서 나타난 가짜뉴스들은 특정 국가나 지역에 머무르는 것이 아니라 글로벌 차원으로 유통되는 경우가 많았다. 이는 필수적으로 각 국가 언어로 번역을 요구하기 때문에 그 과정에서 표기나 문맥상의 오류를 범하는 경우가 많다.

코로나19와 관련된 가짜뉴스는 다른 일반적인 가짜뉴스와 달리 전염병이라는 공통의 소재에서 출발한다. 그러나 전염병에 관한 지식은 전문분야이기 때문에 독창적으로 만들어내기가 어렵고 모방이라는 양식을 필수적으로 요한다. 그래서 가짜뉴스는 내용보다 형식에 치중하고 그것을 화려하고 자극적으로 포장을 한다. 그리고 그 포장의 디테일 속에 악마를 숨겨 놓는다.

## 8. 철자, 맞춤법, 띄어쓰기 등 언어 표기의 기본 형식을 지키고 있는가

신문 기사나 방송뉴스는 정확성을 생명으로 여긴다. 그 정확성의 출발점은 철자, 맞춤법, 띄어쓰기 등과 같은 언어 표기의 기본 양식을 철저히 지키는 것이다. 그래서 신문사나 방송국은 기사나 뉴스를 만드는 과정에 교정과 교열을 전문적으로 수행할 수 있는 인력을 배치하고 있다.

일반 사람들 역시 언론인만큼은 아니지만 남에게 메시지를 보낼 때 철자를 맞게 썼는지, 맞춤법은 틀리지 않았는지, 그리고 띄어쓰기는 제대로 했는지를 늘 확인한다. SNS의 특성상 단문 형식으로 빠른 글쓰기를 해야 하는 제약이 있지만 그래도 틀린 글자를 보면 그냥 지나치지 않는다. 그러나 가짜뉴스는 이런 과정을 거치지 않기 때문에 의도적이든 비의도적이든 철자, 맞춤법, 띄어쓰기 같은 언어 형식상의 오류를 많이 범한다. 따라서 철자나 맞춤법상의 오류가 있거나 디자인이 조잡한 게시물은 의심을 품어야 한다.

### 서울의대 졸업생 명의의 코로나19 가짜뉴스와 왜곡된 정책평가

2020년 2월 29일 이후 서울의대 졸업생들의 단톡방 글이 카톡과 SNS를 통해 확산되었다. 2월 26일에 코로나19 확진자가 1,000명을 넘어선 점을 고려하면 2월 29일은 감염자들이 급속히 증가하는 시기였다.

다음은 서울의대 졸업생들의 단톡방 에 올라온 내용인데 현재 한국의 상황을 상당히 정확하게 분석하고 자가 대비책까지 제시한 내용이라 상당한 설득력이 있어서 참고하면 좋을 것 같습니다.

☆현황분석
1.확진자가 천명이 넘어가면 2주 후 부터는 사망자들이 급격히 늘어날 수 있음.
2. 이렇게 되면 나도 감염되기 쉽고, 병원 에 가는 것이 불가능 해 짐.
3.현재도 선별진료소 에서 감염되는 사례 가 꽤 있다고 함.

☆대비책
비상약 준비: 아스피린,애드빌, 타이레놀.등 비스테로이드성 소염제, 항생제, 진해 거담제 등을 미리 가능한한 가족 수 대로 사 두세요.
병원의 입원실이 모자라면 할 수 없이 자가격리해야 하고 2주 이상 외부 출입 도 불가하니 비상 식량도 준비 해야 합니다.
1000명의 확진자가 넘어 갔다는 건 우리나라 사정으로 볼 때 '지역감염단계' 로 들어 갔다는 얘기 입니다. 이 말은 어느 특정 지역이나 장소 를 막기엔 늦었고 산발적으로 각 도시 , 지방, 장소를 불문 하고 광범위하게 확진자가 발생하는 현상을 말합니다.

이렇게 되면 내가 아무리 조심한다해도 완전히 막기가 힘 듭니다.

☆확진 후 증상
개개인의 면역의 상태에 따라 예후는 매우 다르지만
1)대부분의 경우 심한 감기, 혹은 몸살 처럼 지나가지만

2)고령층(65세이상),심 · 혈관계 이상 질환, 호흡기질환이 있는 경우가 고위험군에 속하니 각별한 주의가 필요 하고 필히 입원 치료 를 받아야 합니다.
☆예상되는 조치
현재(2/25일) 한국 의 코로나 진행 상황 으로 볼 때 다음 주중 에는 다중이 모이거나 사용하는 공공시설 폐쇄, 대중 교통의 운행제한, 등의 제한적 조치가 나올수 있고, 특히 서울에서의 발병및 확진 추이가 급속히 늘어나면 위의 조치 들은 바로 시행될 것 입니다. 25일 이후 돌아 가는 상황을 예의 주시하면서 事前, 事後를 대비 해야 합니다.

☆결론
국가가 국민을 못지켜 주고 그들의 정치적 야욕을 위해 근본적인 수습책 (발병진원지로부터의 원천 봉쇄, 병상, 마스크, 방호 장비 등의 미확보 등 사후 조치) 마저도 안 취하는 상황을 보면 이제는 우리의 건강 은 우리 스스로가 지켜야 합니다. 이 정부의 방역과 보건 의료 정책을 믿으시면 안됩니다.

완전히 뚫렸습니다.

이 정부는 못하는게 아니라 안하는 겁니다. 현재 대한민국의 의료 시설, 의료진, 병원 시설, 장비는 세계 최고 수준 입니다. 이렇듯 경쟁력있는 의료 부문도 이정부 의 무능력과 무지와 독선으로 추락 했습니다. 과거 사스나 메르스를 훌륭히 극복한 대한민국의 의료의 수준을 이 정부는 완전히 망가뜨리고 여전히 사과 한마디 없이 보건 행정의 책임자는 그탓을 자국민의 탓으로 돌리고 있습니다.

이내용은 이곳 단톡방에서만 공유 하지 마시고 가능한 많이 돌리세요. 그래야 준비를 합니다. 앞으로 3일간의 상황을 예의 주시하시기 바랍니다. 중요한 시기 입니다.

이 글은 첫머리에 서울의대 졸업생들의 단톡방 글임을 내세우고 있다. 서울의대 졸업생들은 어떤 분야에서든 대부분 의료직에 종사할 것이기 때문에 코로나19라는 전염병과 관련 상황에 대해서 잘 알고 있을 것임을 시사하고 있다. 글에 나오는 용어나 내용을 봐도 상당한 전문적인 분야까지 다루고 있다. 글의 구성도 '도입', '현황분석', '대비책', '확진 후 증상', '결론'으로 이어지는 짜임새를 가지고 있다. 다만 앞서 강조했던 대로 원래의 내용을 확인할 수 있는 출처는 없다. 그래서 일단 의심을 하고 들어가지만 글의 내용이나 구성은 얼른 봐서 그럴듯하게 되어 있다.

그러나 자세히 읽어 보면 여러 가지 문제점을 내포하고 있다.[1] 우선 내용 면에서 대비책으로 써놓은 비상약들은 코로나19의 예방이나 치료와는 거의 관련이 없는 약들이다. 그리고 아스피린은 코로나19와 관련이 없을 뿐 아니라 부작용이 많아 거의 쓰이지 않는데 비상약으로 준비하라는 오도성 당부를 하고 있다. 특히 항생제의 경우 코로나19의 예방이나 치료와 관련이 없을 뿐만 아니라 의사의 처방을 필요로 하는 약인데 임의로 상비약 목록에 올려 놓았다.

그러다 결론 부분에서는 글의 성격이 확 바뀐다. 정치적 의미를 내포한 채 정부의 무능력과 독선 등으로 비약한다. 특히 "과거 사스나 메르스를 훌륭히 극복한 대한민국의 의료의 수준…."이라고 주장하는 부분은 사실과 전혀 다르다. 사스는 2012년 4월부터 사우디아라비아 등 중동 지역을 중심으로 주로 감염자가 발생한 급성 호흡기 감염병이다. 일명 중동호흡기증후군으로 불리기도 했던 메르스는 우리나라에서는 2015년 5월 첫 감염자가 발생해 186명의 환자가 발생했으며, 이 중 38명이 사망한 바 있다. 우리나라는 사망자 규모가 세계 2위를 차지할 정도로 대처를 잘못한 전형적인 사례로 꼽히고 있다. 이는 사실을 왜곡한 부분이다.

마지막으로 언어 표기 형식의 문제이다. 사실 왜곡을 포함해서 내용상에 문제가 있지만 언어 기술이나 전반적인 용어의 사용과 전문적 내용 등을 고려하면 상당히 공들여 쓴 글임을 알 수 있다. 오타나 맞춤법상의 오기도 큰 흠이 없다. 그러나 명사 뒤에 붙여 써야 할 조사들이 여러 부분에 걸쳐 일관되게 띄어져 있다. 이것은 정상적인 글쓰기가 아니다. 자신이 직접 글을 쓴 경우는 물론 다른 사람이 쓴 글을 베꼈다 할지라도 의문이 남는 부분이다.

## 9. 언어 표현에서 단어 적합성, 글의 연결, 일관성 문제는 없는가

코로나19와 관련된 가짜뉴스의 특징 중의 하나는 글로벌 시대와 실시간으로 유통되는 SNS의 기술적 특성을 반영하듯 원래의 가짜뉴스 버전이 각국의 언어로 번역되어 급속히 확산되었다는 점이다. 그러다 보니 원래의 단어가 번역 과정에서 오류가 나기도 하고 문맥에 맞지 않는 접속사나 문법이 맞지 않는 비문이 많았다. 여기에는 문단 간 연결 등 글의 일관성이 결여될 때, 비문, 오역, 수량이나 단위의 오류 등을 포함한다. 먼저 번역 과정에서 단위를 잘못 쓴 가짜뉴스 사례를 보자.

### 마늘이 좋은 건 알겠는데, 한번에 7~8통을 끓여 마시라고?

2020년 1월 말, 중국 우한에서 시작한 코로나19가 우리나라에도 상륙해 4~5명의 확진자가 발생한 시기다. 비록 초기 단계였지만 전혀 새로운 유형의 코로나 바이러스라는 점 때문에 뭔지 모를 불안과 두려움이 커져가던 무렵 사람들에게 '혹'할만한 정보가 SNS를 타고 돌았다. '코로나19에 마늘이 특효'라는 내용의 글이었다. 마늘은 우리나라 음식문화에서 없어서는 안 될 필수요소이고 마늘의 효능이야 익히 들어왔던 것이 아닌가.

우리나라에서는 마늘이 코로나19에 효과가 있다는 정보는 이미 1월 28일 이전부터 단톡방을 통해 떠돌았다.[2] 주부 김 모(60 · 인천) 씨는 (1월) 28일 지인들과 하는 카카오톡 단체 대화방에서 이런 메시지를 받았다. "껍질 벗긴 마늘 7통을 한 번에 잘게 부순 후, 종이컵 7컵 정도의 물을 붓고 5분간 커피처럼 끓여서 1일 3회씩 일주일간 복용하면 된다"는 내용이었다. "검푸른 가래를 토하던 사람도 (이렇게 하면) 완치된다"고 했다. 김씨는 "이런 메시지를 하루에만 여러 통 받았다"며 "마늘은 일단 몸에 좋을 것 같고, 제조 방법이 자세하니 설마 하면서도 혹하게 된다"고 했다.

그 무렵 내용이 조금 바뀐 정보도 SNS에 오르내렸다.[3] 이 두 개의 버전을 비교하면 마늘을 조리하는 방법과 각각 2회와 3회라는 1일 복용 횟수에서 다소의 차이가 있지만 큰 틀의 내용이 비슷했다.

> "급보"
> 지인에게서 받은 신종코로나 바이러스 치료에 좋은 소식입니다.
> ———————————
>
> 신종코로나 바이러스
> 때문에 전세계가 비상이고,
>
> 중국우환이 봉쇄됐다는 뉴스가 계속 올라오고 있는데
>
> 묘약이 있습니다.
> 꼭 주위사람들에게 알려 줘서 생명을 구하는 일에 널리 전파되었으면 좋겠습니다.
>
> 그묘약은 구하기 쉬운 마늘을 7~8통을 구해서 칼등으로 두드려 차끓이듯 끓여서 하루에 두번,
> 7일만 마시면 검푸른 가래 토하던 사람도 다 났더라는 이런 소식 전해 왔으니
> 친지 친구 등 모든 지인들에게 전파해주면 병든 사람 구할수 있겠으니 적극적으로 전하여 주기 바랍니다 .
>
> 감염전에 최선의 예방은 손씻기 입니다

그런데 마늘이 코로나 바이러스에 효과가 있다는 정보는 국내에만 있는 것이 아니었다. 'Helpfull Blog'란 이름의 페이스북 사용자가 2020년 1월 31일에 올린 글을 보자.[4]

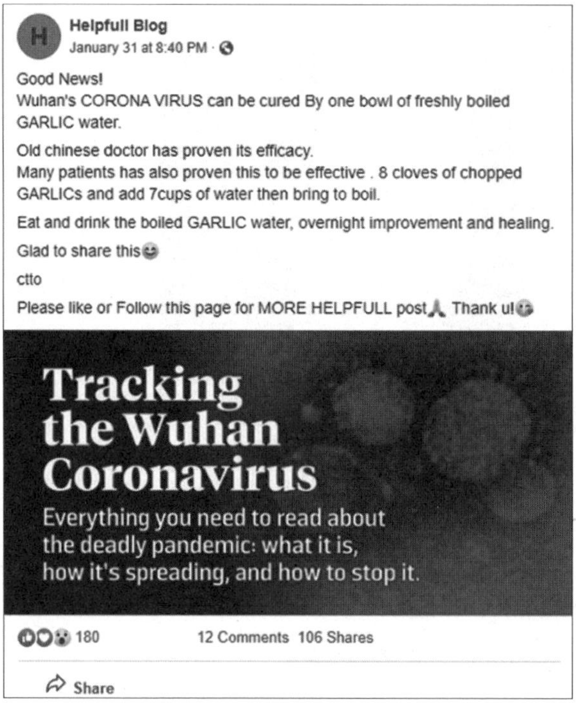


굿뉴스입니다!
우한 코로나 바이러스는 신선하게 삶은 마늘 물 한 사발로 치료할 수 있습니다. 오랜 경륜의 중국 의사가 그 효능을 입증했습니다. 많은 환자들 또한 이 방법이 효과적이라고 확인했습니다.
마늘 8쪽을 다져서 물 7컵을 붓고 끓인 다음 하루 밤새 마시면 몸이 좋아지고 힐링이 됩니다.
기쁜 마음으로 이 글을 공유합니다.
더 나은 헬프풀 포스트를 위해 이 페이지에 좋아요나 팔로우를 남겨주시면 고맙겠습니다.
감사합니다.

한편 2020년 2월 1일 광화문 집회에서 자유한국당 안상수 의원은 "마늘을, 통마늘을 7통을 7컵의 물에 넣어서 7분 동안을 팔팔 끓여서 그 물을 하루에 3번 커피처럼 드시면 됩니다. 이거는 상당한 근거가 있는 생약요법입니다."라고 말했다.[5] 기존의 내용에다 7분 동안까지 추가한 것이 눈에 띈다.

이러한 마늘의 효능에 대해 파키스탄 의학연구소 와심 카와자(Wasim Khawaja) 박사는 "마늘을 다린 물이 코로나 바이러스를 치료한다는 의학적 근거는 없다"고 밝혔다.[6] 그리고 "이러한 주장들을 믿게 될 경우 병원을 방문하는 대신 잘못된 민간요법을 적용하느라 오히려 바이러스를 확산시키는 결과를 낳을 수도 있다"고 말했다.

세계보건기구 역시 전혀 입증되지 않은 주장이며 오히려 해로울 수 있다고 공식적으로 언급했다. 세계보건기구(WHO)는 "마늘이 항균효과가 있는 것은 맞지만 코로나19 바이러스와 특정해 밝혀진 연관관계는 없다"고 밝혔다.

마늘이 들어간 음식에 이미 익숙하고 그 효능에 대해서도 자주 들은 기억이 있는 우리나라 사람들에게 SNS를 타고 도는 정보에서 가짜뉴스의 속성을 찾기란 쉽지 않은 일이었을 것이다.

그런데 이 정보는 기본적으로 한국 사람들의 상식에 반하는 것이다. 마늘을 7~8통을 끓여서 하루에 두 번 혹은 세 번에 걸쳐 다 마신다(?). 아마도 마늘을 먹어본 사람은 알 것이다. 상식적으로 마늘을 싫어하는 사람들은 단 몇 쪽만 먹는 것도 부담스러울 텐데, 마늘 7~8통을 다지고 끓여서 하루에 두 번 내지 세 번 만에 다 마신다? 최소한 마늘을 음식의 필수요소로 생활해 온 한국 사람들이라면 당연히 의심을 했어야 했다.

이에 대한 답은 외국 버전과의 비교에서 나왔다. 'Helpfull Blog'에 나오는 마늘의 효능과 이용방법을 자세히 살펴보면 '8 cloves of chopped GARLICs and add 7 cups of water then bring to boil'로 되어 있다. 영어 단어 clove는 한 쪽을 의미한다. 따라서 이 문장을 번역하면 '마늘 8쪽을 잘게 썰어서 7컵 정도의 물과 함께 끓여 먹어라'라는 의미가 된다. 즉 '8통'이 아니라 '8쪽'이다. 마늘을 좋아하는 한국 사람의 시각에서 보면 양적으로 이것이 적절하다. 아마도 급하게 번역을 한 탓인지 아니면 한꺼번에 많이 먹고 빨리 효과를 보란 뜻이었던지 상식에 반하는 양을 권했다.

마늘의 효능에 관한 가짜뉴스로 인해 해프닝도 벌어졌다. 홍콩에서 발행하는 사우스 차이나 모닝 포스트가 2020년 2월 15일자에 보도한 바에 따르면 중국 절강성에 사는 여성이 온라인상에서 마늘이 도움이 된다는 말을 듣고 2주간 약 1.5킬로그램의 생마늘을 먹고 나서 말을 할 수 없을 정도로 목구멍에 심한 염증을 안고 병원을 찾았던 사례도 있었다.[7]

아마도 불안하고 두려운 마음이 상식조차 잊게 만들었는지도 모른다. 이 가짜뉴스 역시 확인 가능한 출처가 없었을 뿐만 아니라 언론사의 기사나 뉴스에도 나오지 않았다. 단지 팩트체크의 대상으로서만 나왔을 뿐이다.

### 대만 전문가의 코로나19 간단 진료와 물 마시기 치료

2020년 2월 말경에 세브란스 전임 원장님께 방금 받은 정보라면서 코로나19에 관한 자가진료 방법을 담은 글이 SNS를 타고 돌았다.[8] 이 시기는 2월 23일 감염병 위기단계를 '경계'에서 최고 수준인 '심각' 단계로 상향 조정하고 국무총리를 본부장으로 하는 중앙재난안전대책본부를 가동해 범정부적으로 총력 대응에 돌입한 때다.

> 세브란스 전임 원장님께 방금 받은 정보 공유드립니다!
> 신종 코로나 바이러스/코로나 19는 감염의 증상이 몇일동안 보이지 않을 수도 있습니다.
> 그럼 자신이 감염이 되었다는 사실을 어떻게 알겠습니까.
> 기침과 열과 같은 증상이 보여 병원에 가봤을 때 폐의 50%는 이미 섬유증입니다.
> 즉, 증상이 나타나고 병원에 가면 늦다는 것입니다.
> 대만 전문가들은 매일 아침 스스로 할 수 있는 간단 진료를 제시했습니다.
> 숨을 깊이 들이쉬고 10초 이상 숨을 참으세요.
> 기침, 불편함, 답답함 없이 완료 하신다면 폐에 섬유증이 없다는 뜻입니다 . 즉 감염되지 않았다는 것입니다. 이런 위태로운 상황에서는 좋은 공기에서 매일 아침 자기 진료를 해주세요
>
> 또 일본 의사들은 신종 코로나 바이러스를 대할 매우 유용한 충고를 했습니다.
> 모든 사람들은 입과 목을 항상 목을 적시고 절대로 건조하게 두면 안됩니다. 15분마다 물 한 모금씩 마시는 것이 좋습니다.
>
> 바이러스가 입으로 들어가더라도 물 또는 다른 음료를 마시면 바이러스가 식도를 타고 위로 들어가기 때문입니다.
> 바이러스가 위에 들어가면 위산에 의해 바이러스가 죽게 됩니다.
> 물을 자주 마시지 않는 경우에는 바이러스가 기관 (폐로 통하는 숨길)을 통해 폐로 들어가게 되어 매우 위험해집니다.
> 이 사실을 가족과 친구들에게 알려주시고 건강하게 이 어려운 시기를 이겨냅시다.

'집에서 간단히 할 수 있는 자가 진단법', 그리고 '15분 간격으로 물을 마시면 바이러스를 죽일 수 있다'는 등의 내용과 함께 간단 진료 혹은 치료법을 제시하고 있다. 이 글에 인용된 전문가만 해도 세브란스 전임 원장, 대만 전문가들, 일본 의사들 등 세 부류에 이른다. 전공 적합성으로 따지면 그야말로 최고 수준의 전문가들이다.

코로나19로 가뜩이나 두렵고 어수선한 상황을 보내고 있는 판에 아주 간단한 방법으로 감염 여부를 확인할 수 있고 물이나 음료만 자주 마시면 치료할 수 있다니. "이렇게 간단한 방법을 왜 몰랐을까"라고 탄식을 할 정도로 눈이 번쩍 뜨이는 조언이다.

이 글은 우리나라가 아니라 2020년 2월 8일 이전부터 외국의 SNS를 타고 떠돌았다.[9] 처음에 왓츠앱을 타고 나온 정보의 출처는 '스탠퍼드대 병원 이사회 임원으로 있는 오빠 친구'였다. 그런데 얼마 지나지 않아 출처는 '코로나19를 치료하는 일본 의사들'로 바뀌면서 페이스북에서 공유되기 시작했다. 이 일본인 의사들 버전은 아일랜드에서만 20만 번 이상 공유되었다.

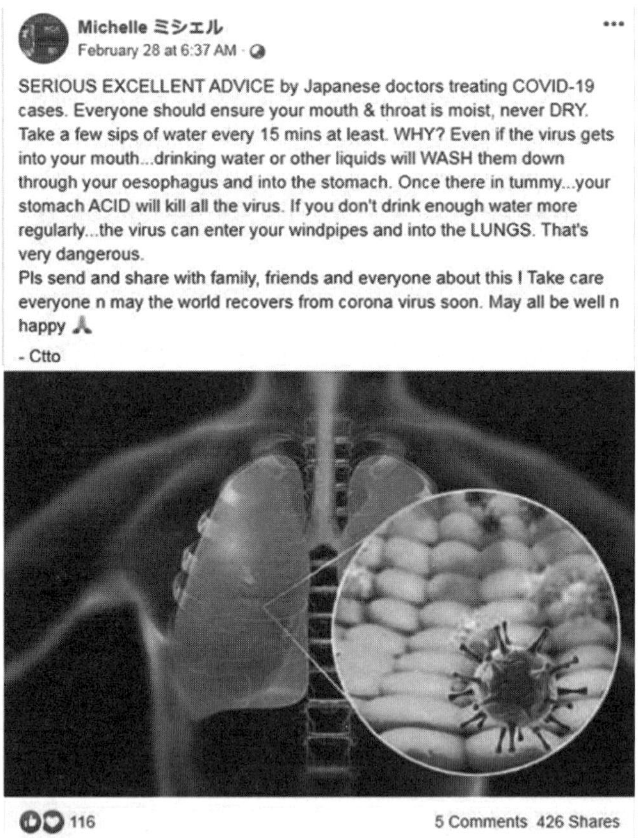

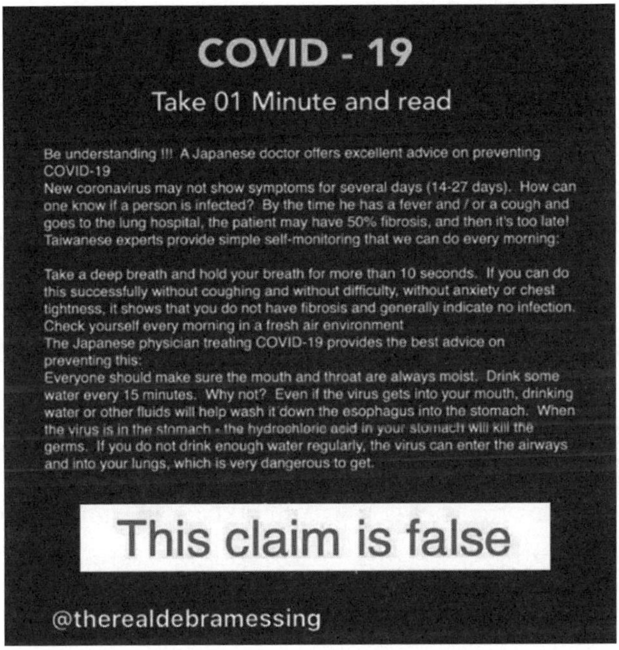


또 인도, 나이지리아, 미국 등으로 건너가 12개국 이상의 페이스북 사용자들 사이에 3만 번 이상 공유되었고 캄보디아에서만 2만 4천 번의 공유 기록을 보였다.[10] 그 밖에 스페인어, 포르투갈어 그리고 캄보디아의 공식언어인 크메르어 등 세계 각국의 언어로 번역되어 나갔고 우리나라에는 2월 20일경에 상륙했다. 필리핀의 한 페이스북 이용자의 글에서는 새로운 그래픽까지 추가되어서 그럴듯함을 더해 준다.[11] 내용은 거의 유사하다.

이 조언은 얼마 지나지 않아 가짜뉴스로 판명되었다. 스탠퍼드 대 의과대학은 "대학 병원에 근무하는 그 누구도 이런 말을 하지 않았다"면서 이를 공식 부인했다. 세계보건기구도 2020년 2월 8일 홈페이지를 통해 "물을 자주 마시는 것이 전반적인 건강에 유용할 수도 있지만 그렇다고 이런 방법이 코로나 감염에서 보호해 주는 것은 아니다"라고 밝혔다.

미국 버전은 여배우 데브라 메싱(Debra Messing)이 자신의 인스타그램에 올리면서 더 많은 공유를 받기도 했다. 우리나라 버전과 비교하면 '세브란스 전임 원장님'이 '어느 일본 의사'로 바뀌었을 뿐 내용은 거의 유사하다.

그럼 한국 버전에 나오는 내용의 진위 여부를 하나하나 따져보자. 먼저 물을 자주 마시고 수분을 유지하는 것은 일반적으로 좋은 의학 조언이지만 코로나19는 호흡기를 통해 전염되는 병인 만큼 입을 물로 헹구는 것만으로 바이러스 예방이 되는 건 아니다.[12]

이 조언에 따르면 폐섬유화 증상은 코로나19의 중요한 전제조건이 된다. 그러나 폐섬유화증은 보통 '중증 폐렴' 환자가 치료받은 후 일부가 겪는 후유증이다. 그런데 코로나19 환자가 모두 폐렴 증세가 있는 것도 아닐뿐더러 폐렴 증세가 있다 하더라도 폐섬유화증은 아예 없거나, 있더라도 증상 초기가 아니라 주로 치료 후에 나타난다. 결과적으로 폐섬유화증은 코로나19의 중요한 전제조건이 아니기 때문에 사실과 거리가 있다.[13]

언어 형식 면에서 보면. 간간이 표기법상의 오류도 나온다. '몇일 동안'은 "며칠 동안'의 오기이다. '기침과 열 같은 증상이 보여 병원에 가봤을 때 폐의 50% 정도는 이미 ….''에서 '가봤을 때'는 시제의 호응이 이루어지지 않은 비문이다. 일반적인 용례라면 '~가봤을 때'가 아니라 '~가면'으로 써야 맞다. "또 일본 의사들은 신종 코로나 바이러스를 대할 매우 유용한 충고를 ….”과 “모든 사람들은 입과 목을 항상 목을 적시고 절대로 건조하게 두면 안됩니다.”는 주어와 서술어 간 호응이 이루어지지 않은 비문이다.

결정적인 가짜뉴스 요소는 문맥에 전혀 맞지 않는 표현을 사용한 부분이다. 글의 중간쯤에 "기침, 불편함, 답답함 없이 완료하신다면 폐에 섬유증이 없다는 뜻입니다. 즉 감염되지 않았다는 것입니다. 이런 위태로운 상황에서는 ….”라는 대목이 나온다. 감염되지 않았는데 이를 '위태로운 상황'으로 묘사하고 있다. 문맥이 전혀 연결되지 않는 표현이다. 그나마 이 부분은 미국판의 오리지널 버전에서는 없다. 우리나라 버전으로 번역되면서 군더더기로 따라붙은 것이다. 비문이거나 맥락이 맞지 않는 말은 흔히 번역을 잘못했을 때 나타나는 현상이다. 이 가짜뉴스의 원래 버전이 따로 있다는 말이다.

이 글이 언론사의 기사나 뉴스에 보도되었는지를 확인하면 가짜뉴스의 정체는 더 분명하게 드러난다. 이렇게 간단히 치료할 수 있다면 세계가 왜 코로나19 때문에 그런 난리를 치고 있을까. 이상하지 않은가. 그리고 이 정도 정보라면 소셜미디어뿐만 아니라 언론에서도 이미 대서특필되었을 사안이다. 그럼 포털에 '대만 전문가', '간단 진료', '15분마다 물' 등을 키워드로 검색해 보자. 언론사의 보도로 나온 것이 아니라 가짜뉴스란 딱지가 붙어 나온다. 다시 한번 독불장군은 없다를 상기하자. SNS를 타고 돌지만 언론에 보도되지 않았다면 그건 100% 사실이 아니다.

## 10. 글의 서두에 '시급성'을 강조하는 수식어가 있는가

사람들의 호의를 이끌어내는 설득 커뮤니케이션 방법 중에 '희소성(scarcity)의 원칙'이라는 것이 있다.[14] 한마디로 '쉽게 얻을 수 없는 기회 또는 콘텐츠임'을 강조해서 사람의 마음을 끌어 잡는다는 것이다. 이 희소성의 원칙은 홈쇼핑에서 자주 사용하는 기법이다. '한정 수량', '오늘만 이 가격', '소량 입고' 등을 강조하면서 빨리 사라고 재촉한다.

또 소셜미디어가 일상화되면서 나타난 현상 중에 포모(Fear of Missing Out; FOMO) 증후군이라는 것이 있다. 자기 혼자만 뭔가 놓치거나 제외되는 것에 대한 두려움이다. 포모 증후군을 가진 사람들은 'SNS에 친구들이 새롭게 배우거나 경험한다는 소식이 올라오면 마음이 불안하다'든지 '친구들보다 내가 더 먼저 새롭고 기발한 정보를 공유해야 마음이 편하다'는 등의 성향을 보인다.[15]

코로나19에 대한 가짜뉴스들이 '지금 막', '방금 전', '2분 전'과 같은 따끈따끈함을 강조하는 이유는 바로 포모 증후군의 심리를 역이용해서 '내가 너에게만 알려주니까(희소성 원칙) 올린 내용을 얼른 훑어보고 다른 친구들에게 알려라'라는 의미를 담고 있다. '식기 전에 얼른 드세요'라는 것과 같다.

시급성을 강조하는 수식어는 구체적인 시점을 쓴 것이 아니기 때문에 하루 뒤에 봐도 한 달 뒤에 봐도 언제나 따끈따끈한 소식이 되는 이점까지 있다. 가짜뉴스에 관용구처럼 등장하는 이유다.

### '금방', '방금(직접 들은)', '2분 전' 등등

앞의 우한연구소 단톡방 글의 두 번째 문단에는 "방금 전화를 걸어…"라는 표현을 써서 따끈따끈한 정보임을 강조하고 있다.[16]

> "우한연구소로 파견되는 OOO의 미국 친구 글입니다. 꼭 많이 전달해 주십시오. 그는 우한 폐렴 바이러스 연구로 가고 있습니다. 방금 전화를 걸어- 감기에 걸렸을 때는 콧물과 가래가 있으며, 코로나 바이러스는 기침이므로 새로운 유형의 코로나 바이러스 폐렴이다. … ."

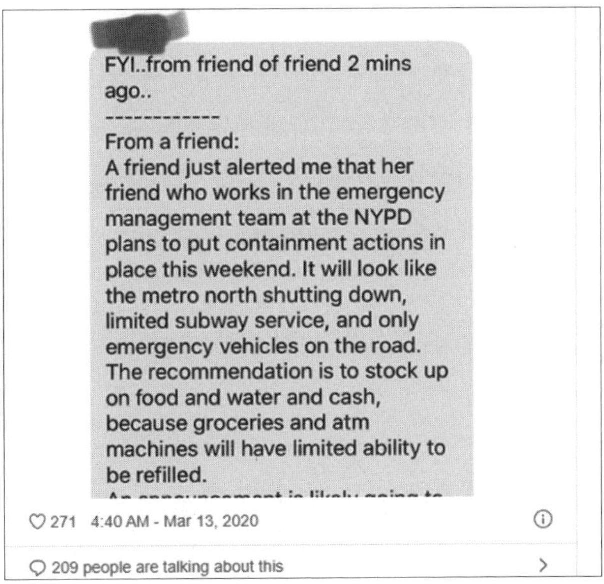


미국에서 2020년 3월 13일 한 트위터에 뉴욕시의 상황을 급박하게 알려주는 내용의 트위터가 올라왔다. 2분 전에 친구의 친구로부

터 받았다며 '2분'이라는 시간을 리얼하게 강조하고 있다.[17]

"2분 전, 친구의 친구로부터…

친구로부터:
뉴욕 경찰의 위기관리팀에 근무하는 사람을 절친으로 두고 있는 내 친구가 방금 나에게 '이번 주말 뉴욕 경찰이 뉴욕을 오염지역으로 선포할 것'이라고 급하게 전해왔다. 이 때문에 뉴욕 북부 철도와 지하철이 폐쇄되고 긴급용 차량만이 운행될 예정이다."

이 트위터는 그 밖에 "뉴욕 북부 철도편이 폐쇄되고 지하철도 거의 폐쇄되어 긴급용 차량만 거리를 운행할 수 있다"는 내용에서부터, '빨리 음식과 식료품들을 사재기하라'는 권유, 'ATM 현금지급기나 각종 자판기도 다시 채워지는 데 한계에 도달했으니 빨리 움직이라'는 등의 권유를 담은 글을 포함하고 있다.

"코로나바이러스(환자를) 두 배나 빨리 회복시킨 의사로부터 방금 직접 들은 것이다. …"

스티밍(증기 흡입)을 통해 다른 환자들보다 두 배나 더 빨리 회복시킨 의사로부터 이 바이러스를 치료할 수 있다는 가짜뉴스를 보내면서 '방금 직접 들은 것'임을 강조하고 있다.[18] 그러나 고온의 증기를 흡입하면 화상을 입을 우려가 있을 뿐만 아니라 폐가 돌이킬 수 없을 정도로 훼손될 수 있다.

아래 표는 우리나라에서 코로나19와 관련된 시급성 수식어를 쓴 가짜뉴스 사례들이다.

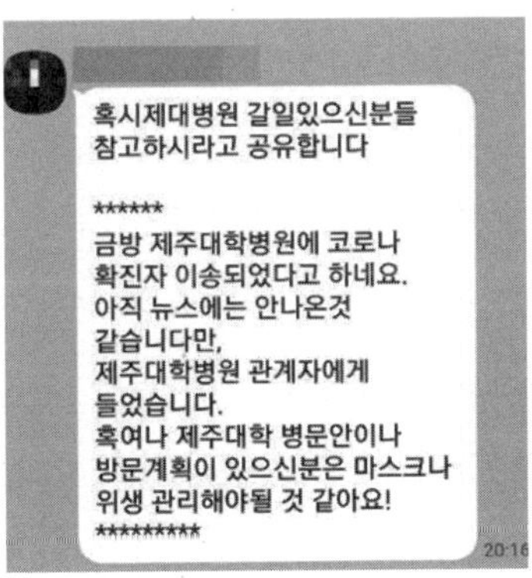


19

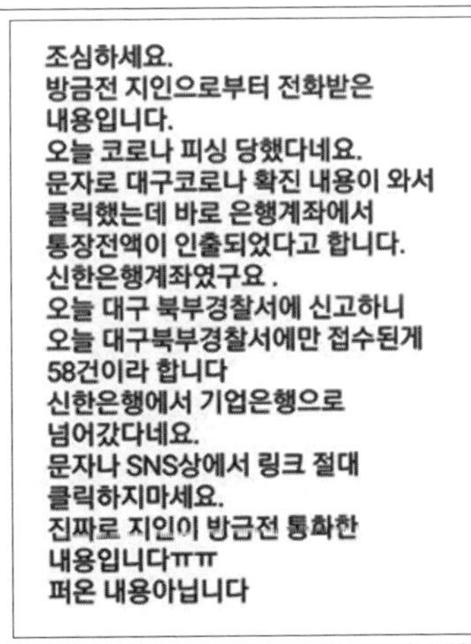


20

| 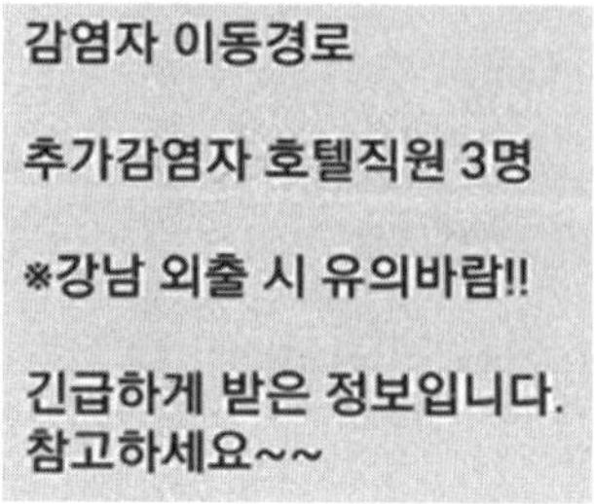 | 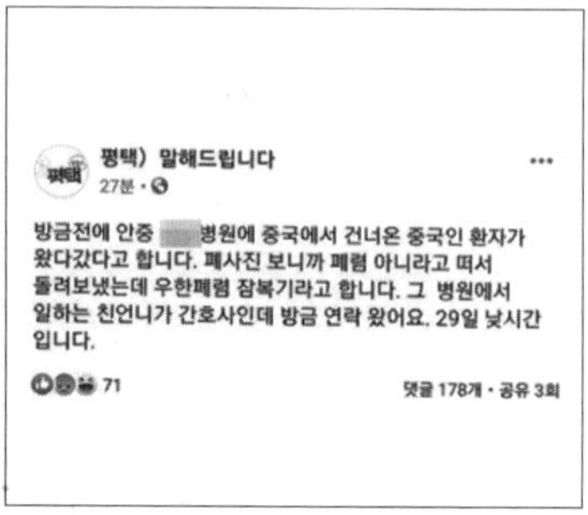 |
|---|---|
| 21 | 22 |

## 11. 메시지가 대문자나 약물을 지나치게 사용하고 있지 않은가

사람들의 이목을 끄는 가장 단순하면서도 효과적인 방법은 굵직한 크기의 글자다. 가짜뉴스 메시지들은 게시물의 내용을 강조하기 위해 과도하게 포장을 하는 경우가 많다. 예를 들면 대문자를 지나치게 많이 사용한다든지 느낌표 등의 약물을 자주 사용한다. 이런 유의 정보 역시 신뢰성을 의심할 필요가 있다.

한글의 경우 대소문자 구분이 없기 때문에 굵기와 크기, 그리고 색깔을 통해서만 강조를 하지만 영어는 대소문자 구분이 있기 때문에 굵기와 크기, 색깔 외에 대문자를 자주 활용한다. 그러나 영어가 모국어인 미국과 영국의 경우 대문자로만 글씨를 쓰는 것을 금기시한다. 대문자로만 글을 쓸 경우 강요한다는 느낌을 주거나 감정적인 것으로 읽힐 수 있다는 의미에서다.[23] 그러나 가짜뉴스는 이런 관례를 무시하고 대문자로만 된 문장을 자주 쓴다. 뭇사람들의 눈길을 끌 수 있는 최고의 방법이라고 생각하기 때문이다.

### 중국산 불량 진단키트 때문에 영국이 화웨이와 5G 계약 철회?

다음은 'Tibetans'란 이름의 트위터에 올라온 글이다.[24] 영국이 중국으로부터 수입한 (중국산) 코로나 바이러스 진단 키트가 오염됐다고 알려진 후에 중국 화웨이사와 맺었던 5G 계약을 취소한다는 내용이다. 그러면서 인도 역시 같은 조치를 취해야 한다고 말하고 있다. 그리고 마지막으로 '중국의 것은 그 무엇이든 보이콧하라'라는 선동성 문구까지 달고 있다. 이 트위터 글은 페이스북과 같이 영어, 아랍어, 포르투갈어, 프랑스어 등으로 번역되어 수천 회 이상의 공유 수를 기록했다.

실제로 영국이 신종 코로나바이러스 감염증(코로나19) 진단을 위해 중국 업체에 주문한 진단키트가 불량이라는 의혹이 제기된 적은 있다. 그러나 영국 정부는 "중국산 진단 키트가 오염된 증거는 없다"면서 "화웨이사와의 계약은 여전히 유효하다"고 공식 발표했다.[25]

이 트위터 글이 가짜뉴스인 근거는 두 가지다. 하나는 중국산 진단키트가 설사 불량품으로 확인됐다 할지라도 그 사실이 중국 화웨이와 계약을 취소할 요건은 아니다. 특히 국제간 무역거래 관행에서 아무런 관련이 없는 기업을 대상으로 곧바로 계약을 취소하는 보복조치는 있을 수 없는 일이다. 그리고 영국 정부가 수입한 중국산 진단키트는 불량 여부 확인과 그에 대한 대응은 영국 보건복지부 관할 업무이다. 관련된 사진을 쓴다면 보건복지부 관계자가 나오는 것이 상례다. 그런데 보리스 존슨 총리가 뭔가 공식 발표하는 듯한 모습의 사진을 싣고 있다. 마치 중국과 무역전쟁을 선포하는 듯한 느낌마저 든다. 영국과 중국 간에 갈등을 조장하기 위한 목적을 쉽게 짐작할 수 있다.

다른 하나는 언어 표기 형식이다. 전체 화면이 온통 대문자로 뒤덮여 있다. 이 트위터의 글을 강조하려는 의도로 해석할 수 있으나 문제는 별도의 본문이 없이 이 제목이 내용의 전부였다. 즉 대문자로 강조해 놓은 내용들을 확인할 수도 없었다. 과도한 대문자에 의존해서 거짓 내용을 부각시키는 가짜뉴스의 전형적인 예라고 할 수 있다.

### 라시드 부타르 박사가 주장한 '백신 기획제작 음모론'

앞서 언급한 라시드 부타르(Rashid A. Buttar) 박사가 2020년 3월 19일 자신의 페이스북에 올린 동영상의 첫 화면이다.[26]

'새로운 백신을 만들기 위한 공식'이란 제목과 함께 '두려움 촉발'하고, '집단 히스테리'에 빠지게 하며, 그런 다음 '문제를 해결'한다는 내용을 담고 있다. '백신은 거대한 세력이 특정의 목적을 위해 의도적이고 계획으로 만든 것이다'는 음모론을 강조한 내용이다. 그런데 모든 텍스트가 컬러풀한 대문자로 되어 있고 이를 강조하기 위해 '#'와 숫자를 넣은 넘버링을 하고 있다. 언어 배열의 형식 차원에서 가짜뉴스의 전형적인 모습을 담고 있다.

많은 뉴스 매체들, 심지어는 잘 알려진 언론사들도 트래픽을 유발하기 위해 모든 수단을 다 동원하고 헤드라인을 과대포장하기도 한다. 특히 언론 보도의 형태를 띤 가짜뉴스는 더욱 그렇다. 따라서 헤드라인만으로 전체 내용을 판단을 해서는 안 된다. 헤드라인이 본문에 나오는 이야기와 다를 수 있고 침소봉대한 것일 수도 있고 오히려 반대의 관점을 내비치는 경우도 있기 때문이다.

## 12. 이미지는 메시지 내용, 시점, 장소, 상황이 모두 일치하는가

우리가 보는 사진은, 그것이 인쇄물이든 아니면 SNS를 통해 보이는 것이든 무수한 보정과 수정이 이루어질 수 있다는 것은 이미 널리 알려져 있다. 누구나 텍스트나 이미지를 보낼 수 있는 세상이다 보니 다들 한두 번쯤은 경험해 봤을 수도 있다.

가짜뉴스에 나오는 사진은 특별한 마력이 있다. 일단 사진은 사실처럼 보이게 하는 강력한 증거가 된다. 또 인간의 두뇌는 이미지에 대해서는 비판적 사고 기능을 활성화하지 않는 경향이 있다.[27] 따라서 이미지는 텍스트보다 더 쉽고 직접적으로 사람들의 뇌리를 파고든다. 뿐만 아니라 거의 모든 것이 디지털로 전환되고 있는 세상에서 그럴듯하게 꿰맞출 수 있는 사진이나 이미지는 지천으로 널려 있다. 그래서 가짜뉴스에서 사진, 이미지 그리고 동영상은 거의 필수가 되었다. 이런 배경 때문에 코로나19가 진행되는 상황에서 이미지 조작을 통한 가짜뉴스들이 유난히 많았다.

가짜 이미지를 확인하는 방법은 의외로 간단하다. 가짜뉴스를 적용하려고 하는 상황과 연관이 있는 사건, 인물, 상황 등을 키워드로 해서 과거의 이미지를 검색한다. 이미지 자체에 대한 진위 여부는 구글 이미지(Google Images), 틴아이(TinEye), 얀덱스(Yandex), CTRLQ닷컴(CTRLQ.org), 이미지 레이더(Image Raider) 등의 프로그램을 활용하면 무료로 쉽게 알 수 있다.

### 6년 전의 사진을 재활용한 '조선족 선거권 발급 긴급 행정명령'

코로나19 확진자가 급속하게 늘고 있었던 2020년 3월 초 SNS에는 '문재인 대통령이 긴급 행정명령으로 중국 동포에게 1개월만 국내에 거주하면 주민증과 선거권을 발급한다'는 정보가 나돌았다.

연합뉴스

긴급속보: 2020년 3월 7일 0시를 기점으로 문재인 대통령이 긴급 행정명령으로 조선족은 1개월만 거주하면 주민증, 선거권 발급 (종합2보)

정부는 2020년 3월 7일 0시부터 조선족인임이 확인되면 1개월만 대한민국에서 체류하면 곧바로 대한민국 국민으로 편입시키고 곧바로
선거권과 주민증을 곧바로 발급해 주기로 긴급행정명령을 내렸다. 이로서 다가오는 김일성 생일과 겹치는 날짜인 4.15 총선에서 조선족이
선거 당락에 가장 큰 영향을 주는 변수가 되었다.

(서울=연합뉴스)노미현 기자 - 긴급 행정명령으로 4.15 총선에서 피 선거권을 갖게 되는 조선족 동포들이 수백만명 4월 이전에 들

116　5 Comments　426 Shares

이 정보에는 국가기간 통신사인 '연합뉴스' 로고가 붙어 있었

고, '긴급뉴스', '종합 2보'처럼 실제 뉴스와 비슷한 문구도 달려 있었다.[28] 언론사 이름을 단 이 글은 급속히 퍼져 나갔다.[29] 그런데 이 글은 가짜뉴스의 백화점이라 할 만큼 많은 허위 요소들을 내포하고 있었다.(이에 대한 부분은 4장에서 더 구체적으로 다룬다)

가장 먼저 드러나는 것은 사진 조작이었다. 해당 사진의 원래 출처는 구글의 리버스 이미지 검색법을 통해 바로 확인할 수 있다. 즉 기사에 나온 사진을 오려 별도의 파일을 만들고 구글 첫 화면의 오른쪽 상단에 있는 '이미지' 메뉴를 클릭한다. 이후 중앙에 있는 카메라 모양의 아이콘을 클릭하면 '이미지 URL 붙여넣기'나 '이미지 업로드'라는 옵션이 나온다. 편한 옵션을 선택하고 '이미지로 검색'을 클릭하면 해당 사진에 대한 이력이 펼쳐진다.

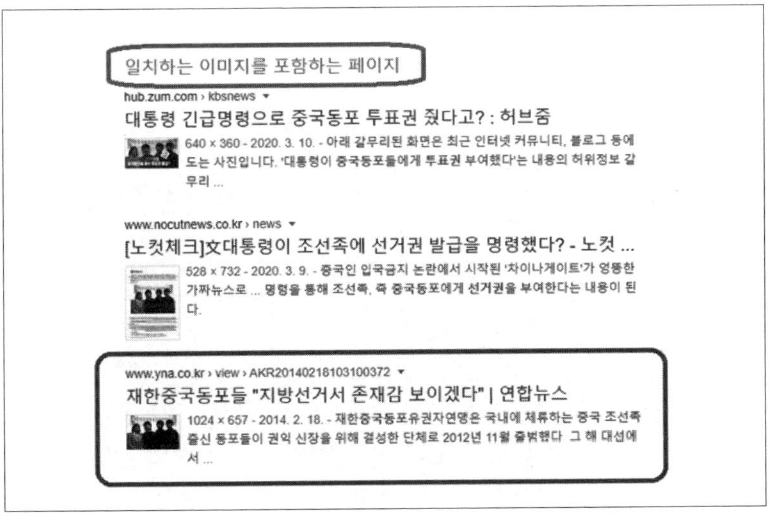

위 그림은 그 검색결과다. 이 사진과 동일한 사진이 포함된 기사나 정보를 찾아 들어가면 그것이 원래의 출처가 된다. 확인 결과, 가짜뉴스에 등장한 사진은 2014년 2월 18일 재한중국동포유권자연맹의 새 지도부가 결정되면서 찍은 사진이다. 즉 최신 기사와 전혀 상관이 없는 엉뚱한 사진을 갖다가 붙여 놓은 것이다.

### 트위터로 날아온 싱가포르의 '코로나19 학교 휴교령'

2020년 2월 7일 싱가포르의 채널뉴스아시아(CNA)의 뉴스 화면을 캡처한 학교 휴교령 소식이 한 트위터에 올라왔다. 긴급 형태로 올라온 이 글은 코로나 바이러스의 발발로 폴리테크닉 및 대학교를 포함한 모든 학교가 월요일(2월 10일)에 휴교한다는 내용이었다.[30]

그러나 이 메시지는 가짜뉴스였다. 그 첫 번째 근거는 자동화 서비스인 dlvr.it에서 보낸 트윗에는 해시태그가 포함되지 않지만 오른쪽의 가짜뉴스에는 '#CoronavirusOutbreak'라는 해시태그가 달려 있다는 것이다. 두 번째는 화면 오른쪽 아래에 있는 미디어코프사의 로고이다. 미디어코프사는 2015년부터 로고를 변경했기 때문에 지금은 이 로고를 쓰지 않는다.

세 번째는 트위터에 있는 사진을 구글의 리버스 이미지 검색을

통해 찾아보면 이 사진이 최신의 것이 아니라 싱가포르 일간지 투데이가 2013년 11월 12일자 기사로 보도한 사진임을 알 수 있다. '싱가포르 교육부가 강의 계획에서 벗어나는 문제를 시험에 출제해서는 안 된다'고 발표한 내용의 기사다.

네 번째는 '대학교를 포함한 모든 학교에 긴급으로 휴교령을 내릴 정도면 뉴스가치가 대단히 큰 특종급 뉴스'라는 점을 고려하면 이 내용은 거의 모든 언론에 반드시 보도되어야 할 내용이다. 가짜뉴스이기 때문에 언론 보도로 나왔을 리가 없다. 따라서 '코로나바이러스+휴교'를 키워드로 해서 검색하면 금방 확인할 수 있는 문제다.

### 코로나19로 인한 지역봉쇄 때문에 판로가 막혀 내다 버린 토마토

2020년 5월 2일 페이스북에 "지도자들의 무능력, 갈취에만 능한 지도자들이 불쌍한 농민들을 잊어버렸다"라는 제목의 포스트가 올라왔다.[31] 스리랑카어로 된 주장의 요지는 '애써 생산한 토마토가 소스용으로 전락돼선 안 된다'는 것이었다.

이 글은 코로나19로 스리랑카 전역이 폐쇄되어 농민들이 어려움에 처해 있다는 내용으로 온라인상에 널리 퍼졌다. 즉 지도자들의 무능과 무관심으로 애써 생산한 토마토가 소스용으로 쓰일 위기에 놓여 있어서 농민들이 망연자실하고 있다는 의미다. 이 게시물은 2,000번 이상의 공유를 기록했다.

그러나 이 페이스북에 사용된 이미지는 가짜였다. 구글의 리버스 이미지 검색에 따라 이 이미지의 오리지널 출처를 조사한 결과, 영국 일간지 더 가디언이 2017년 10월 13일에 보도한 뉴스의 일부인 것으로 나타났다.[32] 이 기사에 나오는 장면은 호주 퀸들랜드주 선샤인 코스트 대학 인근에 버려진 토마토를 찍은 것으로 호주 음식 낭비 문화의 한 단면을 꼬집은 기사다.

가짜뉴스는 이미지뿐만 아니라 텍스트 형태의 자료도 오래된 날짜의 것들을 사용하는 경우가 있다. 정부기관이나 언론사 등 공신력 있는 기관의 발표나 보도에는 필수적으로 날짜가 들어가게 되어 있다. 가짜뉴스는 텍스트에서도 오래전의 것들을 재생해서 쓰는 경우가 많기 때문에 모든 정보나 뉴스를 볼 때 날짜나 시점을 반드시 확인할 필요가 있다.

## 13. 동영상은 메시지 내용, 시점, 장소, 상황이 모두 일치하는가

코로나19 상황에서 이미지뿐만 아니라 동영상도 가짜뉴스의 주요 소재로 활용되었다. 이미지의 경우 원래의 출처나 진위 여부를 확인할 수 있는 프로그램이나 웹사이트들이 있지만 동영상의 경우 진위 여부를 확인하기가 쉽지 않다. 최근 들어 동영상의 진위 여부까지 확인할 수 있는 프로그램들이 하나씩 나오고 있어서 그나마 다행한 일이다.

동영상의 진위 여부를 검증할 수 있는 인비드(InVid) 프로그램은 소셜미디어를 통해 퍼져있는 뉴스 비디오 파일과 비디오 콘텐츠의 신뢰성과 정확성을 감지, 인증 및 확인하는 서비스를 제공하는 프로그램이다.[33] 이 프로그램은 유럽 연합이 자금을 지원하는 Horizon 2020 혁신 작업인 InVID European 프로젝트에 의해 시작되었다. 이 프로그램은 영어, 프랑스어 및 스페인어로 제공된다. 현재는 언론사 및 인권단체의 팩트체크용으로 활용되고 있다.

검증이 필요한 동영상이나 사진을 이 틀에 업로드하면, 기존에 트위터나 유튜브에 그 영상이 업로드된 적이 있는지를 검색해 주고 또 메타 데이터 등을 활용해 촬영 시점 이후 수정된 시점이 있는지 등을 확인해 조작 여부를 1차적으로 확인할 수 있게 해 준다.

이 도구는 입력된 동영상이 과거에 뉴스 등에 사용된 전력이 있는지를 확인해 주고, 영상에 삽입된 로고를 감지함으로써 동영상의 소유자나 저작권자를 확인해 준다. 또한 소셜미디어 기반의 맥락 분석(contextual analysis)을 실시해 해당 영상과 관련된 주변 정보를 제공해 줄 뿐만 아니라, 프레임 단위로 다양한 필터 기반의 동영상 포렌식을 실시, 프레임 수준에서 영상에 특이사항이 있는지를 확인할 수 있게 해 준다.

### 코로나19로 아수라장이 된 독일 알디 슈퍼마켓

2020년 3월 1일, 한 트위터에 코로나19의 영향으로 인해 아수라장이 된 독일의 한 슈퍼마켓의 풍경을 보여주는 동영상이 게시되었다. 이 동영상은 게시된 이후 5,000번 이상의 조회 수를 기록했다.[34] 이 비디오는 트위터뿐만 아니라 유튜브에서도 여기저기 올려졌으며 영국, 스페인, 벨기에 등지로 확산되었다.

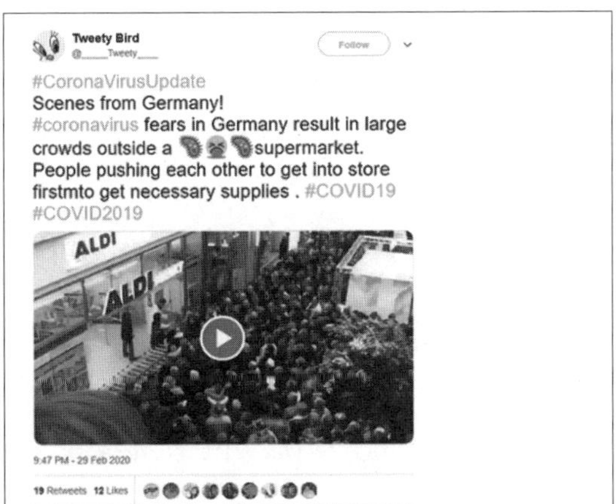

"독일에서 #coronavirus에 대한 두려움이 슈퍼마켓 밖에 수많은 군중들을 만들었습니다. 사람들이 생필품들을 구하기 위해 먼저 들어가려고 서로 밀치면서 아수라장을 만들고 있습니다 # COVID19 # COVID2019."

세계보건기구에 따르면 2월 말의 경우 다른 나라에서 부분적으로 공황 구매 현상이 있었으며 전 세계적으로 8,600명 이상이 사망하고 확진자도 20만 명으로 늘고 있던 때이다.[35]

그러나 알디 슈퍼마켓에서의 소동은 코로나19와 전혀 상관이 없는 가짜 동영상이었다. AFP가 독자적으로 개발한 디지털 검증도구 인비드(Invid)에서 추출된 비디오 키프레임을 사용해서 확인을 한 결과 이 동영상은 2011년 당시 독일 키엘 지역의 알디 슈퍼마켓의 특별세일 행사 기간 중에 촬영한 동영상이었다. 즉 엉뚱한 동영상을 이용해 독일에서 코로나 바이러스로 인해 공황 구매가 일어나고 있다는 것을 오도한 가짜뉴스다.

### 스페인에서 500년 만에 처음으로 이슬람식 기도가 이루어졌다?

2020년 3월 29일 페이스북에 '스페인의 한 이슬람 성당에서 500년 만에 처음으로 신의 부름을 기원하는 기도가 이루어졌다'는 내용의 동영상이 올라왔다.[36] 이 비디오는 9,800번의 조회 수와 함께 620번의 공유 수를 기록했다. 그리고 비슷한 주장을 담은 비디오가 트위터, 페이스북, 유튜브에 올라 퍼져 나갔다. 이 비디오의 인도네시아어 자막을 번역하면 다음과 같다.

> "스페인에서 이슬람식 기도가 금지된 이후 500년 만에 처음으로 이슬람이 승리했던 땅에서 어제 3월 28일 500년 만에 처음으로 아잔(azan,(이슬람 성원에서 하루 다섯 번 울리는) 기도의 종)이 부름을 받았다. 이것은 코로나 바이러스 위기가 세계적인 현상이 되면서 일어났다.
> 코로나19 질병을 유발하는 새로운 코로나 바이러스는 2019년 12월 중국 우한에서 처음 확인되었다. 이 전염병은 세계적인 펜데믹으로 확산되었다."

세계보건기구에 따르면 4월 9일 당시 스페인은 확진자 14만 명에 사망자 수가 1만 4천 명에 이르렀다. 이 비디오는 결론적으로 가짜였다. 동영상 검증도구인 InVID-WeVerify로 비디오 키프레임과 구글의 리버스 이미지 검색, 그리고 후속 키워드 검색을 결합해서 확인한 결과, 이 비디오는 2019년 11월 20일 케난 무사예프

(Kenan Musaev)라는 사람의 인스타그램에 처음 올려졌던 동영상이었다.

이 동영상의 제목은 '기도의 부르심을 받는 도시 발라칸'으로 되어 있다. 발라칸은 아제르바이잔 북서부에 위치한 도시이다. 스페인에서 이슬람의 기도 요청이 금지되었다는 주장도 사실이 아니다. 스페인 헌법과 종교 자유 법은 종교의 자유와 무슬림을 포함하여 이 나라의 다른 종교의 지지자들에게 예배할 자유를 보장하고 있다.

# 3장
# 디지털 사회의 적들과 내 안의 편견
## : 누가, 어떻게 받아들이는가

즐비하게 늘어선 은행나무 가로수 길에 길바닥에 떨어진 채 켜켜이 쌓여 있는 샛노란 은행나무 잎들. 가을이면 어렵지 않게 볼 수 있는 풍경들이다. 그 광경을 보면서 사람들은 저마다 생각을 한다.

어떤 사람은 '낙엽'이라는 구르몽의 시를 읊조리며 상념에 젖은 채 희미한 미소를 띠는 사람도 있고 나이 든 어르신 중에는 떨어진 은행나무 잎을 보면서 세월의 무상함을 느끼기도 할 것이다. 그런가 하면 누군가는 은행나무 열매의 효능을 생각하면서 몇 개라도 집어가야지라고 생각하는 사람도 있을 것이며 구청의 미화원 아저씨는 길바닥에 지천으로 깔려있는 은행나무 잎들을 치울 걱정이 앞서기도 할 것이다. 이는 보고 있는 대상은 동일하지만 그에 대한 생각이나 행동거지는 사람에 따라 다를 수 있다는 것을 잘 보여준다.

사람들이 영화나 텔레비전 프로그램과 같은 미디어 메시지를 볼 때도 마찬가지다. 사람들은 미디어 텍스트에 자신만의 독특한 사고방식과 경험치를 투영하기 때문에 같은 메시지에도 각기 다른 해석을 하게 된다. 예를 들면 부모와 아이들이 같이 텔레비전을 보더라도 자신의 경험을 투사하기 때문에 텔레비전 프로그램 속의 내용을 다르게 해석한다. 또 어떤 사람들은 텔레비전 뉴스에 나오는 특정 정치인의 말을 종교적 신앙처럼 받는 사람이 있는가 하면 또 어떤 사람들은 역겨워하며 채널을 돌려버리기도 한다.

이렇듯 사람들이 같은 대상을 놓고도 저마다 다른 생각을 하는 것은 삶을 살아오면서 가진 경험치와 생각의 기준, 즉 사고방식이 다르기 때문이다. 사고방식이란 우리가 내 자신을 포함해 우리 주변의 세상에 대해 갖는 패턴화된 생각의 틀이다. 이러한 사고방식은 우리가 사물이나 사건을 판단하고 행동하는 데 중요한 영향을 미친다.

## 14. 내 믿음과 우리 편만 지나치게 편애하는 것은 아닌가

문제는 패턴화된 생각의 틀 한편에 자리하고 있는 편견이다. 편견은 개인이나 집단에 대한 감정적인 판단의 결과로서 객관적 증거나 사실에 의해 뒷받침될 수 없는 옳지 못한 믿음이다. 편견이라는 단어가 부정적인 느낌을 주기는 하지만 엄연히 우리 삶의 한 요소이며 사실 그렇게 부정적인 것만은 아닐 수도 있다. 편견이 없는 사람은 없다. 좋아하는 스포츠가 있다는 것도 하나의 편견이다. 무언가에 완전히 중립적인 것이 아니라면 어느 한쪽으로 편견이 작용하고 있기 때문이다.

그러나 편견은 또한 개개인이 살면서 부딪치는 여러 문제들, 나아가 사회적 판단이 필요한 상황에서 심각한 오류를 범하는 원인이 되기도 한다. 일상에서 우리는 개인이나 집단이 가진 사회적 · 인종적 · 종교적 · 지역적 또는 그 밖의 특정한 성격에 의존하여 판단을 내리는, 일종의 불합리하고 비논리적인 왜곡을 자주 접하게 된다. 이러한 옳지 못한 믿음 때문에 발생하는 사회적 혼란, 갈등, 불공정, 억압, 부당한 대우 등의 경우를 역사는 물론 현실에서 얼마든지 찾아볼 수 있다.

### 내 안의 편견과 확증편향, 그리고 플랫폼 업체들의 수익 알고리즘

1999년 2월 미국 뉴욕의 한 아파트에서 23살의 아프리카 기니 출신의 이민자 청년이 경찰의 총에 맞아 죽는 사건이 발생했다.[1] 그는 평범하게 아메리칸 드림을 꿈꾸며 이민을 온 청년이었지만 강간 용의자와 인상착의가 비슷하다는 이유로 신분증 제시를 요구받았다. 그가 지갑을 꺼내기 위해 호주머니에 손을 갖다 대는 순간 경찰관 중의 한 명이 'gun'이라고 소리쳤고 곧이어 곁에 있던 4명의 경찰관들이 총을 난사했다. 그들은 살인죄로 기소됐지만 그 흑인 청년이 권총을 꺼내는 것 같아 정당방위 차원에서 그렇게 할 수밖에 없었다고 진술하여 전원 무죄로 풀려났다.

흑인 청년이 호주머니에서 꺼내려고 한 것은 지갑이었지만 경찰관들은 총기일 것이라고 지레짐작한 것이었다. 경찰관들이 눈 깜짝할 사이에 그런 오판을 하게 된 이유는 흑인을 위험한 존재로 여기는 암묵적 편견이 잠재의식 속에 깊숙이 뿌리박혀 있었기 때문이다.

2020년 5월 25일, 미국에서 코로나19가 정점을 찍고 있던 시점에 미네소타 미니애폴리스시에서 20달러 위조지폐 사용 신고를 받고 출동한 백인 경찰 데릭 쇼빈(Derek Chauvin)이 비무장 상태의 흑인 용의자 조지 플로이드(George Floyd)를 체포하던 중 8분 46초 동안 무릎으로 목을 눌러 질식사시킨 사건이 일어났다.[2] 경찰에 의한 명백한 살인사건이었다. 이 과정이 그대로 영상에 담겨 퍼지면서 논란이 커졌고, 미국 전역에서 대규모 평화 시위에 이어 약탈을 동반한 폭동으로까지 확대되었다. 경찰도 이를 강경진압으로 대응하면서 사태가 걷잡을 수 없이 악화되었다.

그뿐만 아니라 2020년 2월에는 조지아주에서 조깅하던 아프리카계 미국인 아마드 알버리가 트럭을 타고 쫓아온 백인 부자에게 살해당했다.[3] 당시 백인 부자는 아무 처벌을 받지 않았고, 그렇게 묻히는 줄 알았는데 사건을 기록한 동영상이 5월 초 공개되면서 정의를 요구하는 항의가 빗발쳤다. 또 3월 13일에는 집에 있던 응급의료요원 브레오나 테일러가 문을 박차고 들어온 경찰 손에 살해당했다. 경찰은 그가 마약을 소지했을 가능성이 있다고 보고 새벽에 급습한 것이지만 마약은 없었다.

이 사건들의 기저를 관통하는 것은 바로 흑인에 대한 인종차별과 암묵적 편견(implicit bias)의 발현이다. 암묵적 편견은 인간에 대한 고정관념으로 사람들을 범주화하는 심리적 경향을 말한다.[4] 여기에서 암묵적이라고 하는 것은 우리 스스로가 무의식적으로 적용하고 있는 심리적 판단기준이라는 의미이다. 우리가 자신이 속한 그룹의 구성원을 다른 그룹의 구성원보다 더 많이 신뢰하는 경향 또한 암묵적 편견의 영향이라고 할 수 있다. 우리 모두는 그 어떤 조직이나 집단에 속해 있기 때문에, 우리 모두는 암묵적인 편견을 가지고 있다.

암묵적 편견은 특정 사건이나 행동에 대해 이미 가지고 있는 좋거나 나쁜 고정관념을 기준으로 사람들을 범주화한다. 따라서 암묵적 편견은 새로 유입되는 정보를 기존에 저장되어 있는 잘못된 고정관념과 연관시켜 버린다. 이러한 사고 과정은 새로운 정보에 대해 비판적 사고는커녕 재고의 여지마저 없게 만들어 버린다.

2006년 하버드대 심리학자 마자린 바나지(Mahzarin R. Banaji) 교수는 인종에 관한 암묵적 편견이 여섯 살까지 형성되어 평생 동안 사라지지 않는다는 연구결과를 발표했다.[5] 즉 합리적 판단 능력을 갖기 전부터 머릿속에 이미 고착화되고 그것이 성인 때까지 이어진다는 의미다.

암묵적 편견은 정서 반응뿐만 아니라 사려 깊은 의사결정에도 영향을 미친다. 2007년 미국 럿거스대 심리학자 로리 러드먼(Laurie Rudman) 박사는 '흑인에 대한 암묵적 편견을 강하게 드러내는 백인일수록 일상생활에서 갖가지 방법으로 흑인을 차별하는 성향을 강하게 표출한다'고 주장한 바 있다.[6] 이런 백인들은 흑인을 사회적으로 격리시켜야 한다고 주장하거나 신체적으로 위해를 곧잘 가하는 특성을 가진다. 또한 암묵적 편견을 가진 백인들은 흑인들에게 일터에서 불이익을 안겨주기 일쑤였다. 이러한 무의식적인 인종 편견이 의료행위에도 영향을 미쳤다. 2007년 마자린 바나지의 연구에 따르면 병원 응급실 의사들이 흑인환자에 대한 고정관념으로 진료에 최선을 다하지 않는 것으로 밝혀지기도 했다.

이러한 암묵적 편견은 흑인과 백인과 같은 인종 간의 갈등에 그치지 않는다. 섹스 스캔들, 소수 민족, 난민, 기타 사회적 소수자에게도 그대로 적용된다. 이러한 암묵적 편견은 분명 모두가 깨뜨려야 할 나쁜 성향이지만 이미 잠재의식 속에 자리 잡고 있는 이것을 깨뜨리기란 쉽지가 않다. 더구나 소셜미디어가 일반화되고 있는 디지털 세상에서 동질화 혹은 끼리끼리 문화가 발전하면서 이를 더 강화시키고 있다.

### 암묵적 편견과 확증 편향

암묵적 편견을 통해 호오의 대상이 되는 어느 한쪽을 선택하면 사람들의 뇌는 그 선택에 대한 정당성을 그 틀에 맞추어 계속 확인한다. 그리고 나서 정보처리 과정의 다음 단계인 확증편향 단계로 넘어간다. 확증편향은 특정 사건이나 현상을 접했을 때 기존에 가지고 있던 신념체계와 모순된 입장이나 의견을 거부하면서 자신의 신념을 확인해주는 정보를 찾을 때까지 비합리적으로 필터링하는 심리적 성향을 말한다.[7]

결과적으로 사고와 문제해결 과정에 있어서 자신의 신념 혹은 선호 가설을 뒷받침해 주는 정보만을 선택적으로 활용하는 무의식적인 인지 메커니즘을 고착화한다.[8]

미국 켈로그스쿨의 조직관리학과 애덤 왓츠(Adam Waytz) 교수는 확증 편향에 작용하는 심리학적 메커니즘을 두 개의 개념을 통해 설명한다.[9] 첫 번째는 '동기화된 추론(motivated reasoning)'이다. 그 어떤 것이라 할지라도 우리가 기존에 가지고 있던 의견을 확인하는 방식으로 결론을 맺도록 동기화된다는 의미다. 예를 들어 2016

년 미국 대선 당시 민주당 후보였던 힐러리 클린턴에 대한 부정적인 것들을 믿도록 동기화된다면(부정적인 생각을 갖고 있다면) 진실이 전혀 아닐 수도 있는 그녀에 대한 터무니없는 이야기도 믿어버리는 현상이 발생한다. 힐러리 클린턴 후보와 민주당 캠프의 고위 관계자들이 아이들을 성매매하고 성노리개로 삼았다는 피자게이트 가짜뉴스는 터무니없는 거짓말이었지만 동기화된 추론에 의해 많은 사람들이 믿어버린 것이 그 예다. 이렇게 동기화된 추론은 시간이 지나면서 허위의 사회적 합의로 이어진다.

두 번째 개념은 '순진한 현실주의(naïve realism)'다. 이는 현실에 대한 판단에서 나와 우리의 인식만이 유일하게 정확한 견해이며, 우리에게 동의하지 않는 사람들은 반드시 정보가 없거나, 비이성적이거나, 편향되어 있다고 믿는 경향을 말한다. 순진한 현실주의는 정치적 담론에서 흔히 나타나는 편향된 믿음을 잘 설명해준다. 정치적으로 첨예한 이슈가 발생했을 때 상대편의 주장은 사실에 근거한 합리적인 주장이라 해도 그것을 불신해버리는 현상이다. 또 일부 사람들은 자신의 세계관에 위배되는 기사나 정보에 대해 재빨리 딱지를 붙이는 현상도 같은 맥락으로 설명할 수 있다.

암묵적 편견에서 확증편향으로 이어지는 심리적 메커니즘은 제주도에 입국한 예멘 난민들의 처우문제를 둘러싼 논란에서 잘 드러난다. 2016년 말에서 2017년 5월까지 561명의 예멘 난민이 입국했고 그중 549명이 난민 신청을 한 적이 있다.[10] 이때 예멘 난민에 대한 각종 가짜뉴스가 떠돌았다. '정부가 난민에게 지원금을 퍼주고 있다.' '난민이 들이닥친 나라들은 폭력과 성범죄가 몇 배 이상

증가했다.' '이슬람 문화는 괴이하다.' 등등. 이런 가짜뉴스들이 떠돌면서 청와대의 국민청원 게시판에 '난민법과 난민 신청 제도를 폐지해 달라'는 내용의 청원이 올라와 70만 명 이상의 동의를 받았고 급기야 가두시위까지 벌어졌다. 그러나 이렇듯 분노를 촉발한 정보들은 대부분 가짜뉴스였다.

예멘 난민과 우리나라의 난민 운영제도에 대해 잘 모르는 사람들은 이들을 기존에 가지고 있던 인식의 틀, 예를 들면 '난민들은 가난하고 지저분하며 범죄적 기질을 가지고 있는 집단'과 같은 틀로 범주화했다. 이런 와중에 SNS 등을 타고 도는 가짜뉴스들은 그러한 편견을 확인시켜 주었다. 그리고 확신에 찬 주장으로 변모하고 극렬한 반대의 기폭제가 되었다. 언론사의 팩트체크나 그 밖의 다른 경로를 통해 '난민들이 다 그런 것은 아니다'라는 정보를 접해도 오히려 배타심만 더해질 뿐이었다.

### 필터버블과 거대 플랫폼 업체들의 수익 알고리즘

소셜미디어는 기술적 특성으로 인해 사람들과의 관계를 확장시켜 주고 또 많은 사람들의 이야기와 의견을 들을 수 있게 해 주었다. 따라서 원론적으로 볼 때 소셜미디어를 많이 이용할수록 폭넓은 지식과 의견들을 들을 수 있기 때문에 사고의 풍요로움을 가져다줄 것으로 기대했다. 그러나 이런 기대는 물거품이 되었다. 사람들이 소셜미디어를 통해 커뮤니케이션 기회를 확장한 것은 분명하다. 그러나 그 대상은 이미 알고 있는 사람이나 사회인구학적 특성이나 성향이 일치하는 사람들로만 한정되었다. 결과적으로 소셜미디어를 통해 커뮤니케이션을 많이 하면 할수록 자신이 가지고 있는 선유성향이 강화될 뿐이었다.

거대 플랫폼 업체들은 사람들이 편향된 정보만을 추구하는 형상을 더욱 부추겼다. 유튜브를 포함해서 거의 모든 SNS에는 이미 빅데이터를 활용한 맞춤형 서비스가 일상이 되었다. 특정 네티즌의 관심사가 반영된 검색 환경이 제공되는 것이다. 각종 인터넷쇼핑몰은 말할 것도 없다. 해당 영상을 올린 매체(게시자)를 '구독'하지 않아도 한두 차례 본 영상들에 대한 흔적(기록)이 저장되고 분류되어 그것과 관련된 영상들이 첫 화면에 '메인'으로 노출되어 유사한 주제의 관련 영상들을 자주 보게 되는 '쏠림'이 일어나는 것이다.[11] 이로 인해 SNS 이용자들은 개인의 취향에 맞춰진 정보 울타리에 갇히는 필터버블(filter bubble) 현상을 경험하게 된다.

필터링을 거친 정보에만 제한적으로 노출되는 정보 이용자들은 자신도 모르는 사이에 정보 편식을 하게 되고 가짜뉴스는 온라인 정보 제공자의 알고리즘을 타고 이용자의 구미에 걸맞은 정보로서 소비될 가능성이 증대된다.

### 소셜미디어의 비즈니스 모델

페이스북, 트위터, 구글 등 미디어 플랫폼 비즈니스 모델은 가짜뉴스 문제를 더욱 복잡하게 만들었다. 이 모델은 기본적으로 소비자의 암묵적 편견과 욕구를 파악하고 그것을 파고드는 것에 목표를 둔다.[12] 소비자가 다른 사이트로 이동하지 못하도록 붙잡고 광고주가 소비자의 개인의 성향에 맞춰 하이퍼 타깃 메시지를 보내도록 도와야 하기 때문이다. 따라서 가짜뉴스는 이들 플랫폼들의 중요한 수입원이 된다.

물론 이들 플랫폼 업체들 때문에 수많은 정보를 쉽고 편하게 얻는 이점은 있다. 그러나 이들의 궁극적인 목적은 바로 수익이다. 이들 플랫폼들의 알고리즘은 이용자가 좋아하고 동의하는 뉴스나 정보에 가능한 한 오랫동안 참여하도록 하는 데 맞춰져 있다. 따라서 플랫폼들은 오늘의 가장 중요한 뉴스를 제시하는 대신 이용자들이 관심을 가질만한 뉴스나 정보만을 제공한다. 이들에게 뉴스나 정보가 사실인지 혹은 거짓인지의 여부는 관심 밖이다.

개인적 삶과 경험을 통해 고착화된 암묵적 편견과 확증편향을 깨는 것은 쉬운 일이 아니다. 이미 심리적으로 고착화된 메커니즘으로 굳어져 있을 뿐만 아니라 정보의 과부하 현상과 소셜미디어의 알고리즘은 이를 더욱 강화시키고 있기 때문이다.

이를 해결하기 위한 가장 바람직한 방법은 어렸을 때부터 비판적 사고력을 체계적으로 기르는 것이다. 그러나 실용주의 교육에 치우친 현대의 교육 시스템은 편견을 깨는 데 필요한 비판적 사고력 교육을 도외시해 왔다.

그렇지만 방법이 전혀 없는 것은 아니다. 제한적이긴 하지만 스스로에게 편견이 있음을 경고한다면 편견의 수준을 어느 정도 낮출 수 있다. 순진한 현실주의로 유명해진 이스라엘과 팔레스타인에 관한 연구는 '순진한 현실주의 개념을 그들에게 설명해 주면, 그룹 간의 적대적인 태도가 완화되는 것'을 보여 주었다.[13] 적대적인 집단에게 '이러이러한 편견이 존재한다'는 말을 사전에 언급해 주기만 해도 극단적인 적대감을 누그러뜨린 효과를 가져왔다는 의미다.

사람들이 가지고 있는 편견과 확증편향은 가짜뉴스 포식자들과 이윤만을 앞세우는 거대 플랫폼 업체들이 노리는 가장 좋은 먹잇감이다. 최소한 무방비 상태로 그들의 먹잇감이 되지 않기 위해서는 미디어를 통해 전해지는 뉴스나 정보를 앞에 두고 늘 자문자답을 해야 한다. '내 믿음과 우리 편만 지나치게 편애하는 것은 아닌가'라고.

## 15. 메시지에 나와 우리 편 주장만 있는가 상대편 주장도 있는가

개개인이 가지고 있는 암묵적 편견과 확증 편향이 집단화된 형태로 나타날 경우 그것은 집단적 배타심으로 이어져 결과적으로 집단 광기라는 끔찍한 결과를 낳기도 한다. 예로부터 종교적 갈등이나 민족 간 갈등 상황에서 집단적 배타심을 유발하기 위해 사용된 정형화된 수사법이 있다. '살아 있는 사람을 특정 집단의 이익을 위한 혹은 종교적 희생의 제물로 삼았다'거나 '우물에 독을 넣었다'는 등의 허위사실 유포였다.

살아 있는 사람을 종교적 희생양으로 삼았다는 수사법은 이미 12세기 때부터 있었다.[14] 즉 유대교인들이 폭력이나 재력으로 어린

기독교 집안 소년을 납치한 후에 그리스도의 고난을 조롱하기 위해 고문하고 죽인 뒤 소년의 피를 자신들의 종교의식에 희생물로 사용했다는 그런 유의 내용이다.

760여 년 전에 잉글랜드 동부 링컨셔주에서 일어났던 종교적 희생의 제물 이야기는 지금까지도 생생하게 전해 내려온다.[15] 1255년 7월 31일 링컨 마을에 살던 9살짜리 그리스도인 소년 휴가 홀연히 사라졌다. 그러다 한 달 후에 그 소년의 시체가 마을에 있는 유대인의 우물에서 발견되었다. 당시 이 우물을 소유하고 있었던 유대인은 그리스도인들에게 '종교적인 목적으로 그리스도인 소년을 제물로 바치는 의식을 저질렀다'는 고발을 당했고 고문 때문에 거짓 자백을 해야만 했다. 그 후 자백을 강요당한 유대인은 물론 다른 많은 유대인들이 증오의 대상이 되고 '죽어도 싼 집단'으로 인식되어 집단 학살을 당했다.

또 1890년 4월 다마스커스에서 기독교인 가정의 여섯 살짜리 소년이 사라져 소요가 일어났다.[16] 그로부터 2주 후에 소년의 시체가 개천에서 발견됐고 사인이 익사라는 사실이 확인됐지만 유대인들은 살인 의혹과 함께 집단적 보복을 당해야만 했다.

허위정보가 극단적인 집단 배타심을 불러일으키고 결과적으로 대량학살의 촉매제가 된 대표적인 사건이 바로 미얀마 로힝야족 집단학살이다. 군부독재 시절 제한적인 정보만 접했던 미얀마인들은 새로운 정권의 수립과 함께 2013년 스마트폰의 'SIM카드'에 대한 규제가 풀리면서 가격이 폭락하자 누구나 쉽게 인터넷을 이용할 수 있게 됐다.[17] 특히 유일하게 미얀마어 서비스를 지원하는 페이스북으로 사용자가 몰렸다. 미얀마 인구 5300만 명 중 1800만 명 가량이 페이스북을 일상적으로 사용하고 있다. 미얀마 국민들에게 유일하면서도 가장 보편적인 통신수단이 된 셈이다.

그러나 2017년 8월 미얀마 군부의 로힝야족 학살이 시작된 후 페이스북은 '혐오 폭탄'의 도화선이 됐다. 수천 명의 로힝야족이 목숨을 잃고 70만 명이 국경 밖으로 쫓겨가는 동안에도 로힝야족을 개 · 돼지로 묘사한 혐오 게시물들은 '좋아요'를 타고 빠르게 퍼져나갔다.[18] 이 상황에서 페이스북을 통해 '로힝야족이 테러를 저질렀다'거나 '수염이 있는 로힝야 남자가 여자를 성폭행했다'는 식의 가짜뉴스가 빠르게 퍼지면서 로힝야족에 대한 집단적인 배타의식 속에 공격과 혐오가 정당화되었고 이는 곧 미얀마 군부에 의한 대량 학살 참극으로 이어졌다.

유엔진상조사단이 발표한 자료에 의하면 불과 몇 년 만에 25,000명이 집단적으로 살해되고 90만 명에 이르는 로힝야 난민들이 방글라데시 난민촌에서 생활하고 있다.[19]

### 힌두인 소년이 이슬람 사원의 종교제례를 위한 희생물이 되었다?

어린 소년이 종교적 희생 제물이 되었다는 이야기는 코로나19가 온 세계를 강타하던 때에 인도에서 그대로 재현되었다. 2020년 5월 10일, 인도의 인터넷 매체인 오프인디아(OpIndia)는 '3월 말경, 힌두교인의 어린 아들이 살해되어 강에 버려졌다'는 제목의 기사를 게재했다.[20] 살해된 아이의 누나인 듯한 소녀가 합장을 한 채 울먹이는 사진도 같이 게재했다.

opIndia
POLITICS
OPINIONS
FACT-CHECK
MEDIA
VARIETY
SPECIALS
MORE...
SUPPORT US
ऑपइंडिया
Crime | Editor's picks | Featured | News Reports

Hindu family leaves Gopalganj district in Bihar due to fear after their minor son was killed

*Rohit's sister alleged that her brother was killed and dumped in the river nearby. She alleges that the police had taken a bribe from the accused, hence they were not taking any action against the killers.*

10 May, 2020 अनुपम कुमार सिंह

*The minor Hindu boy's sister pleads for justice*

Also Read
Gopalganj murder case: Kateya police SHO suspended after parents of the murdered boy had alleged misbehaviour

Ads by Google
Stop seeing this ad
Why this ad?

Latest News
Mumbai: BJP MLA files petition in HC, questions the constitutional validity of Uddhav government's gag order on citizens

인도의 경우 2020년 3월 28일을 기준으로 확진자 수가 880명이고 사망자는 20명이었던 상황으로 마을 간 이동이 금지되는 등 봉쇄명령이 내려진 상태였다.[21]

'힌두인 가족, 어린 아들이 살해된 이후 두려움 때문에 비하르 고팔간지 지구를 떠나다'라는 제목으로 시작된 이 기사는 인도 동부 비하르 고팔간지 지역 케타야의 벨라디 마을에 살던 15세의 힌두인 소년 로히트가 살해되어 시체가 근처 강가에 버려졌다는 내용으로 시작한다. 그러면서 살해당한 소년의 아버지의 말을 빌려 '이웃에 사는 무슬림 아이들이 집에 있던 로히트를 데려갔고 최근

마을에 새로 세워진 이슬람교 사원에 끌려가 종교적 영향력 확대를 위한 첫 번째 제물이 되었다'고 주장했다. 그러면서 '힌두교인이 희생되면 이슬람교 사원이 더욱 강력한 영향력을 행사할 것'이라는 말을 곁들였다. 그러면서 가족의 이야기를 빌려 로히트가 살해된 정황을 자세히 전했다.

> 로히트를 데려가기 위해 보내졌던 무슬림 소년들의 후견인들은 새로 지은 이슬람교 사원에서 모든 어린이들을 기다리고 있었다. 로히트는 그 소년들과 함께 도착한 후에 끈으로 목이 졸려 죽었다고 가족은 주장한다. 이 극악무도한 사건에는 여섯 명의 사람들이 연루되어 있다는 주장도 제기되었다.

이 기사는 또한 "관할 경찰은 피의자들로부터 뇌물을 받고 신고를 하러 간 피해자 가족들을 오히려 학대했다"고 주장했다. 그러면서 오히려 신고를 하지 못하도록 회유를 했다는 주장까지 했다고 전하고 있다. 결과적으로 로히트의 가족들은 제대로 신고조차 못한 채, 경찰의 잔학행위로 인해 정든 고향까지 떠나야 했다는 것이 이 기사의 주요 내용이다.

이 기사의 내용은 그 자체로도 충격적이었지만, 인도 내에서 전개되어 왔던 힌두인과 무슬림 간의 집단 갈등을 담고 있다는 점에서 자칫 폭발성을 안고 있었다. 소년이 살해된 시기만 해도 코로나19가 심각해지면서 마을 간 이동이 금지되었고 인도 사회에서 코로나19의 발생을 무슬림 탓으로 돌리는 슬로건 '코로나 지하드'가 돌면서 갈등이 고조되던 시기였다.

오프인디아의 기사는 다른 힌두어 인터넷 매체에 퍼지고 힌두어 온라인 포털인 카바르탁(KhabarTak)에도 같은 내용의 글이 연이어 실리면서 급속히 확산되기 시작했다. 특히 나렌디라 모디 총리가 이끌고 있고, 힌두 내셔널리즘을 표방하는 인도인민당(BJP) 지지자들은 이 뉴스를 적극적으로 퍼나르기 시작했다.[22] 그리고 그 제목들은 하나같이 '이슬람 사원의 희생 제물'이었다. 이 트윗은 수천 번 이상 리트윗되었으며 인도인민당의 방계세력인 세계힌두회의연합체 VHP의 대변인도 리트윗에 적극적으로 호응했다.

그러나 이 기사에 대해 먼저 현지 경찰이 문제 제기를 하고 나섰다.[23] 비하르 경찰은 먼저 "로히트는 이슬람교 사원에서 살해된 것이 아니라 익사로 인해 죽었다"고 말했다. 이어서 "오프인디아와 카바르탁 등 몇몇 매체들이 오도성 기사를 통해 집단 긴장을 유발하고 있고 허위사실로 경찰을 무고하고 업무 방해를 하고 있다"고 주장했다. 비하르 마노즈 쿠마르 티와리(Manoj Kumar Tiwary) 경찰청장은 또 "인도의 형법 67조(IT를 이용한 범죄 촉발 혐의)와 295조 A항(특정 종교 혹은 종교적 신념을 모독하고 악의적으로 종교적 악감정과 갈등을 유발하는 범죄 혐의) 위반 혐의로 해당 언론사들을 기소할 것"이라고 밝혔다.

한편 로히트의 아버지인 라제쉬는 인도의 비영리 독립언론인 더 와이어(The Wire)와의 인터뷰에서 오프인디아의 보도 내용과 다른 몇 가지 사실을 밝혔다. 그는 "내 아들은 3월 28일 오후 3시경

엄마 옆에 앉아 있었는데 4명의 아이들이 찾아와 크리켓을 같이 하자며 아들을 데리고 같이 나갔다. 아이들 중 3명은 무슬림이었고 한 명은 힌두족이었다. 내 아이가 저녁 때까지 돌아오지 않아 우리들은 그를 찾아 나섰다."고 말했다.

또 "코로나19로 인한 전국적인 봉쇄 때문에 우리는 그를 찾기 위해 멀리까지 갈 수가 없었다. 3월 29일 아침, 고에타 톨리아(Goyeta Tolia) 강에서 소년의 시체가 발견되었다는 뉴스를 전해 듣고 곧 무슬림 소녀들이 의심이 가기 시작했다."고 주장했다. 라제쉬는 이어서 "로히트는 분명 무슬림인들에 의해 살해되었다"고 말했지만 "어디에서 어떻게 살해되었는지에 대해서는 분명하게 말한 적이 없다"고 했다. 이는 오프인디아의 보도 내용과 다른 부분이다.

한편 인도의 팩트체킹 웹사이트인 알트 뉴스(Alt News)는 5월 17일자 기사를 통해 힌두 소년 사망 사건에 대한 오프인디아 보도는 특정의 목적으로 창작된 가짜뉴스라고 비판했다.[24] 기사의 내용이 전적으로 피해자 소년의 아버지의 진술에 의존했으며 아버지의 진술마저도 왜곡했다고 보도했다.

오프인디아는 다시 5월 17일자 기사를 통해 반박기사를 내고 자신들은 피해를 당한 어린이 피해자의 아버지 진술에 근거해서 기사를 작성했으며 기사내용에 일부 부정확한 부분이 있는 것은 아버지가 진술을 바꿨기 때문이라고 해명했다.[25] 이에 대해 알트뉴스는 5월 25일자 기사에서 다시 조목조목 반박하는 팩트체크 기사를 내보냈다.[26]

첫째, 오프인디아는 피해자의 아버지와 주고받은 내용을 녹취

한 전체 오디오를 제시하지 않았다. 단편적인 부분을 조합해 재구성한 것이었다. 오프인디아는 해당 비디오에서 관련된 부분만 제공했다고 밝혔다. 그러나 어떤 진술이 필요한 부분이고 그렇지 않은지의 여부는 허위정보를 보도한 혐의를 받고 있는 사람에 의해 결정되는 것이 아니라고 강조했다.

둘째, 오프인디아는 첫 보도를 내보낸 5월 10일부터 반박 기사를 낸 5월 17일 사이에 최소 5~6번의 기사를 올렸다. 그러나 피해자의 아버지인 라제쉬와의 통화는 5월 9일과 14일 두 번뿐이었다. 충분한 확인도 하지 않은 채 슬픔에 싸여 있는 피해자 아버지의 추측을 그대로 보도했다. 뭔가 의도가 있었기 때문이다. 라제쉬가 이슬람교 사원에 관한 이야기를 했다면 오프인디아는 당연히 그에게 왜 이슬람교 사원을 이야기했는가를 물어야 했다. 오프인디아는 라제쉬의 이러한 진술이 설사 사실이라고 해도 힌두교인과 무슬림 간의 집단 갈등을 유발시킨다는 것을 잘 알고 있었을 것이다. 그럼에도 불구하고 의도적으로 이슬람교 사원이 가해자인 양 몰아간 것은 무책임한 저널리즘일 뿐 아니라 비윤리적인 저널리즘의 전형이다. 그리고 수사 조서에 보면 라제쉬가 이슬람 사원에 대해서는 언급을 안 한 것으로 나와 있다. 그렇다면 경찰 조서를 받을 때 그 이야기를 안 했는지를 당연히 물었어야 했다. 그러나 오프인디아는 그런 기본적인 것을 생략했다.

셋째, 오프인디아는 로히트가 이슬람교 사원에서 희생되었다고 주장했다. 그러나 우리는 그가 익사로 죽었다는 것을 증명하는 사건의 여러 측면과 근거를 제시했다. 비하르 경찰은 또한 오프인디아가 5월 17일에 제시한 주장과 배치되는 FIR을 제출했다. 또 경찰의 조사과정에서 로히트가 살해되었다는 증거는 단 하나도 나오지 않았다. 검시보고서를 작성한 담당 의사 역시 마찬가지다. 그러나 이런 근거들은 오프인디아의 보도에 전혀 반영되지 않았다.

넷째, 오프인디아는 기사에서 모든 피의자들이 무슬림이라고 주장했다. 그러나 초기 보고서와 피해자의 아버지의 진술에 따르면 FIR에 이름을 낸 미성년자 중 하나가 힌두교인이라는 사실이 밝혀졌다. 이 사실을 문제 제기하자 오프인디아는 모든 것이 피해자 아버지가 잘못 말한 때문이라고 책임을 전가했다.

객관적인 시각으로 보나 저널리즘 차원으로 보나 알트뉴스의 문제 제기는 타당하다. 그러나 오프인디아 기사의 진위 여부를 더 정확하게 파악하기 위해서는 힌두인과 무슬림 간의 오래된 갈등의 배경을 들여다볼 필요가 있다.

1947년 인도가 영국으로부터 독립할 때 인도대륙은 종교 노선에 따라 힌두인과 무슬림으로 분할되었다. 이후 종교 갈등은 끊임없이 지속되었다. 가장 치열한 갈등은 2002년 나렌드라 모디 현 인도 대통령이 구자라트주 총리로 있을 때 열차에서 화재가 일어나 59명의 힌두인 순례자가 사망한 사건이었다.[27] 이를 무슬림의 소행이라고 생각한 힌두인들은 보복 폭력을 감행해 최소 1,000명에서 최대 2,000명의 사망자가 발생한 사건이 일어났다. 당시 모디 총리는 폭력을 막기 위한 필요충분한 조치를 취하지 않은 것으로 알려져 있다.

또 최근 들어 종교갈등에서 비롯된 증오범죄가 지속적으로 증가하고 있고 이런 범죄의 대부분이 인도의 13억 인구 중 약 80%를 차지하는 힌두교도에 의해 이슬람 사회에 직접적으로 제기되고 있다.[28]

인도에서 코로나19가 확산되기 시작할 무렵인 2020년 3월부터 '코로나지하드(#CoronaJihad)'라는 새로운 트렌드성 해시태그가 등장해 소셜미디어를 타고 인도 전역에 확산되었다. 이 슬로건은 코로나19의 발발과 확산이 무슬림 때문이라는 상징과 함께 집단 혐오를 정당화하는 의미를 담고 있다.

이후 인도 무슬림과 코로나19의 확산을 연결 짓는 가짜뉴스성 비디오들이 우후죽순처럼 생겨났다.[29] 예를 들면 한 비디오는 무슬림 젊은이들이 모여 서로 접시에 있는 음식물들을 핥는 장면을 보여 주었다. 이 비디오는 시청자들에게 무슬림들이 대중에게 바이러스를 퍼뜨리기 위해 일부러 침을 남겨 놓은 것이라고 경고했다. 그러나 그 비디오는 2018년에 촬영되었으며 음식을 낭비하지 않는 다우디 보라(Dawoodi Bohra)* 이슬람 전통을 묘사한 것이었다.

인도에서 나타나고 있는 종교적 갈등의 배경과 현재의 상황을 고려하더라도 알트뉴스의 지적은 타당하다. 더구나 오프인디아의 CEO인 라훌 루샨(Rahul Roushan)의 가짜뉴스 경력이 이미 널리 알려진 바 있다. 루샨은 2002년 방송저널리즘 재학원을 졸업한 뒤 힌두어 뉴스채널인 사하라 사마이(Sahara Samay)에서 2년 반 동안 카피 편집자, 게시판 제작자 및 뉴스 앵커로 일했다. 이후 가상게임

---

* 곡물의 소중함을 일깨우기 위해 음식을 낭비하면 안 된다는 것을 가르치는 일종의 교육

웹사이트를 만들어 운영했고 2008년에는 미국의 풍자 웹사이트인 디 오니언을 모방한 Faking News 블로거를 필두로 활동을 시작했고 2018년 11월부터 오프인디아의 CEO가 된 사람이다.

이 정도만 해도 오프인디아의 기사가 가짜뉴스라는 점이 밝혀졌지만 더 결정적인 증거는 가해자로 지목된 이슬람 사원 관계자의 말이나 주장은 단 한 줄도 없었다는 점이다. 아무리 천인공노할 악행을 저지른 범죄자라도 할 말은 있기 마련이다. 실명이 밝혀진 이상 범죄자 본인은 물론이지만 기관이나 단체라면 더욱 그렇다. 더구나 오프인디아가 스스로 밝혔듯이 이슬람교 사원은 세력을 확장하기 위한 하나의 수단으로 힌두인 소년을 제물로 삼았다고 하지 않았는가. 그렇다면 이슬람 사원의 입장에서 볼 때 이 일이 세상에 드러나면 세력 확장은커녕 그 지역에서 사원을 유지하기조차 힘들 것이다. 이런 상황에서 이슬람 사원은 당연히 보도된 내용을 부인하는 등 어떠한 말이라도 하고 싶었을 것이다. 그런데 소위 언론사를 표방한 곳에서 가해자로 지목된 이슬람 사원 관계자의 말이나 주장은 단 한 마디도 없었다. 가짜뉴스이기 때문이다.

집단 간 갈등 문제에 봉착했을 때 중립적인 시각이나 입장을 취하기는 극히 어렵다. 자신이 갈등하고 있는 집단의 어느 한쪽에 속해 있다면 더욱 그렇다. 인간이 본연적으로 가질 수밖에 없는 암묵적 편견과 확증편향이라는 것이 작용하기 때문이다. 거기에다 우리의 일상을 지배하는 소셜미디어는 그러한 편향성을 더욱 부추기고 있다. 유일한 해결책은 어렸을 때부터 이런 상황을 자각하고 성찰할 수 있는 비판적 사고능력을 체계적으로 기르는 것이지만 실용주의 교육철학에 매몰된 현재의 교육 환경은 이를 허용치 않는다.

제한적이긴 하지만 그래도 두 가지 방법을 생각해 볼 수 있다. 하나는 역지사지의 습관을 가져보는 것이다. 이는 현재의 상황이나 사건을 반대편의 입장에서 바라보는 것이다. 제주도에 입국한 예멘 난민들을 놓고 일어난 일련의 갈등 문제를 한번 짚어보자. 2016년 말부터 예멘 난민들이 제주도에 대거 입국하기 시작했고 2017년 5월에는 500명을 웃도는 예멘인들이 난민 신청을 하기에 이르렀다. 그때부터 난민을 거부하자는 운동이 일어났고 그 과정에서 숱한 가짜뉴스들이 나돌았다. 그리고 2018년 6월에는 청와대 국민청원 게시판에 난민신청 허가제도를 폐지하자는 내용의 글이 올라왔고 70만 명이 넘는 동의 수를 기록하기까지 했다.

이렇게 많은 동의를 기록한 배경에는 가짜뉴스도 큰 몫을 했다. 예를 들면 제주도 난민 신청자들에게는 하루 138만 원씩의 지원금을 주는 등 내국인들을 오히려 역차별한다든지, 스웨덴에서는 난민을 허용한 탓에 성폭력 비율이 1,400%가 넘게 늘었다든지 하는 등등이다. 이런 유의 가짜뉴스는 난민들에게 애초부터 부정적 태도를 가진 사람들에겐 부정적 믿음을 더 강화하게 만들었을 것이다. 뿐만 아니라 별다른 입장이 없었던 사람들도 이런 가짜뉴스들을 보고 부정적인 태도로 선회했을 가능성이 높다.

그런데 이런 믿음을 확신하고 태도를 강화하기 이전에 난민 문제에 대해 역지사지의 생각을 했다면 사정은 달라졌을 수 있다. 언제부턴가 난민 하면 부정적인 이미지를 떠올리는 것이 자연스러운 현상으로 되기 시작했다. 그렇다면 역지사지 차원에서 우리나라 국민들은 난민이었던 적이 없었는가 반문해 볼 필요가 있다. 우리는 이미 역사적으로 그런 경험을 갖고 있다. 일제 식민지 시대 때 일본제국주의 압제를 피해 또는 독립 운동을 하기 위해 중국, 미국 등으로 갔던 수많은 조선인들이 있었다. 이들은 바로 조선인 난민들이다. 당시 중국이나 미국은 어느 정도 차별은 했을지언정 지금처럼 반대하진 않았다.

## 16. 극도의 분노나 희열, 공포 등 격한 감정의 언어를 담고 있는가

뉴욕 타임스가 분석한 가짜뉴스 제조의 제1법칙은 질병, 성, 인종 등과 같은 민감한 소재를 선택하는 것이다. 이 소재들이 민감하다고 표현한 것은 '편견을 자극하는 소재'라는 공통점을 갖고 있기 때문이다. 이러한 소재에다 극도의 분노나 두려움, 불안 그리고 때로는 격한 희열을 느낄 수 있는 감정 언어를 갖다 붙이기만 하면 가히 폭발력 있는 가짜뉴스가 만들어진다.

공포감이나 충격을 유발하는 언어도 마찬가지다. 허위정보 감시 단체인 퍼스트드래프트의 전략연구 책임자인 클레어 워들(Claire Wardle)은 "코로나 바이러스와 같은 전염병이 발발했을 때, 공포는 잘못된 정보가 범람하는 가장 큰 동인 중 하나"라고 말한 바 있다.[30] 가짜뉴스 제작자가 파고드는 곳은 바로 이 지점이다. 극단적 분노나 희열, 격한 감정, 혐오 또는 증오, 공포와 충격의 언어 등은 가짜뉴스 제조자들이 노리는 가장 훌륭한 재료들이다.

### 실제 경험자가 말하는 가짜뉴스 제1법칙, '자극적이고 더 극단적으로'

이쯤 해서 극단적인 분노나 격한 감정을 불러일으키는 가짜뉴스가 어떻게 만들어지는지 실제 가짜뉴스 제조자의 경험담을 토대로 한번 살펴보자. 워싱턴 포스트의 엘리 샤슬로(Eli Saslow) 기자는 2018년 11월 18일자 신문에 당시 40대 중반인 크리스토퍼 블레어(Christopher Blair)가 어쩌다 가짜뉴스 제조자가 됐고 어떤 방법을 써서 가짜뉴스를 만드는지 르포 형식으로 취재해 실었다.[31] 여기에서 가짜뉴스를 만들 때 어떤 원리 혹은 기준을 적용하는가 생생하게 나온다. 이 기사에서 블레어가 가짜뉴스를 만들 때 사용하는 몇가지 특징들을 추려왔다.

#### 크리스토퍼 블레어는 어쩌다 가짜뉴스 대가가 되었는가

사실 블레어는 가짜뉴스와 전혀 연관이 없는 평범한 사람이었다. 미국 북동부 메인주의 숲 속에 있는 허름한 집에서 가족과 함께 세 들어 살았다. 지난 10년간 블레어는 건설 현장의 일용직에서 식당 웨이터에 이르기까지 온갖 잡일을 하면서 근근히 살아왔다. 블레어의 아내 역시 마찬가지였다. 최근 이런 고단한 삶은 평생 민주당원으로 살아왔던 블레어에게 정치권에 대한 분노를 촉발시켰다. 이때부터 그는 그 설움과 분노를 온라인 마당에 쏟아붓기로 마음을 먹었다.

블레어가 가짜뉴스 제조일을 처음 시작한 것은 지난 2016년 대선 때부터다. 친구들끼리 만나 선거 이야기를 하다가 도대체 말도 안 되는 가짜뉴스가 극우파들 사이에 공유되고 믿어지는 현실을 보고 블레어와 몇몇 진보적 블로거들이 아예 정치풍자 사이트를 한번 만들어보자는 게 발단이 되었다. '미국 최후의 보루(America's Last Line of Defense)'라는 가짜뉴스 사이트는 그렇게 만들어졌다.

### 가짜뉴스 제조자로서 블레어는 어떤 가면을 썼는가

이를 위해 블레어는 지난 몇 년간 수십 개의 온라인 계정을 개설하고 수많은 아바타를 만들어냈다. 현실의 블레어는 40대 중반의 백인 남성이었지만 온라인 속의 블레어는 때론 남부 출신 금발미녀로 변신하는가 하면 극우 단체의 남성 회원으로 탈바꿈하기도 한다. 이러한 변신의 배경에는 자신이 당사자가 되어 인종차별이나 성차별 발언을 유도하려는 저의가 숨어 있었다. 블레어가 던진 낚싯줄에 낚인 사람들이 메시지를 보내 올 때마다 블레어는 위트와 함께 독설에 가까운 화법을 구사하면서 전업 정치 평론가라는 유명세를 타기 시작했다.

### 블레어의 가짜뉴스에는 패턴화된 형식이 있다

블레어가 만드는 가짜뉴스에는 몇 가지 공통적인 형식이 있다. 관심을 돋구기 위해 '속보'라는 타이틀을 기본적으로 사용하고 전체를 대문자로 장식한 1,000자 내외의 글을 쓴다. 또 분노를 유발하기 위해 "화가 난다면, 공유해 주세요"라는 관용구를 자주 사용한다.

### 자극적이고 극단적인 언어를 통해 분노를 유발한다

블레어가 가장 애용하는 수법은 분노 유발이다. 예를 들면 '불법 이민자들이 러시모어 산의 큰바위얼굴을 망가뜨렸다'는 가짜뉴스다. 미국 건국의 아버지를 상징하는 큰바위얼굴을 다른 사람도 아닌 불법 이민자들이 망가뜨렸다면 불법 이민자들에 대한 혐오를 극대화시킬 것이라는 계산이 작용한 가짜뉴스다.

또 '버락 오바마 전 대통령, 베트남 전쟁 때 부정한 방법으로 징집 회피'라는 가짜뉴스도 있다. 오바마 전 대통령은 베트남전 당시 열 살이 채 안된 시기다. 블레어 자신이 봐도 황당한 이야기지만 이런 이야기들은 진실이 되어 인기 있는 이야기로 퍼져나간다.

### 이왕 할 거면 대담하고 터무니없는 거짓말을 써먹어라

블레어가 구상하고 또 실현하는 가짜뉴스는 최고 수준의 유명인들을 대상으로 대담하기 그지없는 내용을 담아내는 것이다. 예를 들면 2016년 대선에서 힐러리 클린턴 민주당 후보가 난민문제에 개방적이었다는 생각을 떠올리고 '그녀가 해외 어딘가에서 더 많은 난민을 미국으로 들여보내기 위해 비밀리에 일을 꾸미다가 사고로 죽었다'거나 '트럼프 대통령이 기후 변화가 온실가스 때문이었다는 정설을 뒤집었다는 공로로 노벨평화상 유력 후보에 올랐다' 또는 '빌 클린턴 전 대통령이 연쇄 살인범으로 밝혀졌다'는 등이다.

**사진 속의 인물을 엉뚱한 인물로 바꿔놓고 희화화한다**

유명인들이 들어 있는 사진은 블레어에게 좋은 먹잇감이다. 예를 들면 백악관에서 열린 한 행사에서 트럼프 대통령이 미국 국가를 들으며 서 있고 그 뒤로 고위 공직자들과 관계자들이 흐릿한 모습으로 서 있는 사진 같은 것들이다. 블레어는 사진 속 인물 중에서 특히 가운데 희미한 모습으로 서 있는 한 백인 여성과 흑인 여성에 주목했다. 스토리텔링을 하기에 더없이 좋은 소재였기 때문이다. 이를 보고 그가 만들어낸 스토리는 이렇다.

> "트럼프 대통령이 정적들에게 화해의 손길을 내밀어 미셸 오바마와 첼시 클린턴을 백악관 행사에 초청했다. 그럼에도 불구하고 그 두 사람은 미국 국가가 울려퍼지는 도중에 손가락을 쳐들고 트럼프와 성조기에 욕을 해대고 있다. 이들을 반역죄로 감옥에 처넣어야 한다!"

사실 사진 속 백인 여성은 첼시 클린턴이 아니라 백악관 보좌진으로 근무했던 호프 힉스였다. 흑인 여성 역시 미셸 오바마가 아니라 전임 보좌관인 오마로사 뉴먼이었다. 트럼프 대통령은 미셸 오바마는 물론 첼시 클린턴도 초대한 적이 없다. 트럼프 대통령과 성조기를 모독한 사람도 당연히 없었다. 한 장의 사진을 놓고 사람도 상황도 터무니없이 바꿔버린 것이다.

압축하면 '편견을 자극하고 분노와 격정을 유발'하는 수법들이다. 오바마 전 미국 대통령이나 힐러리 클린턴 전 국무장관을 싫어하는 사람들은 물론 특별한 정치적 입장을 가지지 않은 사람들마저도 격앙되지 않을 수 없는 내용들이다.

실제로 가짜뉴스 때문에 격앙된 사람이 현장으로 가 총기를 난사한 사건이 일어난 적이 있다. 2016년 미국 대선 과정에서 민주당의 힐러리 클린턴 후보가 민주당 고위 관계자들이 피자가게에서 주기적으로 만나 비밀리에 아동 성매매 및 성학대를 즐겼다는 가짜뉴스가 나돌았다. 이들이 범행을 한 장소가 피자가게였다는 점에서 흔히 '피자게이트'로 불리는 사건이다.

성 스캔들 문제는 어느 나라를 막론하고 정치인들에게 치명적인 독약이다. 그런데 피자게이트의 주인공이 여성이고 그것도 다름 아닌 미국 대통령 후보라는 것이다. 그야말로 터무니없는 말이다. 하지만 이를 사실이라고 믿는 사람이 있다면 상황은 달라진다.

아내와 두 딸을 두고 있던 에드가 메디슨 웰치라는 28세의 남성은 이 가짜뉴스를 사실이라고 믿었고 격분했다.[32] 그리고 범죄현장에 가서 아이들을 구하겠노라는 각오를 다졌고 실제로 현장에 가서 준비해 간 총기를 난사했다. 다친 사람은 없었지만 자칫 대형사고로 이어질 뻔했다.

결국 미디어 메시지를 보고 즉각적인 분노와 격한 감정에 휩싸인다는 것은 가짜뉴스 포식자들이 쳐놓은 덫에 그대로 걸려 들어가는 것과 같다. 그래서 '극도의 분노나 희열, 격한 감정을 불러일으키지 않는가'를 스스로 물어볼 필요가 있다. 그리고 격한 분노나 감정이 느껴진다면 공유하는 것은 물론 뭔가를 실행하는 것도 일시 중지를 해보는 것도 하나의 방법이다. 가짜뉴스 때문에 내 인생에 소중한 생각이나 감정을 낭비할 필요는 없지 않은가 말이다.

## 17. 내가 하게 될 일을 실제로 알고 있는가, 그 결과를 생각해 봤는가

세상일이 복잡다단해지면서 우리 주변에서 일어나는 사건이나 현상의 이모저모를 파악하는 것 자체가 힘들어졌다. 원론적으로 말하면 세상일이 점점 더 복잡해지더라도 해결하지 못할 일은 없다. 복잡해지는 현상을 더욱 세밀하게 관찰하고 다양한 시각에서 그 현상의 제반 사항을 이해하면 되기 때문이다. 더구나 모든 것이 디지털로 전환되는 세상에서 무수한 정보들이 수없이 많지 않은가.

참 그럴듯한 이야기지만 복잡해지는 사회 현상과 달리 사람들의 인지적 처리과정은 더욱 단순해진다. 이는 역설적으로 정보가 많기 때문에 더욱 그럴 수밖에 없다.

말 그대로 정보의 홍수시대다. 어쩌면 홍수를 넘어 정보의 쓰나

미 시대라 불러도 과언이 아닐 듯싶다. 그런 만큼 정보는 세상에 널려 있고 사람들이 디지털 시대를 살아가는 데 필수적인 요소가 되었다. 또 정보를 잘 찾고 효율적으로 이용하는 능력은 또 하나의 강력한 경쟁력이 된 시대이기도 하다.

그러나 끊임없이 쏟아지는 정보는 오히려 인간의 인지적 용량 범위를 초과하고 있다. 다양한 멀티미디어의 발달로 한꺼번에 여러 가지 것들을 동시에 처리하게 하는 멀티태스킹 환경은 사람들이 일정한 범위 내에서 주의를 집중할 수 있는 한계를 넘게 만들었다. 인디애나 대학의 컴퓨터 과학자 필리포 멘체(Filippo Mencze) 교수 등은 "인간의 불완전한 주의집중 범위(attention span)가 가짜뉴스 확산의 원인이 되었다"고 주장한다.[33] 여기에서 주의집중 범위란 짧은 시간 안에 많은 수의 글자 혹은 숫자가 제시되었을 때 한 번에 파악할 수 있는 글자 혹은 숫자의 수를 말한다.

이러한 환경은 외부의 정보 처리에 작용하는 자동화 과정, 즉 인지적 지름길만을 고집하는 현상을 더 촉발시켰다. 즉 이미 익숙하고 관성화된 인지처리과정을 더욱 촉발시킨 것이다. 이 과정에서 사람들의 정보 처리는 단순화되고 관련된 사실이나 데이터는 무시되기 일쑤다.

사람들이 일상으로 접하는 가짜뉴스의 대부분은 현재의 사회 정치 시나리오에 대한 대중의 인식을 더 화나게 하는 등 공동 긴장을 유발하도록 만들어져 있다. 헤드라인이 걸러지기도 전에 일반 뉴스 소비자들은 그 가짜뉴스를 쉽게 믿어버린다. 무의식적인 혹은 자동화된 인지적 과정이 작용하기 때문이다.[34]

이런 저간의 배경 때문에 러시아 출신 언론학자이자, 미국 사우스 캐롤라이나 대학 언론학과 바실리 가토브(Vasily V. Gatov) 교수는 2017년 베를린에서 개최된 세계신문발행인협회 강연에서 "가짜뉴스의 원인은 바로 우리다"라고 간단명료하게 정리했다.[35] 그에 따르면, 인간은 이성적으로 완벽한 생명체가 아니며 가짜뉴스는 '인간의 이성적 불완전성'을 파고들어 사람들의 생각을 지배한다.

여기에 인간의 내면에 잠재해 있는 편견과 그것을 더욱 강화시켜주는 거대 플랫폼 업체들의 맞춤형 정보들은 사람들의 정보 처리를 더 단순하게 만든다. 매일 개인에게 수많은 정보가 주어지지만 사람들은 그 정보 조각들의 진위 여부나 가치를 평가하지도 않고 평가할 능력도 없어진다. 결과적으로 자동화된 정보처리 과정에 나의 생각, 나의 미래를 맡겨버리는 경향에 익숙해진다. 편하지만 그 결과는 끔찍할 수밖에 없다.

### 이란에서 796명의 목숨을 앗아간 알코올 코로나19 치료법

이란 정부는 5월 말, "2월 초부터 4월 말까지 총 796명이 '알코올이 코로나 바이러스를 치료할 수 있다'는 가짜뉴스 때문에 사망했다"고 밝혔다.[36] 확인된 사망자 수가 이렇지만 그로 인해 심각한 상황에 있는 사람들까지 합하면 희생자는 더욱 늘어날 것이다. 2020년 4월 29일 기준으로 이란은 확진자가 93,657명이었고 사망자 수는 5,957명에 달했다는 점을 고려하면 그때까지 코로나19로 사망

한 사람들의 13.4%가 결국 이 가짜뉴스 때문에 사망한 셈이었다.[37]

참 충격적인 소식이다. 그리고 어안이 벙벙해진다. 알코올이 코로나19와 어떻게 연결되고 그토록 많은 사망자를 낳게 만들었는지 말이다. 더구나 이란은 세계에서 드물게 금주정책을 실시하는 나라다. 이 어처구니없는 비극은 한 페이스북 이용자가 '위스키와 꿀로 코로나19를 스스로 치료할 수 있는 아이디어'를 올리고 또 영국 일간지가 그것을 보도한 데서 출발했다.[38]

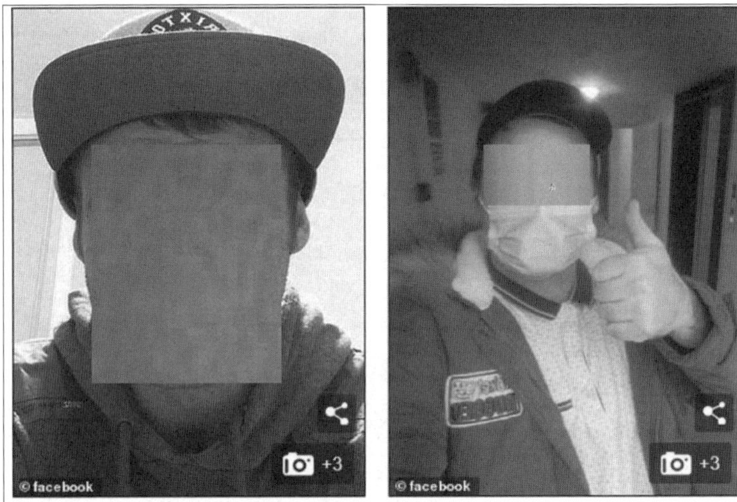


Connor Reed, a 25-year-old English teacher from Wales, was stricken by the virus around two months ago. He had taken himself to the hospital in the Chinese city after struggling to breathe with a severe cough.

영국 일간지 더 선은 2020년 2월 3일자 기사에서 '한잔의 뜨거운 위스키와 꿀'로 코로나19를 치료했다는 교사의 이야기를 전했다.[39] 기사에 따르면 올해 25세인 영국의 교사 코너 리드(Conner Reed)는 우한에서 일하던 중 2019년 12월에 코로나19 확진 판정을 받았다.

그리고 곧바로 2주 동안 입원을 했었다. 입원해 있는 동안 끔찍한 이야기들을 많이 들었고 실제로 심한 가슴 통증에 시달렸다. 리드는 이러다 죽을지도 모른다는 생각을 했지만 병원에서 주는 항생제를 거부하고 대신 2주 동안 매일 뜨거운 위스키 한잔에 꿀을 타서 마셨더니 증세가 씻은 듯이 없어졌다고 말했다. 영국 노스웨일스 출신의 리드는 2019년 여름 3년 기간의 영어 교사 일을 위해 우한에서 일을 하던 중이었다.

2020년 2월 초 이미 중국에서 300명 이상의 사망자가 발생한 상황에서 이 기묘한 치료법은 많은 사람의 관심을 끌었고 영국의 다른 언론에서도 많이 보도되었다. 리드 교사는 자신의 모습을 찍어 페이스북에도 올렸다.[40]

또 2020년 2월 14일에는 인도의 마하라슈트라주에 소재한 일간지 삼나가 "코로나 바이러스는 알코올에 알러지가 있다. 술을 마시는 사람은 코로나바이러스에 감염되지 않는다"는 주장을 실어 보도했다.[41] 이런 주장은 페이스북 등 사회관계망 서비스를 통해 급속하게 퍼져 나갔지만, 곧 '가짜뉴스'라고 반박을 당했다. 전문가들은 오히려 "과음이 면역체계를 약하게 만들어 바이러스 감염 위험성을 높일 수 있다"고 말한다.

인도의 팩트체크 기관인 붐라이브(boomlive)는 2월 20일 '술 마시는 것이 코로나바이러스를 막을까'라는 제목의 기사를 통해 "세계보건기구에 따르면, 알콜이 바이러스 제어에 효과적이지만, 그것은 손 씻기와 같은 상황을 전제한 것이지 술을 마시는 것과 무관하다"고 밝혔다.

전문가들은 음주가 오히려 신종 코로나 바이러스 감염증(코로나19)에 걸릴 가능성을 높일 수 있다고 경고했다. "음주로 인해 체내 수분이 빠져나갈 수 있고, 면역체계가 약해질 수 있으며, 특히 알코올 중독에 이르는 폭음은 더욱 위험하다"는 것이 중론이었다.

그러나 코너 리드 교사의 경험담은 이란에서는 통했으며 그 이야기는 소셜미디어를 통해 급속히 확산되었다. 위스키가 코로나 바이러스를 죽인다는 경험담을 사실로 믿은 이란 사람들은 오랜 금주정책으로 인해 위스키 대신 에탄올을 그 대안으로 선택했다. 거기에 알음알음으로 들은 몇 가지 단편적인 정보 조각들이 근거가 되었다. 첫째는 공식적인 금주정책으로 술은 마실 수 없기 때문에 위스키 주정의 원료가 되는 에탄올 역시 코로나19에 효과가 있을 것이라는 믿음이 작용했다. 여기에 더해서 손 소독제로 사용되는 약품이 바로 에탄올이기 때문에 당연히 마셔도 된다고 생각했다. 그때부터 에탄올 마시는 사람들이 부쩍 늘어났다.

손 소독제의 주성분인 에탄올은 코로나 바이러스 외피의 지질(기름막)을 녹이고 외피 단백질 응고를 통한 변형을 일으켜 바이러스를 죽이는 역할을 한다.[42] 에탄올 함량은 최소 60% 이상이어야 효과가 있으며, 바이러스 사멸에 가장 효과가 좋은 농도는 75% 내외로 알려져 있다. 그렇다면 알코올 100%와 같은 더 높은 농도의 소독용 에탄올을 사용하면 강력하지 않을까라고 생각할 수도 있다. 하지만 에탄올의 농도가 높을수록 빨리 증발(기화)하는 성질이 있으므로 바이러스 외피의 지질을 녹이기에 시간이 충분하지 않을 수도 있다. 따라서 대부분의 손 소독제는 알코올의 기화를 늦추고 보습력을 높이기 위한 글리세린, 정제수 등이 들어가 있다.

에탄올 수요가 폭증하기 시작하자 여기에 악덕 상혼이 끼어들었다. 값비싼 에탄올을 그대로 쓰기보다는 값싼 메탄올에 표백제를 첨가하면 외형상 에탄올과 비슷한 모양을 띠니까 많은 이득을 남길 수 있었다.[43] 그러나 메탄올과 에탄올은 유독성 면에서 차원이 다르다. 메탄올은 유독성 독극물이기 때문이다. 메탄올의 경우 소량만 마셔도 시신경을 마비시켜 시력을 잃게 할 정도의 독성을 가지고 있다. 메탄올은 알코올램프 연료나 화공약품 용제로 쓰이는데 인간이 섭취하면 뇌와 장기 손상을 일으켜 흉통, 구토, 과호흡 등 증상이 나타나며 심하면 실명하거나 혼수상태로 이어져 사망할 수 있다. 악덕업자들의 호주머니는 두둑해졌지만 그때부터 사망자가 급속히 늘기 시작했다. 2020년 4월 8일까지 728명의 사망자가 나왔고 4월 말에는 796명으로 늘어났다.[44]

세계보건기구는 2020년 2월 3일 홈페이지에 신화깨기(Myth Busters)란 코너를 마련하고 75% 에탄올의 부작용을 경고했지만 이란 사람들에겐 다가가지 못했던 것이다.[45]

이 사건이 남의 일만은 아니었다. 경기도 남양주의 한 주민이 신종 코로나바이러스 감염증(코로나19) 방역을 위해 메탄올(공업용 알코올)을 썼다가 중독 증상을 보여 병원 치료를 받았다.[46] 남양주에 사는 40대 여성 A 씨는 2020년 3월 7일 자신의 집에서 코로나19 바이러스 소독을 위해 메탄올을 물에 타 분무기로 가구와 이불 등에 10여 차례 뿌렸다. A 씨는 메탄올과 물을 9대1의 비율로 섞은 것으로 파악됐다. 실내에 퍼져 있는 메탄올 증기를 마신 A 씨는 복통, 구토, 어지럼증 등 급성 중독 증상을 보였다.

이란에서 일어난 대참사는 뜨거운 위스키와 꿀이 코로나 바이러스를 제거했다는 한 일간지 보도, SNS를 타고 도는 경험담과 공유들, 음주가 금지된 환경에서 이를 응용한 나름의 해법, 거기에 악덕 상혼까지 겹쳐 일어난 비극이었다. 이것은 최소한의 확인조차 안 한 인지적 게으름의 결과라고 할 수 있다.

코로나19와 같이 처음 겪어보는 전염병이고 짧은 기간 내에 그 치료법도 기대하기 어려운 불확실한 상황에서 우리는 많은 것, 그리고 가능한 한 모든 것을 알고 싶어 한다. 그리고 실제로 우리는 24시간 계속 돌아가는 뉴스채널, 유튜브 그리고 카톡이나 페이스북 등 SNS를 통해 끊임없이 절대적으로 많은 양의 정보를 접한다. 그리고 그중에는 한 눈에 혹할만한 정보들도 많다. 역설적으로 이렇게 많은 정보를 접하다 보니 특정의 정보를 검색하고 확인하는 과정은 생략하는 경우가 많다. 그리고 이런 경향들은 점점 내면화되기 쉽다. 그러다 보니 남들이 알려준 정보, 그리고 소셜미디어에 의해 이미 맞춤화된 정보에만 익숙해져 가고 의식적으로 혹은 능동적으로 정보를 추구하는 행동을 하지 않는다. 소위 말하는 인지적 귀차니즘이다. 가짜뉴스는 이러한 인간의 패턴에 최적화되어 있다.

그래서 일반적인 정보는 물론이지만 한눈에 혹하는 정보를 접했을 때 심호흡을 한번 하고 조금이라도 그것을 확인하는 일이 필요하다. 그리고 스스로에게 질문을 던질 필요가 있다. 특히 SNS를 타고 도는 정보를 행동으로 옮기기 전에 '내가 지금 하게 될 일은 내가 잘 알고 있는 것인가, 그리고 그 결과를 생각해 봤는가'라고 말이다.

# 4장
# 십중팔구가 거짓인 허위사실 레시피
## : 어떤 가치나 관점을 담고 있는가

세상에 존재하는 현상이나 문제에 대한 언어적 진술은 크게 두 가지로 나눌 수 있다. 하나는 사실적 진술이고 다른 하나는 주관적인 가치판단이 들어간 의견적 주장, 즉 신념, 가치, 사실 자체에 대한 해석들이다. 사실과 의견은 모두 사람들이 주변의 세계를 이해하는 데 도움을 주는 정보들이다.

사실은 무슨 일이 일어났는지 혹은 어떤 것이 존재하는지에 대한 정확한 기록이다. 따라서 품격 있는 뉴스는 사건들을 전달하는 데 필요한 반론의 여지가 없이 확실한 정보에 초점을 맞춘다. 여기에는 관련된 사람들, 사건이 일어난 장소, 부가적인 중요한 세부사항들과 증거 등이 포함된다.

사실적인 뉴스나 정보는 경우에 따라 분석이 포함되거나 분석에 의해 보완된다. 즉 공인된 전문가나 학계 인사 등 확인 가능하고 신뢰할 만한 취재원을 제시한다면 사실일 가능성이 높다. 이것은 특정인의 관점을 반영한 의견과 엄연히 다르다. 그 목적은 독자나 시청자가 사실의 의미를 잘 이해하도록 설명하는 데 있다. 분석이 각기 다른 관점을 가진 사람들로부터의 인용을 포함할 수도 있지만 그 분석의 목적은 확신을 심어주기 위한 것이 아니라 설명하기 위한 것이다.

의견은 사건이나 사실의 의미나 영향에 대한 해석으로 개인이나 집단의 주장 혹은 입장이 반영되어 있다. 특히 의견은 특정의 주제에 대한 구체적인 관점의 반영이며 다른 사람들에게 확신감을 심어줄 수 있다. 따라서 의견이나 가치판단은 결론의 옳고 그름이 아니라 그 결론을 정당화하기 위해 제시된 근거의 타당성을 먼저 평가해야 한다. 또 의견이나 주장은 사실에 의해 뒷받침되고 있는지 확인해야 한다.

그러나 가짜뉴스는 다르다. 처음부터 사실성의 원칙을 배제한다. 사실에 기초한다면 가짜뉴스 자체가 성립이 안 되기 때문이다. 노련한 가짜뉴스 제조자들은 온갖 분야에 널려있는 편집된 진실, 숫자, 스토리, 맥락, 바람직성, 도덕성 등을 적극적으로 활용하고 세상에 대한 특정의 관점을 강조함으로써 현실을 재구성하는 트릭을 쓴다.[1]

## 18. 핵심내용은 사실인가 의견인가, 의견이라면 그 근거는 있는가

코로나19와 관련된 가짜뉴스의 도드라진 특징 중의 하나가 가짜뉴스 속에 있는 모든 내용이 100% 가짜가 아니라는 점이다. 즉 사실의 단편과 거짓이 뒤섞여 혼란을 준 다음에 결정적인 가짜뉴스를 만들어낸다. 사실의 일부 조각을 넣긴 하지만 핵심 주장과 전혀 관련이 없거나 기만된 사실일 뿐이다. 그나마 가짜뉴스 속에 일부라도 사실을 포함시키는 것은 거짓이 사소한 사실의 조각과 함께 어우러질 때 사람들은 조언의 나머지 부분도 사실일 것이라고 믿는 경향이 강하다는 일종의 전략적 트릭이다. 이는 뉴욕 타임스가 분석한 가짜뉴스 제조 원칙에도 나오는 방법이다.

미국의 3대 팩트체크 기관 중의 하나인 스놉스의 알렉스 카스프락(Alex. H. Kasprak)은 "'거짓'인 것들이 합리적이거나 진실된 것들과 혼합될 때 사람들을 혼란스럽게 하고 어떤 경우에는 조언의 나머지 부분도 타당하다고 생각하게 만든다."라고 말한다.[2]

최근의 가짜뉴스, 특히 코로나19에 관한 가짜뉴스는 이런 수법을 패턴화하고 있다. 오도성 주장을 하기 이전에 사실의 작은 조각들로 연막을 친다. 여기에서 사용한 사실은 실제의 사실이 아니라 '구색 맞추기용 사실'이다. 문제는 이 구색 맞추기용 사실도 사실이 아닌 경우가 많다는 것이다. 그것이 사실이 아니라면 주장이라고 하는 것은 전혀 의미가 없어진다. 그래서 주장에 앞서 제시하는 구색용 사실이 실제 사실인지 아닌지를 확인하는 과정이 필요하다.

### 문재인 대통령 후보와 악수한 사람은 당연히 이만희 총재?

유튜브 채널 가로세로연구소(이하 '가세연')는 2020년 3월 3일, "충격단독: 문재인 이만희-야바위 의혹"이라는 제목의 방송을 내보냈다.[3] 문재인 대통령과 신천지 이만희 교주와의 관계를 조명하는 부분 등 여러 편의 에피소드를 다루면서 전체 1시간 1분이라는 긴 시간을 할애했다.

이 유튜브를 방영한 날짜인 3월 3일 전후는 우리나라가 코로나19의 확진자 증가로 상황이 급박하게 돌아가는 시기였다. 2월 18일

신천지 대구교회의 31번째 환자의 코로나19 확진이 확인되고 이후 신천지 교인들의 감염이 급속하게 확산되고 있었다. 급기야 신천지 교회 이만희 총재가 3월 2일 기자회견을 개최했다. 3월 3일 당일에는 확진자가 5,000명을 넘어섰다.

우선 '문재인 이만희 야바위 의혹'이라는 유튜브의 제목부터가 자극적이다. 문재인 대통령과 이만희 총재가 모종의 뒷거래를 하고 있는 듯한 인상을 주기에 충분하다. 그리고 문재인 대통령이 양손에 컵을 이리저리 흔들고 있는 모습은 문재인 대통령이 야바위꾼으로서 전체 상황을 주도하고 있음을 시사하고 있다.

가세연은 시작 멘트에 이어 전날 기자회견에서 보여준 이만희 총재의 모습을 패러디하듯 왼쪽 손목의 시계를 클로즈업하고 큰절

을 올리는 장면으로 시작을 한다. 그러면서 이만희 총재의 기자회견과 큰절 두 번, 박근혜 전 대통령의 이름이 찍혀있는 손목시계 클로즈업 장면 등을 언급하면서 '뭔가 연출된 것 같다'는 뉘앙스의 이야기를 한다. 그러고 나서 상당한 분량의 시간을 이만희 총재가 차고 나온 시계가 박근혜 전 대통령이 준 시계가 맞는지 등에 할애하고 문재인 대통령과 이만희 총재의 관계를 언급하기 시작한다.

이 에피소드에서 가세연의 강용석 소장은 "천지일보는 신천지에서 하는 신문이다"라면서 "천지일보가 신천지 교회의 신문"이라고 밝힌다. 이와 함께 2012년 대선 당시 천지일보의 기사들을 보여주면서 천지일보가 문재인 대통령 후보의 광고를 많이 실었고 또 기사에서도 문재인 대통령 후보를 긍정적으로 다루고 있음을 강조했다. 어쨌건 2012년 대선 당시 문재인 대통령 후보가 천지일보의 기사에 나온 것은 사실이다. 구색 맞추기용이다.

공동 진행자인 김용호 연예부장은 한 장의 사진을 보여주면서 "왼쪽에서 악수하는 사람이 이만희입니다."라고 멘트한다.[4] 그리고 다시 한번 더 "왼쪽에서 악수하는 사람이 이만희입니다."라고 강조한다. "〈천지일보〉 기사이니 틀릴 수 없어요. 문재인이 저거 자기 아니라고 할 수 없겠죠?"라고 못을 박는다. 그럼 실제 사진이 나오는 기사를 보자.[5]

올곧은 글의 힘을 믿습니다
천지일보 TV광고4탄

천지일보

≡ 뉴스홈 오피니언 정치 국제 사회 경제 문화 종교 전국 포토 천지TV 피플+

정치

국회·정당 | 정치일반 | 청와대·총리실 | 북한 | 외교·통일

HOME > 정치 > 정치일반

## 문재인 측 "개성공단 방문 불허, 전향적으로 재검토해야"

유영선 기자 (sun@newscj.com) | 승인 2012.10.14 22:06 | 댓글 0

▲ ©천지일보(뉴스천지)

사진에서 오른쪽에서 악수하는 사람은 문재인 대통령 후보가 맞다. 2012년 대통령 선거 때 서울 용산구 효창운동장에서 열린 '제30회 대통령기 이북도민 체육대회' 참석 장면이다. 그런데 손을 맞잡고 있는 사람, 즉 이만희 총재라고 지적된 사람은 얼른 봐서도 수긍하기 힘들다. 언론에 보도된 이만희 총장은 2020년 기준으로 한국 나이가 90세인데 8년 전이라고 해도 80세가 넘는다. 사진 속의 인물은 아무리 늙게 봐도 80대로 보기는 어렵다.

누가 보더라도 문제를 제기할 듯싶은데, 이런 의문은 풀어주지 않는다. 대신 이 방송의 김세의 대표나 강용석 변호사가 옆에서 "어유~, 양손 잡고 아주 반갑게. 너무 잘 알고 있는 사람하고 인사하고 있는 것 아녜요."라고 추임새를 넣는다. 김 부장은 다음과 같이 덧붙인다. "저 사진 이전부터 찾아놓고 있었는데, 안 찾아놨으면 큰일 날 뻔했네요."

여기서 가세연 측이 '큰일'이라고 하는 것은 이만희 신천지 총회장이 박근혜 청와대 시계를 차고 나온 것이 알려지면서 신천지와 박근혜 대통령, 그리고 현 미래통합당의 전신 새누리당의 관계가 새삼 주목받는 것을 말한다.[6] 문재인 당시 대통령 후보도 이만희와 만났고, 잘 아는 사이로 보이니 피장파장이라는 것이다.

그러면서 두리뭉실 넘어간다. 그리고 다시 한마디 더하면서 기정사실화한다. "이런 게 있기 때문에 아무리 신천지를 우파 진영과 엮으려고 해도 이런 것에 발목을 잡히는 거예요"라고 맞장구를 친다. 그러면서 (신천지 이만희 총재와 문재인 대통령 후보 간의 관계를 보여주는) "대표적인 사진이 있잖아요"라고 하면서 문제의 사진을 내보인다. 눈 하나 까딱하지 않고 왼쪽에서 악수하는 사람이 이만희라고 천연덕스럽게 확신을 내보인다. 이어서 양손을 꽉 잡고 인사하는 게 너무나 잘 알고 있는 사람들 간의 인사라고 추임새를 넣는다.

여기에서도 구색 맞추기용 사실을 제시했지만 이 사실 조각은 어떤 면에서 오도성 주장을 하는 데 핵심 내용이다. 이것이 사실이 아니면 주장 자체가 완전히 무너지기 때문이다. 실제로 사실이 아니기 때문에 이 동영상은 가짜뉴스가 된다.

8년 전의 이 기사를 작성한 유영선 기자는 경향신문과의 통화에서 사진 속 인물이 이만희 총회장이 아님을 확인했다.

> "… 확인했는데 이만희 총회장 아닌데요. 저도 연락받고 찾아봤습니다. 과거 그런 사진을 찍은 기억이 없어서요. 그런 이야기가 왜 나오는지 이해되지 않습니다."

그러면서 기자와 통화 말미에 "정치적으로 이슈화된 것이 아닌지 모르겠다"는 걱정을 덧붙였다. 아닌 게 아니라 가세연 방송 하루 뒤인 3월 4일, '뉴스1'이 전송한 사진을 보면 심재철 미래통합당 원내대표와 성일종 의원이 임시국회에서 이 사진을 두고 뭔가 논의하는 장면이 포착됐다.

사진 유포 경위를 찾아보면 가세연이 이 방송을 하기 전인 2월 27일 커뮤니티 사이트 디시인사이드 코로나 바이러스 갤러리에 유동닉(익명)으로 해당 기사 사진이 최초로 올라온 것이 확인된다. "이만희+문재인 떴다!!"라는 제목이다. 사진은 루리웹, 와이고수, 펨코 등의 인터넷 커뮤니티에 퍼졌다.(일각에서는 거의 비슷한 시차에 사진이 등록된 것을 두고 "작전세력이 있는 것이 아니냐"는 의심이 나왔다.) 그러나 "이만희가 아니지 않냐"는 누리꾼 자정으로 이 밈(meme)의 확산세는 사실상 멈췄다.

팩트체크 매체인 '뉴스톱'도 이만희 사진이라는 주장이 사실이 아닐 가능성이 높다고 보도했다.[7] 가세연의 해당 영상에도 의문을 표시하는 댓글이 올라왔지만 가세연 측은 답변 없이 침묵했다. 3월 6일 현재 영상은 여전히 수정되지 않고 남아있다.

가세연이 3월 3일에 방영한 '문재인 이만희 야바위 의혹' 유튜브는 '거짓말의 주변은 작은 진실들의 파편들로 둘러치면 수월하게 신뢰를 얻을 수 있다'는 뉴욕 타임즈가 밝힌 가짜뉴스 제조법칙 제3번을 그대로 적용하고 있다. 여기에 구색 맞추기용으로 얼버무린 사실은 2012년 대선 당시 천지일보에서 실은 문재인 대통령 후보에 대한 기사 몇 조각들이다. 쉽게 구할 수 있는 언론의 기사들이다. 그러나 천지일보가 신천지 교회 소유라는 점을 언급하면서 흔하디 흔한 기사를 신천지와 문재인 당시 대통령 후보의 관계가 있는 듯이 몰고 간다.

여기서 하이라이트는 가세연 출연진들이 제시한 신문기사의 사진에 나오는 문재인 당시 대통령 후보와 이만희 총재 간의 악수 사진이다. 만일 이 사진이 없다면 1시간 넘게 진행한 유튜브 방송은 전혀 의미가 없어진다. 그런데 그 사진은 가짜였다. 그 전제가 무효가 되었기 때문에 이 전체는 가짜가 된다.

여기서 가장 중요한 것은 주장을 사실로 만든 사실의 조각이 무엇이고 몇 조각으로 되어 있는가, 그중 사실인 것은 몇 개인가를 먼저 확인해 보는 일이다. 여러 가지 사실 조각들이 얽혀 있을 경우 그중 한 조각이 사실이라 하더라도 전체가 사실인 것처럼 오인하기 쉽다.

## 19. 메시지 내용이 상황과 맥락에 일치하는가

정보의 신뢰성이나 진위 여부를 판별할 때는 전체적인 내용, 즉 맥락을 파악하는 것이 중요하다. 맥락은 어떤 사물이나 현상이 서로 이어져 있는 관계를 말한다. 특히 소셜미디어는 지금껏 다른 어떤 미디어보다도 사람들 간의 연결을 용이하게 만들었지만 정보가 한 사람에게서 다른 사람에게로 이동하는 과정에서 정보의 수정 및 변조를 쉽게 할 수 있는 시대를 열었다. 사진, 비디오, 인용문, 사운드 바이트, 뉴스 기사조차도 맥락을 벗어난 채 해석될 위험에 직면해 있으며 공유나 재게시로 인해 변경이나 수정될 위험을 안고 있다.

맥락이 제공되지 않은 동영상이나 이미지로는 현상을 제대로 파악할 수가 없다. 동영상이나 이미지의 경우는 장면 배치를 다시 하거나, 순서를 바꾸거나, 다른 구도에서 재사용하거나 하는 것이 너무나 간단하다. 특히 소셜미디어는 특성상 길고 복잡한 내용을 다루는 데 한계가 있기 때문에 어느 한 부분만 게시되는 경우가 많고 그것이 전체인 양 오인되기 쉽다. 따라서 전체 내용을 확인하기 전에 어느 한 부분을 가지고 쉽게 판단을 내려선 안 된다.

호응이란 단어가 있다. 본래 '부름에 응답한다'는 뜻이지만 문장론에서 말하는 호응은 문장 안에서 앞에 어떤 말이 나오면 그 뒤를 어울리는 말로 맞추는 것을 말한다. 예를 들어 '나는 우유를 마신다'라고 쓰면 우유와 마신다는 호응을 이루기 때문에 정확한 문장이 된다. 그런데 '나는 바나나를 마신다'라고 쓰면 바나나와 마신다가 호응을 이루지 못해서 잘못된 문장이 된다. 여기에서는 우유나 바나나라는 목적어와 마신다라는 술어의 관계만 살펴본 것이지만 주어와 술어의 관계에서도 잘못된 만남이 일어나는 경우가 많다. 이렇듯 주어나 술어 혹은 목적어와 술어 간에 호응을 이루지 못한 문장을 비문이라고도 한다.

이런 잘못된 만남은 문장의 요소들 간에만 나타나는 것이 아니라 사실들과의 관계, 그리고 어떤 사물이나 현상이 이어져 있는 맥락의 연결에서도 자주 나타난다. 특히 사실들과의 잘못된 만남은 가짜뉴스에서 자주 보이는 특징이기도 하다. 거짓인데도 불구하고 사실인 것처럼 꾸며야 하는 데서 오는 한계라고 할 수 있다.

### 기재부와 제약회사 사장들 회의는 이뤄질 수 없는 '잘못된 만남'

우리나라에서 코로나19가 급속도로 확산되던 무렵인 2020년 2월 27일 '오늘 기재부주관 제약회사 사장들과의 회의 참석 후 썸머리(요약)'라는 제목의 글이 SNS를 타고 퍼졌다.[8]

이 글에는 '환자는 산소를 불어넣는 치료를 하는데 폐기능이 약한 사람은 방법 없이 방치', '백신은 4월경이 되어야 나올 것', '4월까지 대부분 여행사 부도', '우리나라는 4월이 피크가 될 것' 등의 내용이 담겨 있었다. 이 글은 '받은글' 형식으로 카카오톡을 통해 퍼졌는데, 글 양식이 마치 회의에 참석한 사람이 정리한 것처럼 돼 있다. '제약회사'와 '기재부'라는 공신력 높은 키워드 덕에 이 글은 사실인 양 빠르게 전파됐다. 2020년 2월 27일이면 대구 · 경북 지역을 중심으로 확진자 수가 급격히 증가하던 무렵으로 많은 국민들이 코로나19에 대한 두려움과 불안이 교차했던 시기라는 점을 고려하면 어쩌면 혹할 수 있는 그런 정보였다.

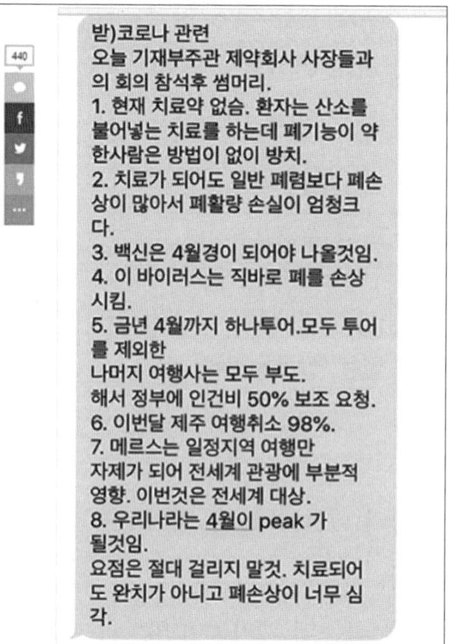
받)코로나 관련
오늘 기재부주관 제약회사 사장들과의 회의 참석후 썸머리.
1. 현재 치료약 없슴. 환자는 산소를 불어넣는 치료를 하는데 폐기능이 약한사람은 방법이 없이 방치.
2. 치료가 되어도 일반 폐렴보다 폐손상이 많아서 폐활량 손실이 엄청크다.
3. 백신은 4월경이 되어야 나올것임.
4. 이 바이러스는 직바로 폐를 손상시킴.
5. 금년 4월까지 하나투어.모두 투어를 제외한
나머지 여행사는 모두 부도.
해서 정부에 인건비 50% 보조 요청.
6. 이번달 제주 여행취소 98%.
7. 메르스는 일정지역 여행만
자제가 되어 전세계 관광에 부분적 영향. 이번것은 전세계 대상.
8. 우리나라는 4월이 peak 가 될것임.
요점은 절대 걸리지 말것. 치료되어도 완치가 아니고 폐손상이 너무 심각.

가짜뉴스. 사진 온라인커뮤니티 캡처

카카오톡을 통해 이 글을 접한 직장인 박 모(35) 씨는 "이런 식으로 퍼지는 글들이 모두 사실이 아니라는 것은 알지만 불안한 상황이다 보니 일단 정독을 하게 됐다"고 말했다.[9] 그는 "기재부와 제약회사 사장들이 만났다고 하니 '그럴듯한 일'이라는 생각에 믿음이 갔고, 고작 결론이 '절대 걸리지 말 것'이라고 하니 정부 탓을 하기 좋아 더 빨리 유통된 것 같다"고 덧붙였다.

그러나 이 글은 완벽한 가짜뉴스다. 기획재정부는 "회의 자체가 없었다"고 밝혔으며, 제약회사 190여개가 모인 한국제약바이오협회에서도 "기재부와 제약사 사장단이 만난 전례도 없다"고 말했다. 이 글의 내용 중에는 전문적인 의학 용어까지 포함되어 있어 일반인들이 진위 여부를 구분하기가 쉽지 않았다. 먼저 전문가의 시각을 빌려 내용을 한번 검증해 보자.

먼저 2번으로 되어 있는 항목에서 '치료가 되어도 일반 폐렴보다 폐 손상이 많아서 폐활량 손실이 엄청 크다'고 나온다. 이는 코로나19가 완치되어도 후유증으로 인한 폐섬유화 현상 때문에 폐가 망가진다는 것이다. 그러나 전문가들은 일관되게 "일반화할 수 있는 사실이 아니다"라고 주장한다.[10] 즉 폐섬유화는 코로나19 감염자 중에서도 '폐렴 증상'이 나타난 일부 환자들에게만 보인다는 게 현재까지의 의학적 정설이다. 따라서 이는 사실과 다르다.

다음으로 3번 항목에서 '백신이 4월경에 나온다'라는 언급이 있다. 이에 대한 정확한 근거는 없다. 다만 미국 연구팀이 4월 말에 1차 임상실험을 시작할 것이라는 내용이 언론에 보도된 적은 있다. 4월에 백신이 나온다는 말과 결이 다르다. 우리나라에서 비밀리에 백신을 따로 개발하고 있지 않은 한 이것은 가짜뉴스일 가능성이 크다.

5번과 6번 항목의 경우도 사실이 아니다. 한국여행업협회는 "대부분의 여행사가 부도난다는 건 가짜뉴스"라고 반박했다. 그러면서 "고용부에서 고용유지지원금 제도를 운영하지만 1인당 1일 6만 6,000원 수준"이라며 "정부에 인건비 50% 보조 요청을 했다는 건 터무니없는 이야기"라고 설명했다. 이어 "제주도 여행취소 98%도 항공 취소인지, 예약 취소인지 불분명한 데다 신빙성이 떨어진다"고 밝혔다.

이 글의 내용 자체가 사실이 아니거나 의심스러운 부분이 많지만 가짜뉴스임을 시사하는 가장 결정적인 요소는 사실들 간의 호응이 이루어지지 않는 데 있다.

기획재정부는 우리나라의 경제정책, 예산, 세재 등을 총괄하는 정부부처이다. 조금 더 구체적으로 들어가면 거시경제의 안정적 운용과 경제정책의 합리적 조정, 국가재원의 효율적 배분과 재정 건전성 확보, 공공기관의 혁신, 합리적 조세정책, 국제금융 · 대외 협력 강화 등의 업무를 수행한다. 그리고 제약회사는 말 그대로 의약품을 만들어 판매하는 회사이다.

그런데 기재부와 제약회사 사이에는 역할상 접점, 즉 연관성이 없다. 코로나19라는 비상 상황을 고려해서 뭔가 억지로 접점을 만든다 치면 제약회사들이 코로나19 백신 개발을 위해 규모가 큰 국가 예산 지원 정도를 생각해 볼 수 있다. 이를 십분 인정해서 만남이 필요하다 해도 그것은 기재부가 아니라 보건복지부가 되어야 한다. 결과적으로 기재부와 제약회사 사장들의 만남은 기본적인 연관성을 찾기 어려운 잘못된 만남일 수밖에 없다.

이러한 문제는 세부 내용을 통해서도 드러난다. 1번과 2번, 그리고 4번에는 코로나19 증상과 구체적인 치료방법이 나온다. 기재부와 제약회사 사장들 간의 만남이 실제로 있었다 해도 전문적인 분야의 내용이기 때문에 중요 안건으로 다뤄질 수 있는 사안들이 아니다. 3번 백신개발 일정 역시 이 회의에서 다뤄질 수 있는 사안이 아니다. 5번부터 7번까지는 관광 및 여행업에 관한 이야기다. 관련 업계의 부도나 지원 등의 얘기가 나오지만 이 부분은 문화체육관광부 소관이다. 기재부와 제약회사 사장들 간에 만나서 논의될 수 있는 주제가 아니다.

이런 몇 가지 정황을 종합할 때 맥락이 전혀 닿지 않는다. 여러 정부부처 수장들이 모이는 국무회의 회의 내용이라면 어느 정도 이해가 갈 수도 있지만 이는 맥락이 전혀 닿지 않는 말이다. 한마디로 '양복 입고 갓 쓴 격'의 가짜뉴스다.

### 불특정 다수를 대상으로 한 인도 의사의 코로나19 가짜 처방전

2020년 6월 12일, 인도의 딘 다얄 아가왈(Din Dayal Aggarwal)이란 사람의 페이스북에 델리시에 소재한 서 강가람 병원(Sir Ganga Ram Hospital) 의사의 코로나19 처방전을 찍은 사진이 올라왔다.[10] 이 병원의 마취과 수석 컨설턴트인 라즈 카말 아가왈(Raj Kamal Agarwal) 의사 명의로 된 것이었다.

2020년 6월 11일 기준으로 인도는 1일 확진자가 1만 명을 넘어서는 시기로 총확진자 수 287,155명 사망자 8,107명 등 코로나19가 점점 더 심각해지는 단계였다.[11] 처방전의 내용은 이렇게 되어 있다.

'관심을 가질 누군가에게(TO WHOM IT MAY CONCERN)'

ICMR*의 가이드라인에 따라 코로나19 양성 확진자들은 가벼운 증세만 있다 할지라도 자가격리를 유지해야 합니다. 모든 사람은 사회적 거리두기, 손 위생, 그리고 마스크 착용을 해야 하고 그와 별도로 아래와 같이 하이드록시클로로퀸, 비타민C, 아연, 크로신과 칼폴, 세트리진 등의 처방약들을 갖출 것을 권장합니다.

---

* ICMR은 인도의료연구협회(Indian Council of Medical Research)의 약칭이다.

그리고 오른쪽 하단에는 아가왈 의사의 이름이 선명하게 찍힌 스탬프와 서명이 들어가 있다.

인도의 영문 주간지 인디아 투데이가 서 강가람 병원에 문의한 결과 병원 측은 “누군가가 처방전 메모, 스탬프 및 서명을 위조한 것”이라면서 “마취과 의사인 아가왈에게는 처방전이 지급되지 않는다”고 밝혔다.[12] 당사자인 아가왈 의사 역시 “자신은 처방전을 쓸 일이 없으며 누군가 자신의 명예를 훼손하기 위해 스탬프와 서명을 위조했다”고 말했다.

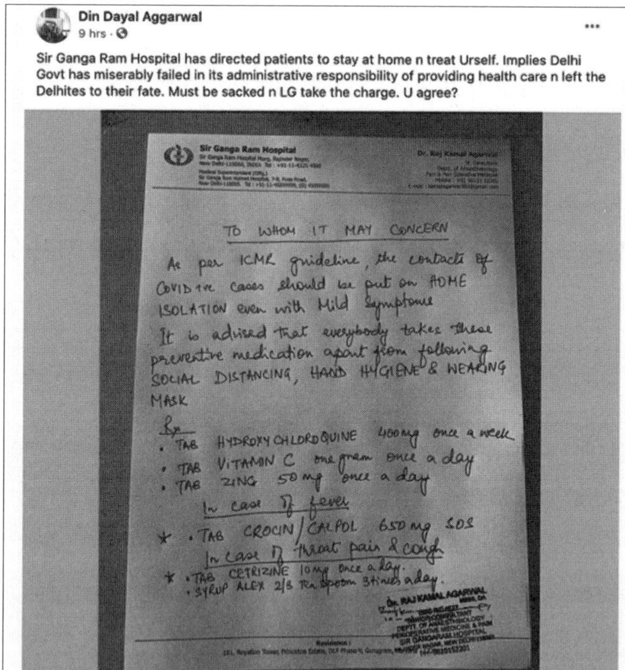


An archived version can be seen here.
*(Source: Facebook)*

그럼 내용을 한번 살펴보자. 우선 처방전에 나오는 약품들 중에서 하이드록시클로로퀸은 트럼프 미국 대통령이 신종 코로나바이러스 감염증(코로나19) 예방 · 치료제로 극찬하면서 복용한 약품이다. 그런데 효력이 충분히 검증되지 않아 부작용 우려가 높은 것으로 알려진 약품이다. 의학 전문지인 랜싯은 2020년 5월 25일 이 약을 복용할 경우 심장질환으로 사망할 위험이 있다고 보고한 바 있다.[13] 세계보건기구가 2020년 6월 3일 하이드록시클로로퀸에 대한 임상 실험을 재개한다고 밝혔지만 공식 승인된 약품은 아니다. 다만 인도의 경우 증세가 심각한 감염자를 대상으로 의사의 처방이 있을 경우 부분적으로 복용을 용인하고는 있다.[14] 이른바 동정적 사용*에 의한 허용이다.

병원 측이 해명한 것처럼 마취과 의사는 약을 처방하지 않는다. 따라서 처방전을 쓸 일도 없는 셈이다. 이 처방전에서 보이는 가장 결정적인 가짜뉴스 요소는 제목의 내용이다. 일반적으로 처방전은 특정의 환자에게 필요한 약을 제시한 문서이다. 그래서 환자의 구체적인 이름이 들어가야 한다. 우리나라의 경우도 환자를 오인하지 않도록 처방전의 맨 첫 부분에 환자의 이름을 명기하고 그 처방과 환자를 확인하도록 되어 있다. 그런데 이 메모에는 환자의 이름을 명기해야 할 부분에 '관심이 있을 누군가에게(TO WHOM IT MAY CONCERN)'라는 불특정 다수를 지칭하고 있다. 이는 아주 기본적인 사항을 어긴 내용이다.

---

* 달리 치료할 방법이나 약품이 없는 중증 환자들에게 인도주의적 차원에서 미승인 약물을 투여할 수 있게 허용한 제도

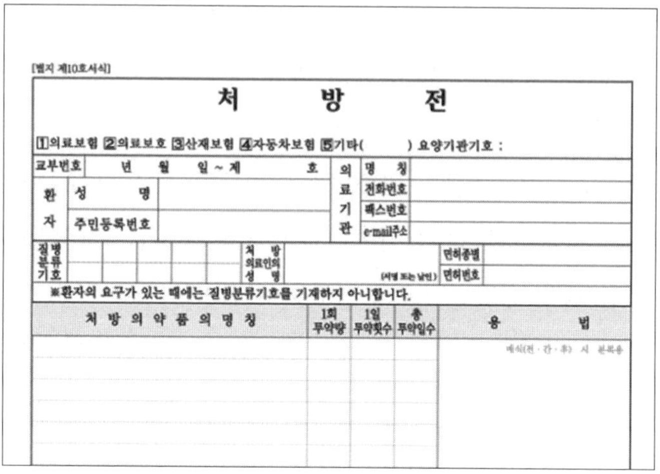

[별지 제10호서식]

처 방 전

1의료보험 2의료보호 3산재보험 4자동차보험 5기타(        ) 요양기관기호 :

| 교부번호 | 년 월 일 ~ 제 호 | | 의료기관 | 명 칭 | |
|---|---|---|---|---|---|
| 환자 | 성 명 | | | 전화번호 | |
| | | | | 팩스번호 | |
| | 주민등록번호 | | | e-mail주소 | |

| 질병분류기호 | | | | | | 처 방 의료인의 성 명 | (서명 또는 날인) | 면허종별 | |
|---|---|---|---|---|---|---|---|---|---|
| | | | | | | | | 면허번호 | |

※환자의 요구가 있는 때에는 질병분류기호를 기재하지 아니합니다.

| 처 방 의 약 품 의 명 칭 | 1회 투약량 | 1일 투약횟수 | 총 투약일수 | 용 법 |
|---|---|---|---|---|
| | | | | 매식(전 · 간 · 후) 시 분복용 |

그리고 마지막에 나오는 서명 부분이다. 서명은 의사가 자신이 처방을 했다는 것을 분명하게 밝히고 또 그에 대한 책임을 진다는 의미를 가지고 있다. 그런데 어떤 의사가 구체적인 환자도 지명하지 않고 그에 대해 책임을 진다는 서명을 할 수 있을까. 이 역시 해당 처방전이 허위라는 것을 보여준다. 즉 제목에 나오는 것처럼 불특정 다수를 대상으로 했다면 서명을 해서는 안 된다. 역으로 실제 서명을 했다면 구체적인 환자의 이름이 명기되어야 한다. 결과적으로 제목과 서명이 서로 호응을 이루지 못하고 있다.

### 정부 부처나 금융 당국을 사칭한 코로나19 보이스피싱

코로나19는 과거와 전혀 다른 상황을 만들어내고 있다. 알 수 없는 불안과 두려움, 사회적 거리 이런 여러 요인들이 사람들을 짓누르고 스트레스를 부여한다. 물론 경제적으로도 막대한 타격을 입고 누구에게나 어려운 시기이다. 그래서 정부와 지자체는 재정적 부담을 안으면서도 다양한 형태의 재난 지원금을 풀고 있다. 다른 측면에서 보면 사기꾼들에게는 이렇듯 좋은 기회는 없다. 코로나19로 전 국민이 어려움을 겪고 있는 가운데 사기꾼들은 코로나바이러스를 악용한 새로운 디지털 사기술을 펼치고 있었다.

그러나 비상 상황에서도 지켜져야 할 기본적인 원칙이 하나 있다. 정부부처, 공공기관, 지자체, 공식적인 금융기관은 개개인에게 돈을 입금하라거나 금융정보를 요구하지 않는다는 점이다. 따라서 위에 열거된 기관들이 특정의 개인을 상대로 돈을 요구하거나 계좌번호, 비밀번호 등과 같은 금융정보를 요구하면 그 자체가 가짜이며 사기다.

코로나바이러스 전염병에 의해 발생하는 또 하나의 일반적인 피싱 사기는 정부가 누군가에게 온라인 코로나 바이러스 테스트를 요구한다고 주장하는 가짜 이메일과 텍스트를 보내고 특정 링크를 클릭하게 하는 방법이다. 이러한 텍스트는 링크를 클릭하면 사기꾼이 컴퓨터에 맬웨어를 다운로드하여 중요한 개인 정보에 접근할 수 있다.

최근 미국에서는 정부 기관, 특히 국세청(Internal Revenue Service)을 사칭한 사기가 많이 나타나고 있는 것으로 알려졌다. 대체로 국세청에서 링크를 통해 긴급재난지원금에 대한 정보를 확인하도록 요청하는 텍스트로 시작된다.[15]

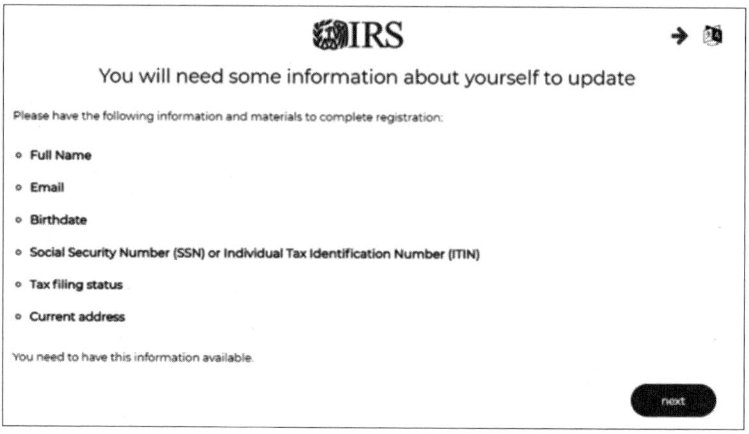


클릭을 하고 나면 링크는 실제로 국세청 홈페이지처럼 보이는 곳으로 안내한다. 그리고 각 항목을 열거하고 이름, 이메일 주소, 생년월일, 세금 신고인 신분사항[*], 사회보장번호 등을 입력하게 만든다. 그러나 개인정보를 입력하면 실제 국세청 웹사이트로 리디렉션되어 사기에 대한 의심을 풀게 만든다. 그러나 개인정보는 이미 다 노출되어 버린 상태다.

우리나라 정부와 지자체에서 경기 부양책과 지원을 위한 특별 재난 지원금이 지급되고 있다. 또 중소 상공인들을 위한 지원금이나 대출도 시행되고 있다. 어쩌면 거의 모든 나라에서 처음으로 실시한 정책이다 보니 그 과정에서 오류가 일어날 수도 있다. 특히 지자체에서 실시하는 재난 지원금의 경우 자격 기준이 적용되

* 예를 들면 싱글인지, 부부합산 신고인지, 부부 별도 신고인지 세대주인지 혹은 부양자녀가 있는 미망인인지 등의 구분을 하게 하는 것으로 이 시문에 따라 과세금액과 환급세액이 달라진다.

기 때문에 그 기준에 부합하지 않는 사람들에게 접근해 "아는 사람한테 말해 재난 지원금을 받을 수 있게 해 주겠다"며 중개료나 수수료를 요구할 수도 있다. 또 중소 상공인이나 영세 업자들에게도 "아는 사람을 통해 대출이 빨리 이루어지도록 하겠다"든지 "이율을 싸게 해 주겠다" 하는 등의 달콤한 말로 사기를 치는 사람들도 있을 수 있다. 충분히 예상 가능한 사기술이다.

2020년 5월 4일 강원도 원주지역에 거주하는 ㄱ씨는 신원을 알 수 없는 사람으로부터 전화를 받았다. 자신을 금융기관 직원이라고 소개한 이 사람은 "기존 대출금을 상환하면 코로나19 소상공인 정부지원금을 저금리로 대출해 주겠다"고 말했다.[16] 이어 신원 미상의 남성은 A씨의 카카오톡으로 신청서 양식을 보내준 뒤 필요금액을 기재하고 '코로나 상품'이라고 체크해 달라고 안내했다.[17]

이후 ㄱ씨는 전화를 걸어 온 사람이 시키는대로 새마을금고를 방문해 570만 원을 출금하려 했다. 사용처를 묻는 새마을금고 직원에겐 "다른 은행 직원이 돈을 받으러 올 것"이라고 설명했다. 보이스피싱임을 눈치챈 새마을금고 직원은 곧바로 112에 신고했다. 신고를 받고 출동한 경찰은 ㄱ씨와 함께 570만 원을 건네줄 것처럼 상대방을 유인해 돈을 받으러 온 ㄴ씨(25)를 검거했다.[18]

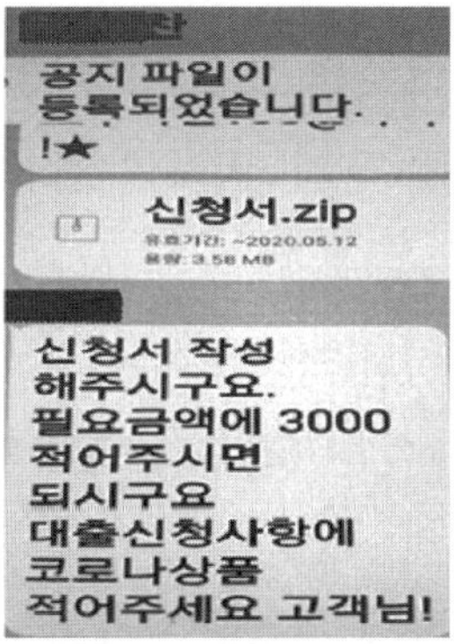


공신력 있는 기관이나 단체 이름을 빌려 전달되는 이메일이나 문자가 많이 늘고 있다. 정부 부처, 지자

체의 특정 부서, 은행 및 금융 감독기관 등의 이름으로 된 메시지를 받을 경우 확인을 할 필요가 있다. 처음에는 일종의 미끼로 평이한 안내나 유용한 정보를 제공해 줄지 모르지만 몇 번 반복한 후에는 다양한 사기술을 펼칠 수 있다. 최소한 직접적인 금전과 관련이 없을지라도 개인 정보를 빼내 사기를 칠 수가 있다. 일반적으로 정부나 지자체의 부서 또는 금융 관련 감독부서가 개인에게 직접 연락을 하는 경우는 없다.

## 20. 핵심 주장이 관련 내용을 충분히 반영했는가 일부만 비틀었는가

전체 사건이나 상황에서 특정의 일부만 선택해서 악의적으로 그것을 전체 의미와 다르게 왜곡하는 형태의 가짜뉴스가 있다. 이를 흔히 '악마의 편집', 좀 더 광의로는 '오도성 콘텐츠(misleading content)'라고 부른다.[19] 오도성 콘텐츠는 특정의 이슈나 개인을 특정한 방식으로 프레이밍하기 위해 사용되는 경우가 많다. 원래의 사진 이미지 중에서 특정 부분만 선택하여 잘라내는 것이나 전체의 인용문 중에서 특정 부분만 오려 인용부호를 붙이는 것, 그리고 통계 데이터 중에서 자신의 필요에 맞는 수치만을 선택적으로 사용하는 것 등도 같은 부류라고 할 수 있다.

이해를 돕기 위해 잠시 시야를 바꿔 422년 전의 남해 노량 앞바다로 가 보자. 정확한 날짜는 1598년 11월 19일이다. 이날은 정유재란으로 조선을 침략한 왜군이 도요토미 히데요시의 병사 소식에 철군을 서두르던 때였다. 이에 따라 이순신 장군은 왜군의 퇴로를 차단하고 마지막 전투를 준비하고 있었다. 치열한 전투가 벌어졌고 400여 척의 왜군 전선을 격파한 이순신 장군은 남해 방면으로 도망치는 왜군을 끝까지 섬멸하기 위해 추격전을 벌이던 중 적의 유탄에 맞아 전사를 하게 된다. 당시 이순신 장군은 적의 유탄을 맞고 전사하기 직전 휘하 장졸들에게 "나의 죽음을 적에게 알리지 말라"는 말을 남긴다.

이 상황을 어떻게 알았는지 임진왜란을 종군했던 일본 신문 기자가 다음 날 1면 톱으로 다음과 같은 제목의 기사를 실었다.

"이순신 장군의 거짓말 논란, 일파만파"

… 적장인 이순신 장군이 죽기 직전에 "자신의 죽음을 일본군에게 알리지 말라"는 말을 남겨 거짓말 논란을 낳고 있다….

왜군 종군기자는 하루 전날 벌어진 노량 전투를 제목에 나온 글로 압축해서 제시한 것이다. 이순신 장군이 전사 직전에 이 말을 남긴 것은 사실이다. 그러나 그 제목은 노량해전을 전적으로 왜곡했다.

## 악마의 편집용 단골소재가 된 빌 게이츠의 '2010년 테드 강연'

코로나19가 전 세계를 강타하는 가운데 마이크로소프트사의 창업자이자 세계적인 이슈메이커 빌 게이츠가 또 한번 집중 조명을 받고 있다. 영웅이자 악역으로서이다.

영웅으로서 관심은 그가 2015년의 테드 강연에서 코로나 바이러스가 창궐할 것을 미리 예견하고 이를 대비한 백신 개발에 대규모 지원을 해 왔다는 부분이다. 빌 게이츠는 2015년 4월 세계적인 지식 콘퍼런스인 테드(TED) 강연에서 "… 앞으로 몇십 년간 만약 무엇인가 천만 명이 넘는 사람들을 죽인다면, 그것은 아마도 전쟁이 아니라 매우 전염성이 강한 바이러스일 겁니다. 미사일이 아니고 미생물일 것입니다. 그 이유 중의 하나는 우리가 막대한 양을 핵억제력에 투자했다는 것입니다. 그러나 실질적으로 우리는 전염병을 멈출 시스템에 매우 적게 투자를 해왔습니다. 우리는 다음 전염병에 준비되지 않았습니다."라며 우려를 표했다.[20]

당시 이 강연은 그다지 큰 관심을 받지 못했다. 그러나 코로나19가 현실화되면서 빌 게이츠의 선견지명을 보여주는 듯한 강연내용이 알려졌고 거기에다 음모론 속 악당의 주인공으로 회자되면서 이 동영상은 최근까지 6,400만 번 이상 시청되는 기록을 세웠다.[21]

빌 게이츠는 실제로 백신 개발을 위한 지원을 아끼지 않았다. '빌 앤 멀린다 게이츠 재단'을 통해 에볼라 퇴치 등을 위해 기부해왔고 최근에도 코로나19 퇴치를 위해서도 3억 달러를 기부했다.[22] 그는 또 코로나19와 관련해서는 "95% 이상의 효과가 있는 백신이나 치료제가 개발될 때까지는 정상 생활로 돌아가긴 힘들 것"이라며 "지금부터 18개월 이내에는 정상 생활로 돌아가긴 힘들 것"이라고 내다보기도 했다.[23]

악역으로서 빌 게이츠에 대한 조명은 '코로나19를 창궐하게 한 장본인이고 그것을 통해 큰돈을 벌고 있다'는 것이다.[24] 빌 게이츠에 대한 가짜뉴스는 그 밖에도 많은데, 예를 들면 '코로나19 팬데믹이 국민을 통제하기 위해 계획적으로 만들어진 것이고 그 배후에 빌 게이츠'가 있다는 것이다. 또 '지구의 인구를 줄이기 위해 위험 덩어리인 백신 개발을 주도하고 있고, 사람들에게 백신 마이크로칩을 삽입하기 위해 바이러스를 만들어냈으며, 이를 위해 미국의 투자가 조지 소로스와 협력해 우한에 연구소를 세웠다'는 가짜뉴스까지 나왔다.[25] 이 같은 음모론은 각국의 언어로 번역되어 유튜브와 각종 온라인 커뮤니티를 통해 확산되었다.

야후 뉴스와 유거브(YouGov) 설문 조사의 결과에 따르면 미국인의 4분의 1과 공화당 지지자의 44% 이상이 빌 게이츠가 코로나19 백신을 이용해 사람들의 피부 아래 마이크로 칩을 심으려 한다는 음모 이론을 믿고 있는 것으로 나타났다.[26]

빌 게이츠에 관한 가짜뉴스들의 유형은 다양하지만 하나같이 빌 게이츠를 악역의 주인공으로 내세우기 위해 2010년의 테드 강연 일부를 인용한다. 지구의 인구를 줄이기 위해 위험 덩어리인 백신 개발을 주노하고 있다는 내용이다. 그렇다면 그 내용이 어떤 것인지 먼저 살펴보자. 강연은 전체 27분 정도 길이의 분량이지만 여기에서는 연관된 부분만 발췌, 인용한다.[27]

00:10 에너지와 기후 문제의 중요성. 기후 변화의 영향

01:02 에너지 문제의 중요성과 이산화탄소 배출의 관계

01:59 이산화탄소 배출과 지구의 온도 상승

03:16 지금, 우리는 매년 260억 톤 이상의 이산화탄소를 배출하고 있습니다. 미국인 1인당 20 톤 정도를 배출합니다. 빈곤국의 사람들은 1 톤 이하를 배출합니다. 지구 전체 인구로 환산하면, 1인당 5 톤 정도 되죠. 우리는 어떤 식으로든지 이 수치를 0으로 만들어야 합니다. 지속적으로 더 많이 배출해 왔습니다. 다양한 경제 변화들도 그 수준을 유지시키는 데 그쳤습니다. 우리는 급한 상향곡선을 그리고 있는 배출량을 하향곡선을 그리게 해야 하고 최종적으로는 0으로 만들어야 합니다.

03:51: 이 공식에는 네 가지 요소가 있습니다. 일종의 곱하기죠. 좌변에 있는 $CO_2$를 0으로 만들고자 합니다. 이것은 사람 수를 기반으로 수행되죠. 각 개인이 평균적으로 이용하는 서비스에, 각 서비스에 평균적으로 필요한 에너지와 단위 에너지당 생산되는 $CO_2$로 계산됩니다. 이제 각 요소를 살펴보고, 어떻게 0으로 만들 수 있을까 알아보죠. 아마도 이 중에는 거의 0에 가깝게 할 수 있는 것도 있을 겁니다. 고등학교 수학 시간으로 돌아가서 한번 살펴봅시다.

04:27 첫 번째는 인구입니다. 현재 지구에는 68억이 살고 있죠. 이 수치는 90억까지 늘어날 것입니다. 우리가 정말로 훌륭하게 새로운 백신, 보건, 출산 의료 서비스의 과업을 잘 해낸다면, 10~15%까지 낮출 수 있겠죠. 하지만 여전히 1.3 배 정도 증가합니다.

04:48 둘째, 우리가 사용하는 서비스입니다. 여기에는 모든 것들, 우리가 섭취하는 음식, 의복, TV, 난방 등이 포함됩니다. 이것들은 좋은 것으로서, 빈곤을 퇴치하는 것은 이런 서비스를 지구상 대부분 사람들에게 제공한다는 의미입니다.….

05:36 셋째, 효율 E를 봅시다. 개별 서비스에 필요한 에너지에서 마침내 좋은 소식을 찾을 수 있습니다. 우리는 이 수치를 증가시키지 않는 방법을 알고 있습니다.….

06:30 자 이제 네 번째 항목을 봅시다. 이것이 바로 핵심 요소로서 단위 에너지당 배출되는 $CO_2$ 양입니다.….

…

17:48 그러면 우리는 무엇을 해야 할까요? 여러분으로 하여금 어떻게 한 발 더 내딛고 계속 나아가기를 호소하는 것일까요? 연구자금에 투자해야 합니다. 코펜하겐 같은 곳에 여러 나라들이 모였을 때 단지 $CO_2$에 대해서만 논의한 것은 부족합니다. 이처럼 혁신적인 의제에 관해 논의를 해야 합니다. 그리고 이런 혁신적인 접근 방법에 얼마나 적은 금액을 투자하고 있는지 한번 크게 놀라야 합니다. 우리는 경제적 인센티브, $CO_2$ 세금, 탄소거래제를 통해 시장에 인센티브를 줘야 합니다. 이 메시지를 분명히 전달해야 합니다. 이 대화를 보다 현명하고 보다 이해하기 쉽게 만들어 정부의 참여를 유도해야 할 필요가 있습니다. 이것은 매우 중요한 희망이고 성취할 수 있을 것이라 생각합니다.

이 강연 중의 일부 내용이 빌 게이츠를 음모론의 주인공으로 모는 근거로 활용되고 있다. 예를 들면 'ourdailybread'란 이름의 유튜버는 2020년 3월 31일 방영한 자신의 유튜브에서 코로나바이러스를 주제로 한 '빌 게이츠, 5G, 그리고 인구 감축'이란 내용을 방영했다.[28]

이 유튜브는 코로나 바이러스에 대한 개요를 시작으로 코로나 바이러스의 창궐을 둘러싼 음모론적 이야기들을 전개해 나간다.

"코로나19는 저 악명 높은 5G망과 유의미하게 상관있단 겁니다." "일부 정보에 따르면 중국 우한은 5G 대량보급을 위해 선택된 도시라고 합니다" 등등. 또 "백신 산업계와 그것을 둘러싼 세력들이 백신을 통해 인체 실험을 하고 백신 접종의 의무화를 통해 의도적인 인구 감소를 꾀하고 있다"고 말한다. 그리고 그 근거로 빌 게이츠가 행한 발표들을 예로 든다. 그럼 아워데일리브레드의 발언과 빌 게이츠의 원래 발언을 비교해 보자.

> 유튜버 아워데일리브레드 발언
> "우선 우리에겐 인구문제가 있습니다. 현재 세계 인구는 68억이고 90억 명으로 늘어나는 데 오래 안 걸릴 겁니다. 이제 우리가 만일 혁신적인 신종 백신들을 만들어내고 의료시스템, 효과적인 의료체계를 만들어내면 인구를 현재의 10~15%로 줄일 수 있습니다. 그러나 지금의 현실은 13억 명씩 인구가 증가하는 상태죠. 우리는 현재의 10~15% 수준으로 인구를 줄일 수도 있습니다."(이 마지막 문장의 자막은 짧게 보여주고 바로 사라진다)

> 빌 게이츠 발언
> "첫 번째는 인구입니다. 현재 지구에는 68억이 살고 있죠. 이 수치는 90억까지 늘어날 것입니다. 우리가 정말로 훌륭하게 새로운 백신, 보건, 출산 의료 서비스의 과업을 잘 해낸다면, 10~15%까지 낮출 수 있겠죠. 하지만 여전히 1.3 배 정도 증가합니다."

빌 게이츠가 당시에 강연한 영상의 전체 주제는 에너지와 기후에 관한 이야기다. 즉 기후 변화에 막대한 영향을 주는 이산화탄소를 줄이기 위해 우리 인류가 해야 할 일은 무엇인가에 초점을 맞추고 있다. 그리고 이산화탄소의 총량을 줄이기 위해서는 네 가지 요소를 고려해야 한다고 보았다. 그 네 가지는 '인구 수', '각 개인이 평균적으로 이용하는 서비스 수', '서비스에 평균적으로 필요한 에너지', 그리고 '단위 에너지당 생산되는 $CO_2$' 등이다.

빌 게이츠는 이 강연에서 이 네 가지 요소들에 대해 어떻게 대처하는 것이 좋은지를 언급했고 특히 네 가지 중에서도 에너지에 가장 방점을 두고 그 해결책을 제시했다.

문제가 된 1번 해결책은 궁극적으로 인구증가율을 낮추는 데는 한계가 있지만 새로운 백신을 만들어 내고 보건, 출산 및 의료 서비스 체제를 잘 갖추어 나간다면 인구증가율을 어느 정도 낮추는 데 기여할 것이라고 본 것이다. 위의 동영상이 얘기한 것처럼 인구증가를 낮추기 위한 수단으로 새로운 백신을 개발하자는 의미와는 전혀 다른 이야기다. 그럼에도 불구하고 위 동영상은 빌 게이츠가 말한 내용의 극히 일부만 발췌해서 전체 뜻을 왜곡했다. 악마의 편집의 전형적인 예다.

게시된 정보의 주장을 하는 데 핵심이 되는 정보나 근거 혹은 인용이 있을 경우 근거로 삼은 내용은 원래 정보의 전체 맥락과 일치하는지 아니면 전체의 한 부분만 떼어내 의도적으로 왜곡한 것이 아닌지를 확인할 필요가 있다. 따라서 늘 정보를 읽을 땐 헤드라인만 읽고 끝내서는 안 된다. 읽고 있는 글이나 메시지가 전체다인가 아니면 일부에 불과한 것인가를 확인해야 한다.

## 21. 비교의 준거가 타당한가

귤화위지(橘化爲枳)라는 고사성어가 있다. 회남의 귤을 회북에 옮겨 심으면 탱자가 된다는 뜻이다. 같은 과일이라고 해도 자라는 땅과 물, 즉 환경에 따라 다른 성질의 과일로 변할 수 있다는 것으로 해석할 수 있다. 그러나 우리는 살아가면서 이 귤화위지의 교훈을 망각하고 회남 땅에서 잘 자랐으니 회북 땅에서도 잘 자랄 것이라는 잘못된 생각을 하는 경우가 적지 않다. 예를 들면 학부모님들이 공부를 잘 하지 않는 아이에게 "이웃집에 사는 너의 친구는 매번 1등만 한다는데, 너는 왜 이 모양이니"라고 꾸짖는다면 그것은 바로 귤화위지의 의미를 간과한 것이다. 그래서 귤화위지는 외국으로 진출하는 기업의 마케팅 담당자들에게 반면교사처럼 여겨지고 있다.

예를 들면 프랑스의 대형마트 브랜드인 까르푸는 1963년에 설립된 이후 1990년대 초반에 프랑스 마트 시장을 평정하고 외국으로 진출을 본격화했다.[29] 유럽 각국은 물론 북남미에 아시아까지 진출하여 승승장구를 거듭하면서 1996년에는 한국에까지 진출했다.

당시 까르푸는 한국 시장 성장세에 큰 기대를 걸고 9억 2500만 달러(약 1조 462억 원)라는 천문학적인 금액을 투자했다. 이는 당시 한국에 진출한 해외 기업 중 1위 규모였다. 이후, 까르푸는 서울에 5개 외에 2002년까지 전국에 총 22개의 대형 매장을 열었다. 전체 종업원 수는 5,500명에 달했으며, 경쟁업체 대비 최저가임을 강조하면서 유명세를 얻었다.

그러나 이렇듯 화려한 출발과는 달리 실적은 초라했다. 여러 가지 이유가 있었다. 까르푸가 국내 진출한 것과 때를 같이해 코스트코, 월마트를 비롯한 해외파 대형마트는 물론, 이마트, 롯데마트와 같은 토종 기업의 대형마트 브랜드도 운영을 본격화했다. 또 1997년 말에는 대한민국 경제를 뒤흔든 IMF 외환위기가 시작되면서 소비심리는 꽁꽁 얼어붙었다.

그러나 가장 중요한 문제는 한국 시장의 고유한 특성을 고려한 현지화에 실패했던 데 있었다. 화려한 인테리어에 익숙했던 당시 한국 소비자 취향과 달리 까르푸 매장은 창고형 매장 특유의 투박함이 남아있었다. 판매대 높이나 크기도 서양인 기준에 가까워서 한국인이 이용하기에는 불편하다는 지적을 받았다.

협력업체 및 사내 노동조합과의 관계가 특히 좋지 못했던 점도 문제였다. 최저가를 강조하기 위해 납품업체에게 지나친 단가 인하를 강요했고 태도도 고압적이었다. 일부 납품업체가 한국까르푸에 납품을 거부하는 사태도 벌어졌다. 인건비를 낮추고 고용 부담을 덜기 위해 종업원의 상당수를 파견직으로 채웠다. 결국 2006년 4월, 한국까르푸는 자사의 사업을 이랜드 그룹에 매각하고 한국 시장에서 철수했다.

까르푸의 실패는 귤화위지에 담겨 있는 교훈처럼 외국, 특히 다른 아시아권에서도 성공했기 때문에 한국에서도 성공할 것이라는 잘못된 믿음이 작용했다. 외견상 유사했지만 하나의 기준이 여기뿐만 아니라 다른 데서도 통할 것이란 잘못된 추론, 즉 유비추론의 오류를 범한 결과다.

그런데 이러한 유비추론의 오류는 사기꾼들이 즐겨 사용하는 수법이기도 하다. 코로나19가 진행되는 동안에 이러한 잘못된 유비 추론의 오류를 통해 오도성 주장을 하는 사람들이 많았다. 이를테면 사스 전염병이 돌 때 통했던 예방법이나 치료법이 바이러스 종명이 유사한 코로나19에도 당연히 통할 것이라는 주장이 그 대표적 사례다. 특히 코로나19라는 생전 처음 겪는 대유행성 전염병을 앞에 두고 불안과 두려움에 휩싸이다 보니 이 수법은 사람들에게 잘 먹혀들어 갔다.

### 근거가 없는데도 불티나게 팔린 알렉스 존스의 '나노실버 상품'

미국의 극우 보수주의자로 알려진 알렉스 존스가 2020년 3월 10일 자신이 운영하는 알렉스 존스 쇼에서 인포워스사가 개발한 코로나 바이러스 치료제라면서 나노실버 치약 등 다양한 실버관련 상품들을 선보였다.[30] 그리고 확신에 찬 주장을 이어나갔다.[31]

**Alex Jones**
Infowars

**"The patented nanosilver we have, the Pentagon has come out and documented and Homeland Security has said this stuff kills the whole SARS-corona family at point-blank range. Well, of course it does, it kills every virus."**

Source: Brighteon.com, Alex Jones Show, March 10, 2020

"코로나 바이러스가 얼마나 치명적인 질병인지 여러분들은 이미 잘 아실 겁니다. 그래서 나는 여러분들에게 일상생활에서 면역체계를 강화하라고 조언하고 싶습니다. 코로나 바이러스가 심각한 상황에서 우리는 여러분의 건강을 지키는 데 유용한 상품들을 새롭게 출시했습니다. 우리가 내놓은 나노 실버 상품들은 미 국방성이 (13년 전에) 생산한 문서의 기록에 근거한 것이고 국토안보국 또한 이 물질이 사스 계열의 바이러스를 죽인다고 말한 바 있습니다. 우리는 슈퍼실버 젤, 슈퍼실버 치약 등 고품질의 다양한 실버 상품들을 보유하고 있습니다. 인포워스 스토어에서 바로 구할 수 있고 원하는 사람은 아마존에서도 구입할 수 있습니다."

알렉스 존스의 나노실버 상품들은 사람들로부터 폭발적인 관심을 끌었고 이를 구입하는 사람들도 많았다. 인포워스가 판매하는 치약에는 함유성분에 특허를 받은 20ppm의 실버 솔루션이 포함되어 있다고 나와 있다.[32] 100그램 상당의 순수 실버는 거의 500달러에 달할 정도로 고가였지만 일부 상품들은 매진에 가까운 판매 실적을 올리기도 했다.

그러나 나노실버가 코로나 바이러스를 죽인다는 주장은 거짓이다. 실제로 이 방송이 나가기 하루 전인 3월 9일에 미국 식품의약국(FDA)과 연방거래위원회(FTC)는 코로나19를 치료 또는 예방한다고 주장하는 사기성 제품을 판매하는 7개 회사에 대해 판매 금지를 명하는 경고문을 날렸다. 인포워스사는 이들 7개 회사 중의 하나는 아니었지만 FDA와 FTC가 '안전하지도 효과적이지도 않다'고 명확히 언급한 상품류들 중의 하나였다.

코로나 바이러스를 퇴치하는 데 은이 효과적이라는 주장은 인포워스의 나노 실버가 나오기 전부터 여기저기서 흘러나왔다. 미국의 텔레비전 방송 전도사인 짐 바커(Jim Bakker)는 TV쇼를 통해 "콜로이드 은을 녹인 액체를 마시면 코로나19 바이러스 균주를 12시간 안에 죽일 수 있다"면서 코로나 바이러스 치료제로 실버 솔루션(Silver Solution)을 판매했다.[33]

바커의 실버 솔루션은 페이스북의 '의료 자유' 그룹 등을 통해 널리 퍼졌다. 이 커뮤니티 그룹은 평소 기성 의학에 대해 문제 제기를 하는 사람들이 모여 형성된 집단이다. 이들은 "콜로이드 은이 방부제 역할을 하며 면역계를 돕는다"고 주장했다. 하지만 미 보건당국은 "은이 건강에 도움이 된다는 증거가 없다"는 점을 명확히 하고 "오히려 신장 손상, 발작 등을 포함해 피부가 파랗게 변하는 은피증(Argyria)에 걸릴 수 있다"고 경고했다.

미국 국립보건원(NIH)의 통합의학연구소 소장인 헬렌 랑게빈(Helene Langevin) 박사는 "콜로이드 실버나 한방 치료제와 같은 것들이 코로나 바이러스 질병을 예방하거나 치료하는 데 효과적인 것으로 입증된 대체상품은 없으며 특히 클로이드 은은 심각한 부작용을 일으킬 수 있다"고 주장했다.[34] 나아가 "나노실버가 인간에 얼마나 안전한지에 대한 합의에 도달하지 못하고 있다."면서 "고농도의 은은 골수에 심각한 손상을 입히고 심지어 DNA를 변화시킨 사례도 있다"고 경고했다.

2018년 유럽위원회의 소비자 안전 과학위원회(SCCS)는 치약을 포함한 화장품 산업에서 나노 실버의 사용을 검토한 후에 "많은 주요 데이터 격차로 인해 클로이드 은이 구강 및 피부 화장품에 사용될 때 그 안전성을 담보할 수 없다"고 발표했다. 또 FDA는 2014년 9월, '나노 실버 제품이 효과적으로 에볼라 바이러스를 죽인다'는 자연치유재단(Natural Solutions Foundation)에 공식적으로 경고를 한 바 있다.

인포워스사의 나노 실버 제품 판매에 대해 뉴욕시도 강력한 대응에 나섰다. 3월 12일, 뉴욕시의 법무장관인 레티샤 제임스(Letita James)는 인포워스사에 "가짜 코로나 바이러스 치료 판매를 즉시 중단하라"는 통지를 보냈다.[35] 제임스 장관은 "알렉스 존스는 불안에 떨고 있는 뉴욕 시민들에게 거짓말을 퍼나르면서 수익을 챙기고 있다"면서 "일반인을 속이고 무고한 민간인을 노리는 개인, 회사 또는 단체는 불법 행위에 대해 그 대가를 지불하게 할 것"이라고 경고했다.

미국 식품의약국(FDA) 역시 "이 제품들이 코로나19를 예방, 증세 완화, 치료한다는 명확한 증거는 없다"면서 "인포워스 웹사이트의 오도성 주장을 철회하고 판매를 중지하라"고 2020년 4월 9일 서한으로 명령했다.[36] 이 서한 명령을 48시간 이내에 반영하지 않으면 압류 및 금지 명령 등의 법적 조치가 취해진다.

알렉스 존스는 결국 4월 10일 뉴욕시와 FDA의 잇따른 명령을 수용하고 인포워스 웹사이트의 클로이드 실버 관련 주장과 판매를 철회했다.

나노 실버가 코로나19를 예방 혹은 치료할 수 있다는 내용의 진위에 대해서는 사실 일반인이 알기 어렵다. 상당한 수준의 전문지식을 요구하기 때문이다. 그렇다면 일반인의 수준에서 알렉스 존스의 주장이 허위라는 사실을 어떻게 파악할 수 있을까. 두 가지 측면에서 가능하다. 하나는 알렉스 존스에 대한 사회적 평판이다.

우선 존스는 가짜뉴스나 음모론 업계에서는 유명한 인물이고 수차례의 거짓말과 명예훼손으로 처벌을 받은 전력이 있다. 가장 악명 높은 것은 2012년 12월 코네티컷주 샌디훅 초등학교에서 벌어진 총기 난사사건에 대해 규제를 강화하고 총기 압수에 대한 구실을 만들기 위해 미국 정부에 의해 기획된 '거짓 깃발 작전'이라는 음모론적 가짜뉴스를 퍼트렸다.[37]

샌디훅 초등학교 총기 난사사건은 20명의 학생과 6명의 교직원이 사망했으며, 피해자 2명의 부모가 알렉스 존스를 고소했다. 2019년 12월, 법원은 존스에게 피해자 가족에게 10만 달러를 지불하라고 명령했다.[38]

알렉스 존스는 2001년 9월 11일에 미국에서 발생했던 항공기 납치 동시다발 테러인 9.11테러에 대해서도 미국 정부 내부에서 조작한 사건이라고 주장하기도 했다. 9.11테러로 인해 뉴욕의 110층짜리 세계무역센터가 붕괴되고 2,996명이 사망하고 최소 6천 명 이상의 부상자가 발생하기도 했다. 이런 몇 가지 전력과 거듭된 규칙 위반 때문에 2018년 8월 6일 애플, 페이스북, 유튜브, 스포티파이 등 미국 주요 소셜미디어 업체들은 알렉스 존스의 온라인 방송 '인포워스' 일부 또는 전부의 서비스를 차단했다.

다른 하나는 알렉스 존스가 나노 실버 제품들을 판매하기 위해 근거로 삼은 주장의 내용이다. 알렉스 존스가 광고하는 상품의 핵심 요소는 바로 나노실버다. 일반적으로 은은 귀고리나 반지를 만들 때 쓰는 귀금속을 말한다. 나노는 눈에 보이지 않는 미시 세계의 물체의 길이를 말하는 단위이다. 나노 실버는 전기분해나 화학적 방법을 이용해 은을 나노 크기로 쪼갠 물체라고 할 수 있다.[39]

사실 은으로 병을 다스리는 방법은 이미 오래전부터 전승되어 왔다. 예를 들면 조선시대에는 임금님 수라상에 오른 음식에 독이 들었는지 여부를 확인하기 위해 은수저를 사용했고 은침으로 시술하는 의원들도 있었다. 고대 이집트에서는 상처가 난 부위에 은으로 만든 판을 두르는 처방을 하기도 했다.

또 최근에는 은이 실제로 우리 주변에 있는 대부분의 세균인 박테리아를 죽인다는 사실이 실험을 통해 밝혀졌다.[40] 은이 공기 중의 산소와 만나면 산소 분자가 산소 원자 형태로 은에 달라붙는데, 이때 세균의 세포막에 달라붙어 세포막을 산화시켜 살균작용을 한다는 것이다.

실제로 한국과학기술연구원 분자인식연구센터 우경자 박사팀과 서울대학교 보건대학원 고광표 교수팀은 은나노복합체 소재를 개발하고 박테리아와 바이러스 제거 효과 및 그 메커니즘을 밝혀내기도 했다.[41]

그런데 알렉스 존스가 '콜로이드 은이 코로나 바이러스에 효과가 있다'고 주장한 거의 유일한 근거는 '나노 실버가 사스 계열의 바이러스를 죽인다'는 국토안보국의 문서였다. 미국의 국토안보부가 실제로 이런 기록을 남겼는지 확인하기 어렵지만, 나노 입자가 사스 바이러스를 치료할 수 있다 해도 코로나19는 사스와 동일체가 아니다. 같은 계열의 바이러스이지만 특성은 전혀 다르다. 따라서 알렉스 존스의 주장은 '사스에 일부 효과가 있었으니까 코로나19에도 효과가 있다'는 잘못된 유비추론의 오류를 그대로 따르는 오도성 주장이다.

실제로 나노실버가 코로나19에 효과가 있었다면 당연히 언론에 대서특필되었을 것이고 지금처럼 두려움에 떨지 않아도 되었을 것이다.

### 비타민 D, 독감에 효과 있었으니 코로나19도 OK?

코로나19가 진행되면서 비타민의 효능이 다시 한번 부각되었다. 비타민C와 D가 면역력을 높임으로써 코로나19 감염을 예방하는 데 효과가 있다거나 심지어는 치료할 수 있다는 주장까지 제기되었다. 언론들도 이를 거들었지만 직접적인 효과를 주장하기보다는 비타민 D가 일반론적으로 사람의 면역력을 강화해 주는 기능이 있기 때문에 '면역력 강화=코로나19 예방' 식으로 등치화시켜 보도하는 다소 신중한 모습들을 보였다.

그러나 2020년 3월 6일에 방영된 JTBC의 하우스 52회에서는 달랐다. 직접적으로 비타민D가 코로나19에 효과가 있다는 오도성 주장이 여과 없이 펼쳐졌다. 이날 프로그램은 개그맨인 김미려 씨와 피부 및 비만 관리를 전문으로 하는 닥터스키니 최보윤 원장을 출연시켜 코로나19와 비타민D의 관계를 집중 조명했다.[42] 다음은 그들의 발언 내용이다.

"김미려: 비타민D가 감기와 독감에 도움이 된다면 요즘 유행하는 코로나19에도 도움이 되지 않을까요?

최보윤: 맞습니다. 실제로 일본에서요 4개월 동안 어린이들을 두 그룹으로 나누어서 한쪽에만 비타민D를 1200 아이유를 처방했다고 해요. 그리고 4개월을 관찰했더니 비타민D를 투여한 군에서는 독감이 42%가 줄어들었습니다. 사실 이 코로나19라든지 이전에 발생했던 신종플루도 일종의 변형된 독감 인플루엔자이기 때문에 이런 새로운 질환들이 발견되고 있는 상황에서는 비타민D로 면역력을 가득 채우는 것이 가장 좋은 예방법이라고 할 수 있겠습니다."

이 논리를 재구성하면 비타민D가 신체의 면역력을 키워서 감기와 독감(예방)에 도움을 준다는 것이 입증되었기 때문에 비타민D는 코로나19를 예방하는 데 가장 좋은 방법이라는 것이 된다. 그리고 그 근거의 하나로 2010년 일본 어린이들을 대상으로 실시한 실험 결과를 제시했다.

이러한 주장은 몇 가지 심각한 오류를 내포하고 있다. 첫째는 10년 전에 이루어진 일본의 어린이들 실험 결과를 현재의 코로나19 상황에, 그것도 모든 연령층에 적용할 수 있느냐는 것이다. 이는 극히 일부에만 적용할 수 있는 결과를 전체에까지 확대 적용한 성급한 일반화 오류의 전형이다. 비타민D는 건강 보조제로 일반적으로 쓰이고 있다는 생각에 최소한 해로움은 없을 것이라는 믿음이 작용했을 수도 있다. 그러나 대중을 상대로 한 방송에는 부적절한 주장이다. 비타민D가 예방이든, 치료든 코로나19와 관련이 있다는 주장은 입증되지 않은 사실이며 더구나 고용량의 비타민D를 과다하게 섭취할 경우 만성 질환이 있는 사람들은 심각한 부작용이 나타나는 경우도 있다.[43]

둘째는 일반 독감에 효과가 있다고 그것을 코로나19에 적용할 수 있느냐는 것이다. 이는 심각한 유비추론의 오류를 범하고 있다. 우선 일반 독감과 코로나19를 비교해 보자. 마침 미국의 과학기술 저널인 엠아이티 테크놀로지 리뷰는 독감과 코로나19의 차이를 이렇게 밝힌 바 있다.[44]

우선 코로나19와 독감은 모두 고열, 피로, 기침을 유발하는 호흡기 질환이다. 또 접촉과 침방울에 의해 감염되고 감염된 사람이나 물체를 만진 뒤 얼굴을 만지면 감염될 확률이 높아지는 공통점이 있다. 악화될 경우 폐렴으로 사망할 수 있다는 것 또한 유사하다. 그러나 최소 여섯 가지 면에서 뚜렷한 차이가 있다.

첫째, 전파속도가 다르다. 코로나19는 독감에 비해 잠복기가 길고 다른 사람에게 전파되는 데 상대적으로 오랜 시간이 걸린다. 독감의 잠복기는 대략 3일 정도인데 코로나19는 5~6일 정도 걸린다. 대신 전파속도는 독감이 코로나19보다 더 빠르다.

둘째, 전염력이 다르다. 감염된 후 그 증상이 지속되는 기간에서 코로나19는 적게는 8일에서 많게는 37일까지 유지되는 등 오랜 기간 그 증상이 유지된다. 또 코로나19 확진자 1명이 전염시키는 사람은 평균 2~2.5명으로 추정되는데 이는 독감보다 강한 전염력이다.

셋째, 코로나19는 독감보다 2차 감염이 일어날 확률이 높다.

넷째, 아이들과 성인들 간의 뚜렷한 차이점이 있다. 독감이나 일반적인 감기는 아이들이 주로 감염되며 전염을 확대시킨다. 그러나 코로나19는 반대다. 0살부터 19살까지는 성인에 비해 확실히 덜 감염되며 감염 이후의 증상도 상대적으로 경미하다.

다섯째, 코로나19는 독감에 비해 치명률, 즉 감염자 중 사망자 비율이 월등히 높다. 대체로 독감의 치명률은 0.1%대이지만 코로나19의 치명률은 3~4%에 달한다.

여섯째, 독감은 여러 가지 형태의 백신이 개발되어 있지만 코로나19는 아직까지 공인된 치료제나 백신이 없다.

결과적으로 비타민D가 독감에 효과가 있었다고 코로나19에도 효과가 있을 것이라는 발언은 전혀 근거가 없는 오도성 주장이다. 그리고 이 점은 3일 전 같은 회사인 JTBC의 팩트체크 코너에서 이미 언급된 내용이기도 하다. 즉 JTBC는 2020년 3월 3일 9시 뉴스의 팩트체크 코너에서 비타민 섭취가 전반적인 면역력을 높이는 데 도움을 주고 설령 많이 섭취해도 해가 될 것은 없지만 비타민이 코로나19의 감염을 예방한다거나 치료 효과가 있다는 것은 전혀 다른 얘기라고 선을 그었다.[45]

태국에서도 이와 유사한 주장이 있었다. 2020년 1월 30일 타이

북동부 지역의 우돈타이에 소재한 닥터 듀 클리닉이란 개인병원 명의의 페이스북에서 "비타민D는 코로나 바이러스 감염을 예방할 수 있습니까?"라는 제목의 글을 올렸다.[46]

> "Pm2.5 이외의 코로나 바이러스는 태국 사람들의 건강에 큰 영향을 미치는 또 다른 중요한 문제입니다. 많은 사람들이 감염 위험을 줄이는 방법을 알고 있지만 비타민D가 바이러스 감염을 예방하는 데 도움이 된다는 사실을 아는 사람은 거의 없습니다.
> 비타민D는 호흡기 질환, 특히 폐 감염에 효과적입니다. 연구에 따르면 비타민D가 결핍된 어린이는 일반인보다 인플루엔자 감염 위험이 더 높습니다. 일일 권장 섭취량은 하루 3000 IU입니다.
> 비타민D의 공급원에는 연어와 참치와 같은 고지방 물고기가 포함됩니다. 아침 햇살에 입욕하면 몸에 비타민D가 증가할 수 있습니다."

이 글에서 일본 어린이를 대상으로 한 실험 결과가 근거로 활용되고 있다. 이 페이스북 글은 다른 페이스북은 물론 트위터와 유튜브 등을 타고 여기저기 확산되었다. 태국 현지의 출라롱콘 대학교 전염병 건강과학센터 소장인 티라바트 헤마추다(Thiravat Hemachud-ha) 박사는 2월 25일 AFP와의 통화에서 "비타민D가 코로나 바이러스 또는 기타 바이러스 감염을 예방할 수 있다는 주장은 사실이 아니"라고 말했다.

세계보건기구 역시 가짜뉴스 팩트체크 코너인 미스버스터(myth busters)를 통해 "비타민D가 코로나 바이러스의 예방 및 치료에 효과가 있다는 증거는 아직 없다"고 확인했다.[47] AFP는 이 페이스북

의 글을 가짜뉴스로 규정했다. 심각한 유비추론의 오류를 범한 오도성 주장이라는 것이 그 이유다.[48]

### 유머로 풀어낸 대만의 '마스크 땜에 화장지 동난다' 가짜뉴스

호흡기 전염병인 코로나19의 특성으로 인해 마스크 수요가 폭증하기 시작했고 품귀현상이 여기저기서 일어났다. 그리고 이런 현상은 언론을 통해서도 많이 보도된 터였다. 2020년 2월 10일경, 이 시기는 아시아권에서 코로나19 감염자 확산 추세가 빨라질 무렵이었다. 중국의 경우 4만 명의 확진자에 이어 사망자 수가 900명을 넘어서기 시작했고 홍콩 26명, 대만 18명, 태국 32명, 싱가포르 40명, 일본 26명, 한국 27명 등 아시아권에도 급격히 증가하기 시작했다.[49]

그런데 2020년 2월 초 홍콩을 시작으로 화장지 품귀 현상에 대한 가짜뉴스가 떠돌기 시작했다. 사실이 아니었지만 이를 사실로 여긴 사람들 탓에 슈퍼마켓이나 마트의 매장을 통해 사재기를 하는 사람들이 늘어났다. 홍콩 정부는 곧바로 "화장지를 포함한 생필품 재고는 충분하다"고 발표하고 "온 도시가 희대의 질병과 싸우고 있는 동안에 악의적인 허위정보를 퍼트리는 사람들이 있다"며 강력 대응방침을 알렸다.[50]

이러한 성명을 발표하고 난 후에도 화장지 구입과 관련된 혼란의 여진은 계속되었다. 2월 17일에는 홍콩의 몽콕 지역에 있는 한 슈퍼마켓 앞에서 복면을 한 3명의 남성이 화장지 배달원을 흉기로 위협해 600개를 강탈해 가는 사건이 발생하기도 했다.[51]

한편 이 가짜뉴스는 마스크와 연동된 가짜뉴스로 바뀌면서 동남아 전역에 혼란을 주기 시작했다. 가짜뉴스의 핵심은 “대부분 마스크의 원재료를 중국에서 수입하고 있는데, 중국이 자국 내 상황에 대처하기 위해 원료 수출을 금지했기 때문에 각 나라들이 화장지를 만드는 원재료까지 동원해 마스크 생산에 주력하느라 화장지를 더 이상 만들 여력이 없다”면서 “화장지를 빨리 구매하거나 사재기를 하라”는 것이었다. 이런 내용의 가짜뉴스는 곧 대만, 베트남, 홍콩, 일본, 더 나아가 호주, 미국 등지로까지 확산되었다.

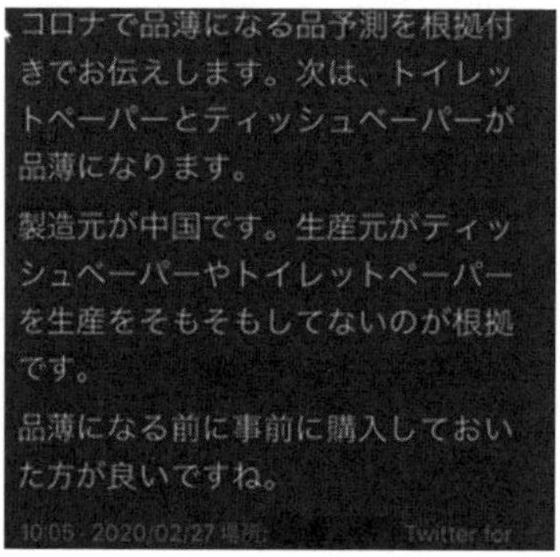


일본의 경우 2020년 2월 27일, 요양병원에 근무하는 것으로 알려진 사람의 트위터에 아래와 같은 글이 올라왔다.[52] 영어로 된 글을 번역하면 다음과 같다.[53]

> “나는 재고 부족으로 곧 바닥날 것이 무엇인지 잘 알고 있다. 바로 화장지와 티슈다. 그 이유는 이런 것들이 중국에서 제조되기 때문이다. 일본에서는 그런 것들을 만들지 않는다. 그래서 나는 그 물품들이 동나기 전에 구입하라고 경고하는 것이다.”

이 글은 “마스크의 재료인 펄프가 모두 소비되어 버려 화장지를 만들 재료가 부족해진다”, “코로나19로 인해 중국과의 무역길이 막혀 화장지를 만드는 데 사용되는 원재료 공급이 불가능해진다"는 등 조금씩 변형되면서 리트윗에 리트윗을 지속하면서 급속하게 퍼져 나갔다.[54] 그리고 이 내용이 일파만파 퍼지며 불안감에 휩싸인 일본 국민들이 닥치는 대로 화장지를 사재기하기 시작했다.

이에 대해 일본 내 화장지 제작업체 측은 "마스크는 일반적으로 섬유를 겹쳐 만든 '부직포'로 만드는 것이고, 화장지를 만드는 펄프와는 관련이 없다. 또한, 일본에서 유통되고 있는 화장지의 98%는 국내 제작으로, 원재료도 국내 공급이기 때문에 중국과의 무역과 화장지의 생산도 아무런 연관이 없다."고 해명했지만 사재기의 물결을 막지 못했다.[55] 결국 일본의 경제산업부는 2월 28일 "화장지는 부족해지지 않는다. 수요에 부합하는 충분한 공급량과 재고를 확보하고 있다"고 발표했다. 업계 단체인 일본 가정지공업회 또한 "화장지나 티슈에 대한 충분한 공급력과 재고를 가지고 있다"고 밝혔다. 그러나 이러한 일본 당국자들의 말을 믿는 데도 오랜 시간이 걸려야 했다.

다른 나라도 그랬지만 우리나라 역시 많은 국민들이 마스크 품귀 현상을 직접 경험했다. 그리고 언론들도 그 사실을 앞다투어 보도했다. 이런 상황에서 마스크 생산에 진력을 다하다 보니까 유사한 재료를 쓰는 화장지 역시 그럴 것이라는 추단도 해 볼 수 있다. 그러나 사실과 가짜뉴스로 인한 추단은 다르다. 지금까지 겪어보지 못했던 희대의 전염병 상황에서 '마스크와 화장지의 재료는 같은 것인지 혹은 그 재료들은 모두 중국산에 의존하는지'를 일반 국민들이 알 리가 없고 또 알기도 어려웠을 것이다.

그런 이 상황에서도 꼭 짚어봐야 할 것은 '언론에 보도되었는가 그렇지 않은가'이다. 다른 것도 아니고 일상 생필품이 동이 났다면 그것은 많은 국민에게 큰 영향을 미치기 때문에 언론은 이를 당연히 보도해야 한다. '코로나19+마스크+화장지'를 키워드로 해서 검색 한 번만 해 보면 최소한 그 내용이 SNS에서 떠돌고 있는 가짜뉴스인지 사실인지를 바로 알 수가 있다. SNS를 통해 확산되고 있는 정보가 언론보도를 통해 나오지 않았다면 그것은 당연히 가짜뉴스다.

대만 역시 2020년 2월 초 무렵, 유사한 내용의 가짜뉴스로 인해 한바탕 혼란이 일어났으나 당국은 신속한 수사를 통해 2월 10일 대만 내 가짜뉴스 유포자들을 체포했다.[56] 그 배경에는 코로나19로 혼란한 틈을 타 화장지 판매를 늘려보려는 마케팅 담당자들의 얄팍한 상술이 숨어 있었다. 그러나 가짜뉴스 유포자들을 체포한 후에도 화장지 논란이 수그러들지 않자 대만 당국은 독특한 방법을 통해 문제를 해결했다. 그 답은 한마디로 '유머'였다.

대만에서도 코로나19와 더불어 가짜뉴스로 인한 심각성의 문제가 연일 제기되자 디지털부의 오드리 탕(Audrey Tang) 장관은 소셜미디어를 중심으로 가짜뉴스가 확산될 때 매번 엄격히 대응하는 것보다는 사람들이 재미있어하는 밈을 만들어 올리면 더 효과적이라는 점에 착안했다.[57] 이는 '유머는 분노와 같은 격한 감정을 순화시킨다'는 탕 장관의 지론이 반영된 것이다. 또 정부가 가짜뉴스에 대한 통제권을 가질 수도 있다는 점도 작용했다. 이런 인식을 기초로 가짜뉴스가 나돌면 가능한 한 2시간 이내에 그 가짜뉴스에 대한 사실

확인 내용과 함께 유머를 얹어 제시하고 또 필요한 경우 정책 책임자가 직접 유머를 곁들인 발표를 수행한다는 전략을 세웠다.

2020년 2월 초 '마스크 생산 증가로 인해 화장지 품귀현상이 일아나고 있다'는 가짜뉴스가 나돌자 수 성창(Su Tseng-chang) 행정원장(총리)이 "우리는 한 쌍의 엉덩이만 있습니다"라는 제목의 밈을 발표했다. 일러스트로 만들어진 그래픽은 화장지의 펄프가 남아메리카에서 수입되었으며 해당 원료가 현지에서 공급되기 때문에 의료용 마스크 생산과 관련이 없음을 명확하게 보여주었다. 수 성창 행정원장이 엉덩이를 흔들며 보여주는 모습도 인상적이었다. 전략은 주효했다. 이 정보 역시 SNS를 타고 돌면서 그 어떤 정보보다 많은 반응을 이끌어냈고 화장지 구매에 따른 혼란도 종식되었다. 유머스러운 방법과 함께 시각화된 그래픽을 통해 잘못된 유비추론의 오류를 명확하게 지적해 준 덕분이었다.

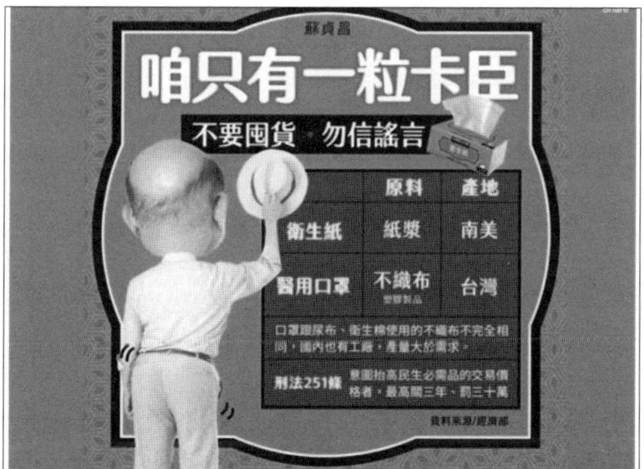

"We have only one pair of buttocks!" Taiwanese premier Su Tseng-chang's toilet paper corrective.

탕 장관은 "중국의 엄격한 공중보건 경고와는 달리, 대만은 가짜뉴스를 제작, 배포하는 사람들의 경솔함을 어느 정도 포용함으로써 전염병으로 인해 나타나는 다른 사회적 문제를 해결할 수 있었다"고 말했다. 예를 들어, 일부 소년들이 학교에서 분홍색 마스크를 썼다고 괴롭힘을 당했다는 보도가 나온 직후 대만 중앙 전염병 지휘센터는 언론 브리핑을 할 때 분홍색 수술 마스크를 착용하고 그 모습을 언론을 통해 보여 주었다. 가짜뉴스가 나올 때마다 '강력' '엄정'을 외친 것보다 훨씬 더 효과가 있다는 것을 시사한다.

## 22. 핵심주장이나 근거에 은폐되거나 생략된 것은 없는가

글로벌 치약 브랜드인 콜게이트사가 2006년 영국에서 이런 광고를 내보냈다.[58]

"80% 이상의 치과의사가 콜게이트를 권합니다."

아마도 이 광고 카피 중에서 사람들의 눈길을 가장 끄는 부분은 80%라는 수치였을 것이다. 그리고 누구라도 모든 치과의사들의 80%가 콜게이트를 권하고 있다고 믿었을 것이다. 그런데 며칠 지나지 않아 영국의 광고자율심의기구(advertising standards authority)는 이 문구의 사용을 금지했다. 오도성 주장을 했다는 게 그 이유다.

콜게이트사는 치과의사들을 대상으로 한 설문조사에서 추천하는 치약 브랜드를 복수(중복응답)로 물었고 응답자 대부분이 하나의 치약만 선택한 것이 아니라 여러 개의 치약을 선택한 결과였다. 중복응답이기 때문에 전체 합은 100%가 아니라 200, 300%도 넘을 수 있다. 콜게이트사가 적용한 기준대로 한다면 다른 경쟁업체 치약 브랜드는 90%를 넘는 곳도 있었다.

결과적으로 광고에 사용된 수치가 일반 소비자들이 생각하는 수치와 전혀 달랐고 콜게이트사는 복수응답에 의한 결과라는 점을 은폐했던 것이다. 어떤 면에서 보면 완전한 거짓말은 아닐 수도 있다. 그러나 중요한 사실을 은폐함으로써 소비자들을 오도했다. 문제는 이런 유형의 주장이 광고에만 그치지 않는다는 점이다. 특히 정치인들의 주장에도 이런 내용은 많고 코로나19가 심각하게 진행되는 상황에서도 예외는 아니었다.

### 부작용만 쏙 뺀 코로나19 치료용 '마법의 이산화염소 목걸이'

코로나19가 확산되면서 경제는 물론 사회 전반이 위축되어 있는 시기에 온라인 쇼핑몰에서 유독 관심을 끄는 상품들이 있었다. 그중 하나가 '코로나 방지 목걸이'다. 고체 이산화염소를 카드 형태의 용기에 담아 목걸이로 사용하는 것인데, 고체 이산화염소가 산소와 만나면서 반경 1m 공기에 있는 바이러스와 세균의 단백질을 제거한다는 근거를 내세우고 있다. 주위 공기를 깨끗하게 해준다고 해서 일명 '공간 제균 목걸이'로 불리기도 한다.[59]

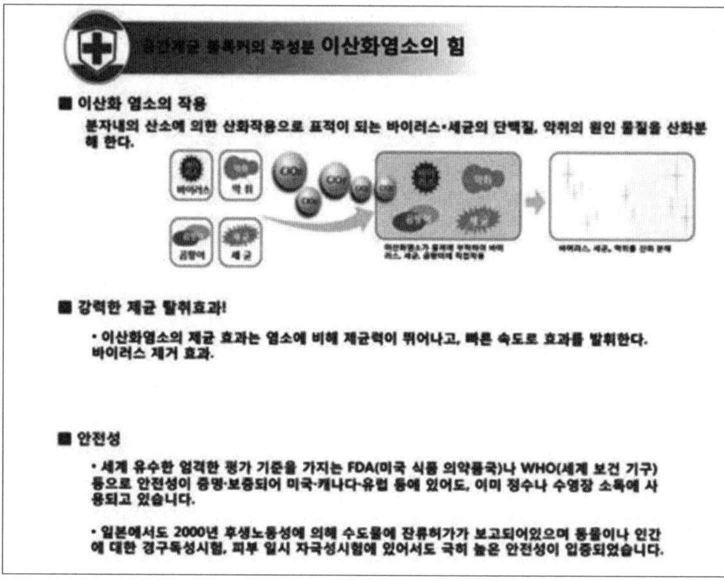


4. First-aid measures

4.1 Descriptions of first-aid measures

IF INHALED
Remove person to fresh air and keep comfortable for breathing.
Call a POISON CENTER or doctor/physician if you feel unwell.

IF ON SKIN (or hair)
Wash with plenty of soap and water.
If skin irritation occurs: Get medical advice/attention.

IF IN EYES
Rinse cautiously with water for several minutes. Remove contact lenses, if present and easy to do. Continue rinsing.
If eye irritation persists: Get medical advice/attention.

IF SWALLOWED
Rinse mouth.
Call a POISON CENTER or doctor/physician if you feel unwell.

이 제품의 안내문을 보면 FDA와 세계보건기구로부터 안정성을 인증받았다고 명시하고 있다. 일종의 인증서인 셈인데, 자세히 들여다보면 오류 투성이다. 먼저 발급기관을 보면, 정부나 공공기관에서 발급한 것이 아니라 일본의 민간 기업인 주식회사 '환경위생'이란 곳이 발행한 인증서다. 또 인증서 뒷면에는 '혹시라도 흡입할 경우 신선한 공기가 있는 곳으로 사람을 옮겨 심호흡을 시켜야 하고, 그래도 몸이 좋지 않을 경우, 독극물센터에 연락하거나 의사를 찾으라'고 나와 있다.

대부분 일본이 원산지로 1~2만원 대에 판매되고 있는 이 목걸이들은 일본 소비자청이 지난 2015년 메르스 사태 때 유사 제품에 대해 효과가 검증되지 않았다는 이유로 판매 중단 명령을 내린 바 있다.[60]

특히 이산화염소(Chlorine dioxide)는 환경부 화학물질정보시스템에 유독물질(2013-1-669)로 등재되어 있고 흡입 시 치명적임을 명시하고 있다. 한국소비자연맹 의료자문위원인 도경현 교수(서울아산병원 영상의학과)는 "이산화염소 등 흡입독성물질은 물질 자체의 독성, 공간 내의 농도 등이 독성에 영향을 미친다"며 "이 코로나19 차단 목걸이의 경우도 밀폐공간에서 고농도 사용 시 중독이 일어날 수 있다"고 밝히는 등 해당 제품의 위험성을 경고했다.

이 목걸이의 효과는 검증되지 않았으며, 전문 지식이 없어도 몸에 들어가면 유독성 때문에 위험할 수 있다는 것을 금방 알 수 있다. 결정적인 문제는 흡입하면 치명적이라는 내용은 안내문 어디에도 나오지 않는다는 점이다. 그야말로 가장 중요할 수도 있는 사실을 은폐하고 있다.

김진용 인천의료원 감염내과 전문의도 "염소가스는 호흡기 자극성 물질로, 낮은 용량이라도 지속해서 흡입하거나 고용량을 흡입할 경우 호흡기에 치명적"이라고 말했다.[61] 또한, "바이러스를 죽이기 위해선 접촉 시간이 충분해야 하는데, 공기 중에 떠다니는 정도로는 바이러스를 없애는 효과조차 없다"고 설명했다. 또 공유정옥 직업환경의학 전문의는 "이산화염소가 물 분자를 만났을 때 염산 성분을 만들어내 살균 기능을 하는 것은 사실이지만, 해당 제품은 락스 병을 옆에 열어두고 계속해서 맡는 것과 다를 바가 없다"고 말한다. 또, "이산화염소를 계속 들이마시면 호흡기 질환으로 이어지거나 고형 이산화염소가 손과 닿아 땀 등에 녹으며 피부염 등이 생길 수 있다"고 경고하기도 했다.

환경부는 2020년 3월 10일 시판 중인 코로나 예방용 목걸이의 안전성이 검증되지 않았다며 해당 제품의 유통을 차단하는 조치를 취했다고 밝혔다. 환경부는 "이산화염소는 일반용 살균제로 사용할 수 있으나 인체와 직접 접촉하는 형태로 사용해선 안 된다"며 "치명적인 성분은 아니지만, 목걸이로 착용해 소비자가 흡입할 경우 점막과 기도를 자극할 수 있다"고 설명했다.[62]

# 5장
# 양두구육의 정치경제학
## : 이 메시지의 목적은 무엇인가

세상에 존재하는 메시지는 그 자체의 목적이 있다. 이 목적은 '정보 제공', '경제적 목적', '정치적 목적', '자아만족' 등 크게 네 가지로 나눌 수 있다. 정보 제공의 목적은 많은 사람들에게 정보를 제공하기 위해 만들어진 메시지이다. 여기에는 공적 기관의 메시지, 역사적 기록물, 순수하게 정보 제공을 목적으로 유통되는 온오프라인상의 메시지 등이 포함된다. 원칙적으로 언론의 보도나 프로그램 역시 정보 제공을 위한 목적으로 분류된다. 다만 개별 언론사나 프로그램에 따라 정치적, 경제적 목적을 띠는 경우도 많다.

정치적 목적은 파워 동기와 관련이 있는 것으로 누군가를 설득하거나 영향을 미치거나 또는 깨우쳐주기 위한 것이다. 경제적 목적은 이익 동기와 관련된 것으로 경제적 수익을 얻는 데 주안점을 두는 것들이다. 마지막으로 자아만족의 목적은 재미나 취미 삼아 제작하는 메시지들을 말한다.

가짜뉴스도 누군가가 만든 메시지라는 점에서 어떤 형태로든 목적을 가진다. 그러나 가짜뉴스는 일반적인 미디어 메시지와 달리 '악의'와 '유해성의 목적'을 전제로 깔고 있기 때문에 일반적인 메시지가 가지고 있는 목적 중에서 정보 제공이나 자기 만족 목적의 메시지는 포함되지 않는다.[1] 이렇게 볼 때 가짜뉴스의 목적은 크게 경제적 목적, 정치적 목적, 이해관계의 상충 등 세 가지 정도로 압축할 수 있다.

경제적 목적의 가짜뉴스는 주로 돈을 벌기 위해 만들어진 메시지를 의미한다. 돈을 벌기 위해 메시지를 만들고 배포하는 것은 하등 이상할 일이 아니다. 문제는 거짓말과 악의가 겹쳐지는 부분이다. 최근에 들면서 경제적 목적을 띤 가짜뉴스가 늘고 있는데, 자극적인 제목으로 인터넷 유저들의 클릭을 유도하여 조회수를 높이는 쓰레기 기사나 광고를 의미하는 클릭베이트로 역할하고 광고와 이용자들의 데이터를 판매함으로써 수익을 창출한다. 경제적 목적의 가짜뉴스에는 가짜뉴스 제작자가 돈을 벌기 위한 메시지 외에 다른 사람에게 손해를 입힐 목적으로 만들어진 가짜뉴스도 포함된다.

정치적 목적의 가짜뉴스는 정치적인 사안과 관련하여 다른 사람들에게 해를 입히기 위해 혹은 스스로 정치적 이익을 위해 만들어진 메시지다. 또 정치적인 영향력을 행사할 목적으로 기획된 잘못된 정보나 선전의 형태를 띠기도 한다. 이러한 경제 및 정치적 동기는 그 경계가 분명하지 않을 때도 있다.

이해 상충의 문제는 개인의 사적인 이해관계가 그 개인이 맡고 있는 공적인 일이나 공공의 이익과 서로 상충되는 상황에서 개인의 이해관계가 공적인 일에 반영되거나 우선시됨으로 발생하는 것이다. 예를 들면 특정 기업의 주식을 사적으로 보유한 경제학과 교수가 세미나나 토론회 같은 공적인 자리에서 그 기업의 잠재력을 높이 평가한다면 주가가 올라 그 교수의 이익을 실현하는 일이 된다.

가짜뉴스를 구분할 때 자칫 풍자나 패러디를 가짜뉴스로 규정하는 경우가 있다. 그러나 풍자나 패러디임을 미리 알려주거나 누구라도 알고 있다면 그것은 가짜뉴스가 아니다. 본래 예술의 한 형태였던 풍자와 패러디(satire and parody)는 저널리즘 양식을 모방해서 사회현상을 비꼬는 뉴스 형식으로 선을 보였다.[2] 이러한 풍자와 패러디 역시 사실이 아닌 내용을 뉴스 형식으로 꼬집는다는 점에서 일종의 거짓정보로 분류할 수도 있다. 그러나 해당 정보가 처음부터 풍자 혹은 패러디를 표방했다면 '의도적으로 해를 입힐 목적'이 아니라는 점에서 가짜뉴스와 다르다.

## 23. 나에게 온 메시지는 어떤 목적으로 만들어진 것인가

앞서 서문에서 가짜뉴스를 '타인에게 해를 입히거나 정치적 해를 입힐 목적으로 혹은 경제적 이익을 위해 의도적으로 만든 거짓 정보'로 정의한 바 있다. 이 정의에서 보듯 '거짓'은 가짜뉴스를 규정하는 중요한 요소 중의 하나지만 '거짓 정보'라고 해서 다 가짜뉴스가 되는 것은 아니다. 그래서 가짜뉴스인지 아닌지를 구분하기가 혼란스러울 때 유해성, 즉 그 메시지의 목적을 자세히 살펴볼 필요가 있다. 다음은 가짜뉴스처럼 보이지만 가짜뉴스가 아닌 것들이다.

### 헌신적 진료로 죽음을 맞게 된 이탈리아 의사 부부의 마지막 키스

2020년 3월 22일 한 트위터에 심금을 울리는 글과 사진이 올라왔다.[3] 이탈리아의 병원에서 코로나19에 걸린 사람들을 치료하던 부부 의사가 코로나19에 걸려 사망했다는 내용이다. 힌디어로 된 이 글을 번역해 봤다.

"이들은 밤낮으로 일하면서 최소한 134명 환자의 생명을 구한 부부 의사입니다. 그러나 그들은 코로나19에 감염되어 여덟째 날에 확진자가 되었고 별도의 공간으로 자가격리되었습니다. 이들은 곧 더 이상 살 수 없다는 것을 확인한 후에 병원 라운지에서 이별의 키스를 하고 30분 만에 세상을 하직했습니다.

코로나는 쉬지 않고 사람들을 구하는 의사들을 죽였고 이 부부는 이탈리아를 위해 헌신하다 세상을 하직했습니다. 그들의 헌신에 경의를 표하십시오. 우리는 배려와 이해심을 가지고 꿋꿋하게 싸워 나가야 합니다."

짧은 글이지만 구구절절 감동이 스며 있다. 이 글은 그날 이후 트위터와 페이스북을 타고 세계 곳곳으로 퍼져 나갔다. 답글들도 쇄도했다. 여느 SNS 댓글들과 달리 하나같이 안타까움과 경의를 담아서다. 3월 23일 어느 페이스북에 올라온 글이다.[4]

"이것은 이탈리아의 실제 커플에 관한 이야기다. 두 사람은 어느 병원의 의사들이었다. 그들은 7일간 코로나19와 사투를 하면서 사람들을 구했다. 여덟째 날 이들 부부는 코로나19에 감염되었고 입원했다. 그리고 2, 3일 후에 그들은 더 이상 살 수 없다는 것을 알게 되었고 서로의 눈을 보면서 키스를 했다. 그리고 30분 후에 세상을 떴다. 그들이 코로나19와 사투를 벌였던 노력에 경의를 표하는 시간을 가집시다."

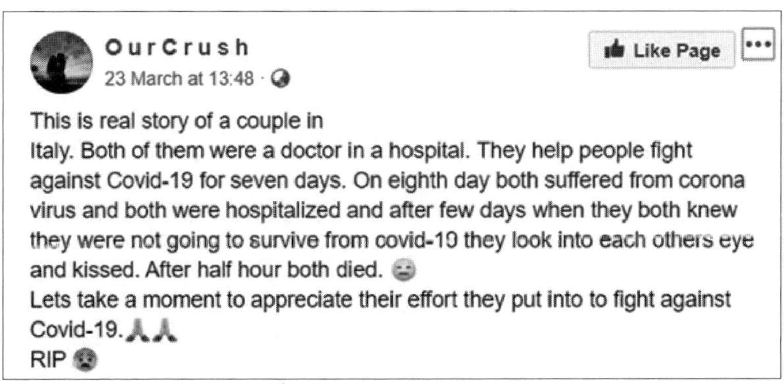
OurCrush
23 March at 13:48 ·
Like Page

This is real story of a couple in
Italy. Both of them were a doctor in a hospital. They help people fight against Covid-19 for seven days. On eighth day both suffered from corona virus and both were hospitalized and after few days when they both knew they were not going to survive from covid-19 they look into each others eye and kissed. After half hour both died.
Lets take a moment to appreciate their effort they put into to fight against Covid-19.
RIP

그러나 그 사진과 글은 거짓이었다. 이 사진의 진위 여부를 확인하는 것은 간단하다. 먼저 이 사진만 오려서 별도의 파일을 만들어 저장하고 구글의 리버스 이미지 검색프로그램으로 들어간다. 이어서 '이미지 검색'으로 들어가서 그 파일을 업로드하면 그 사진의 이력이 나오게 된다. 확인하면 3월 22일이 아니라 3월 12일 AP통신사의 에밀리오 모레나티(Emilio Morenatti) 기자가 스페인 바르셀로나 공항에서 찍은 사진이다. 모레나티 기자가 이 사진을 찍은 날은 코로나19로 인해 미국의 트럼프 대통령이 유럽으로의 해외여행 제한을 발표한 날이었다.

이 트윗이 올라온 2020년 3월 20일경의 이탈리아 코로나19 상황은 확진자 수가 41,035명에 사망자 수는 3,405명으로 중국 사망자 수를 추월하는 그야말로 최정점의 시기였다.[5]

이 메시지에 대해 일부 언론은 이를 가짜뉴스로 규정했지만 이는 가짜뉴스가 아니다. 거짓 사실을 사용했지만 최소한 누군가에게 해를 입힐 목적은 없었기 때문이다. 굳이 구분한다면 이는 오도성 주장에 가깝다고 할 수 있다.[6]

### 대한민국을 지옥으로 만든 한 여행객의 소박한(?) 거짓말

2020년 3월 4일, 하루 만에 확진자가 500명을 넘어서고 사망자도 32명에 이르는 등 우리나라에서 코로나19의 상황이 심각하게 전개되었다. 이와 함께 다른 한편에선 코로나19로 외국 여행을 위해 예약을 끝낸 사람들이 여행 취소로 인한 환불 문제 때문에 속을 끓이기도 했다. 그때 네이버 대표 여행 카페에 해외 호텔 예약을 수수료 없이 취소하는 방법을 소개하는 글이 올라왔다.[7] 한국이 지옥이라는 설명과 "환불 안 해줘도 되지만 제가 가서 당신의 호텔과 나라에 악영향을 줄까 걱정됩니다. 현명한 판단 하시길 바랍니다"라는 등의 내용으로 쓰면 된다는 것이었다.

> "지금 한국은 지옥입니다.
> 길거리에서 수많은 사람들이 쓰러지고 있고
> 어제도 제 이웃이 사망했습니다.
> 당신이 환불 안 해줘도 되지만..
> 제가 가서 당신의 호텔과 나라에 악영향을 줄까 걱정됩니다.
> 현명한 판단 하시길 바랍니다."
>
> 이렇게 번역해서 보내면 되요.

이 글이 올라오기 5분 전에는 호텔 예약 취소 수수료를 내지 않기 위해 "좀 더 압박을 줘야 한다."는 글도 있었다. 글쓴이는 메일에 보낼 상황을 구체적으로 묘사했다. "우리 아파트에 확진자가 발생했다. 그 확진자와 나는 평소에 같은 엘리베이터를 사용한다. 그래서 나는 지금 자가격리 중이다"라는 내용이다.

호텔이나 항공사에서 자가격리를 확인하는 서류를 요청할 것도 대비해야 한다고 했다. 보건소에서 자가격리 대상자에게 격리 통지서를 발급해주기 때문이다. 글쓴이는 감염 당국이 요청한 것은 아니지만, 회사와 주변 사람들을 위해서 자가격리 중이라고 덧붙여야 한다고 설명했다. 그리고 "저 1박 30만원 총 4박 120만원 드디어 환불 받았어요ㅜㅜ"라고 덧붙였다.

그러면서 환불 소식을 알리면서 다른 회원들에게 "환불해주지 않으면 너희 호텔에 큰 손해를 끼칠 것"이라는 식으로 보내면 환불해 준다고 했다. 이어 그는 "한국은 이미 사망자가 수천명이지만 뉴스에 안 나온다", "한국은 의료기술도 떨어지고, 이미 확진자가 수만명 이상 될 것이다", "'한국인들은 위험하다'라고 묘사하라"고 조언했다.

코로나19가 발발하지 않았던 시기에 외국 여행을 위해 미리 호텔 예약을 했던 사람인 듯싶다. 참 자상하고 친절하기까지 한 방법론을 담았다. 아마도 이런 미묘한 상황에 봉착한 사람이 적지 않았을 것이다. 그런 사람들 입장에서 보면 관심이 쏠릴만한 글이다. 아닌 게 아니라 회원들은 3월 초부터 이런 글이 자주 올라왔다고 했다. 취소 불가인 호텔에 코로나19 환자라고 거짓 메일을 보내놓고, 증명서를 요구하자 호텔을 욕하는 사람도 있었다고 한다.[8] 환불을 안 해주는 특정 호텔이나 여행사를 언급하면서 '망해라', '다시는 안 쓴다'고 하는 댓글도 다수였다.

이 글을 쓴 사람은 '참 다행이다'라고 가슴을 쓸어내렸을지 모른다. 그런데 3월 3일, 우리나라의 코로나19 상황은 확진자가 5,000명을 돌파할 정도로 정점을 찍고 있어서 해외의 여러 나라들이 한국을 입국 금지국으로 검토하던 단계였다. 그나마 중국과 인접해 있고

5G 시대의 선도를 위해 주력하고 있었던 상황에서 한국도 5G로 인해 코로나19가 심각한 나라라는 음모론 속 나라로 떠오르기도 했다.

120만 원 환불받으려고 대한민국을 통째로 지옥으로 만들어버린 셈이다. 말 한 마디가 실시간으로 전 세계에 퍼지는 글로벌 시대에 말이다. 외국의 언론에 이런 글이 올랐더라면 한국의 이미지는 어떻게 됐을까 하니 끔찍한 생각마저 든다. 엄밀히 따지면 이 글은 가짜뉴스는 아니다. 다른 것보다도 굳이 남에게 해를 끼칠 목적으로 쓴 것은 아니기 때문이다. 그러나 이 글이 가짜뉴스이다 아니다를 떠나서 한국이 위기 상황에 처했을 때 내가 쓴 글이 우리나라 전체에 어떤 영향을 미칠지를 먼저 생각해야 된다는 것을 잘 보여준 사례다.

## 풍자로 인해 졸지에 BLM 동참자가 된 저지 마이크 서브스

2020년 7월 1일, 코미디언 겸 작가인 야시르 레스터*의 트위터에 샌드위치 전문 프랜차이즈인 저지 마이크 서브스의 선명한 로고와 함께 향후 계획을 알리는 듯한 글이 올라왔다.[9] 내용은 이렇다.

> "저희 저지 마이크스는 지역사회에서 우리의 샌드위치와 함께 항상 고귀함을 추구하고 있습니다. 우리는 보다 큰 문화적 대화를 들어왔고 우리의 자랑거리였던, 즉 베이컨, 양상추 그리고 토마토 샌드위치를 상징

---

* 야시르 레스터(Tassir Lester)는 미국의 프리미엄 텔레비전 네트워크인 쇼타임의 프로그램 블랙 먼데이에 출연하고 있는 코미디언 겸 작가이다.

하는 BLT가 7월 1일을 기해 베이컨, 양상추 그리고 마토 샌드위치로 바뀐 BLM*으로 알려지게 될 것입니다."

저지 마이크 서브스는 미국 내에 2천 개 이상의 매장을 운영할 정도로 규모가 큰 프랜차이즈이다. 그리고 오랫동안 유지해 왔던 상품의 명칭을 바꾸는 일인데 저지 마이크 서브스의 웹사이트나 인스타그램 그리고 8만 4천 명의 팔로워를 거느린 트위터에서도 이에 대한 아무런 언급이 없었다. 야시르 레스터의 트위터에 올라온 글 자체가 가짜였기 때문이다.

애초에 이 글은 저지 마이크 서브스의 글을 공유하거나 전달하는 것이 아니라 야시르 레스터가 직접 올린 글이었다. 야시르 레스터는 처음에 글을 올린 지 12시간쯤 지나 이 글은 자신이 쓴 글임을 고백했고, 풍자라고 밝혔다.[10]

야시르 레스터가 올린 트위터 글은 큰 반향을 불러일으켰다. 저지 마이크가 실제로 이 글을 올렸을 것이라고 믿은 사람들 중에는 실망했다는 반응을 보이는 사람들도 있었지만 오히려 사회 현안으로 떠오른 흑인 민권 운동에 동참하는 것을 지지하는 사람들이 더 많았다. 그러나 저지 마이크는 이에 대해 어떤 입장이나 성명을 발표하지 않았다.

---

* BLM은 '흑인의 목숨도 소중하다'는 의미를 상징하는 슬로건 Black Lives Matter의 약자다. 2012년 미국에서 흑인 소년을 죽인 백인 방범요원이 이듬해 무죄 평결을 받고 풀려나면서 시작된 흑인 민권 운동을 말한다. 이 슬로건은 흑인인 조이 플로이드가 2020년 5월 25일 미국 백인 경찰의 과잉진압으로 살해된 이후 차별에 대한 저항과 흑인 인권의 소중함을 일깨우는 캠페인으로 다시 등장했다.

결론적으로 보면 야시르 레스터는 자신의 트위터에 잘나가는 기업에 대해 허위사실을 게재했다. 그렇지만 이 글은 가짜뉴스가 아니다. 가짜뉴스가 아닌 근거는 메시지를 제작한 사람이 사회 현상을 유머스럽게 비꼴 수도 있는 현직 코미디언이고 자신의 트위터에 풍자라는 사실을 밝혔기 때문이다.

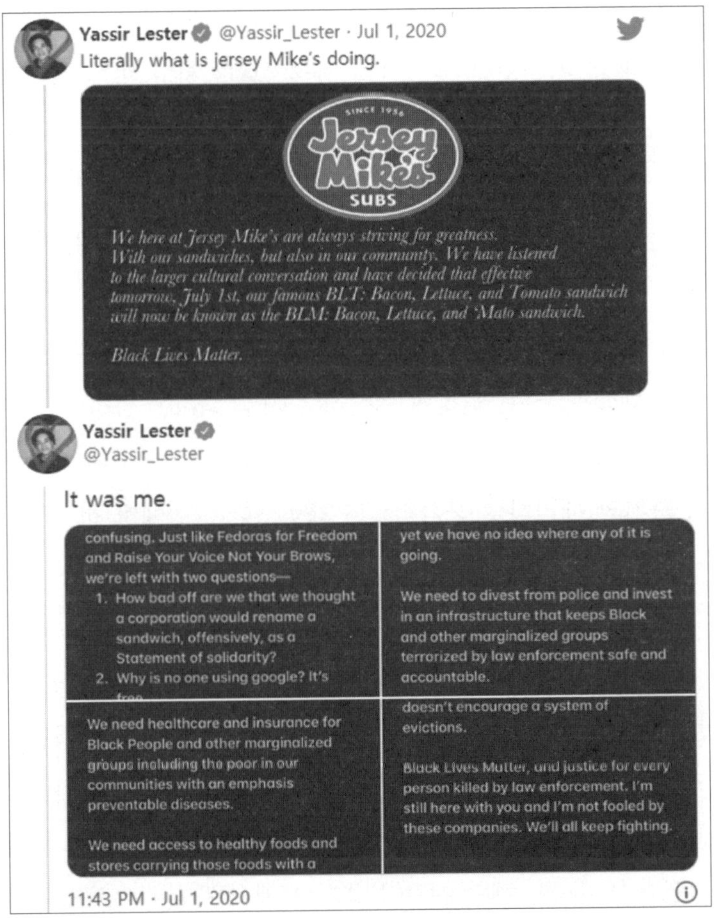

야시르 레스터는 “많은 기업들이 이 운동에 공감을 표하고 있다”면서 “이 운동에 동참하는 기업들이 커뮤니티에 지원이나 기부를 약속하고 있지만 우리는 그러한 선의들이 어디로 향할지 모른다”고 말했다. 더불어 “우리는 이러한 기업들의 지원을 흑인 및 기타 소수 민족이 안전하고 사람답게 살 수 있는 인프라를 구축하는데 투자해야 한다”고 말했다.(2차 트위터에서) 결국 이 가짜 트윗은 기업들의 동참을 이끌어내기 위한 풍자였다.

그런가 하면 풍자나 패러디를 전문적으로 하고 있는 미디어도 있다. 웹사이트에 풍자를 공개적으로 표명한 인터넷 신문 디 오니언(Onion)이 대표적인 사례다. 1988년에 인쇄신문 형태로 창간된 디 오니언은 특정의 사건을 기발한 풍자와 유머, 그리고 통렬한 비판으로 재가공한 매체이다. 2013년부터는 인터넷 전용 뉴스매체로 전환하여 활동을 계속하고 있다. 2012년 11월 24일자 신문에서는 북한의 김정은 국무위원장이 현존하는 가장 섹시한 남성이란 제목의 기사를 올려 세계인의 관심을 끈 적이 있다.[11] 디 오니언은 창간 당시 풍자와 패러디를 공식적으로 표방했다는 점에서 허위정보와는 구분된다.

그러나 사람들이 점점 더 소셜미디어를 통해 정보를 받아들이는 경향이 증가하는 세상에서 그 사이트가 풍자 사이트라는 것을 모를 경우 혼란스러울 수 있다. 한 예로 파키스탄의 풍자 칼럼 사이트인 카바리스탄 타임스(Khabaristan Times)는 그러한 고지가 없이 활동함으로써 2017년 1월, 허위정보를 게시했다는 이유로 출판이 중지됐다.[12] 따라서 해당 정보가 풍자나 패러디라는 점을 공개적으로 밝히지 않았다면 가짜뉴스나 허위정보로 분류할 수도 있다.

### 인도네시아 총선 당선자의 과도한 포토샵은 유죄인가, 무죄인가

2019년 7월 15일 인도네시아 헌법재판소에 황당한 소장이 접수되었다.[13] 1개월 전에 실시된 상원의원 선거에서 당선자가 포토샵으로 보정한 사진을 실어 부정직하게 당선되었다는 게 피소 이유였다. 이를 제소한 사람은 서부누사텡가라주(州) 지역대표협의회(DPD; 상원) 소속 후보인 파루크 무함마드(Farouk Muhammad) 전 의원이다. 피소된 사람은 에비 아피타 마야(Evi Apita Maya) 당선자다.

오른쪽은 평소의 얼굴 모습이고 왼쪽은 포토샵으로 보정한 모습이다.

지역별로 4명을 뽑는 상원의원 선거(DPD)에서 에비 후보는 283,932표를 획득해 1등을 차지했고 파루크 후보는 188,678표를 얻어 5위로 낙선했다.

파루크 의원의 변호인은 자카르타의 헌법재판소에 출석해 "에비 후보가 디지털 포토샵을 통해 완전히 딴판이 된 자신의 사진을 투표용지뿐 아니라 현수막과 공식 선거유인물 등 다양한 선거 운동에 악용했다"고 진술했다. 그러면서 "유권자들의 환심을 사기 위해 부정직하게 보정한 사진은 유권자들을 속이고, 다른 후보들을 기만한 것이기 때문에 결국 총선 규정을 위반한 것"이라고 주장했다.[14]

사실 에비 후보의 당선이 확정되기 전까지는 투표용지를 포함한 공보용 사진에 대해 아무런 논란이 일어나지 않았다. 단지 후보들이 누구인지 잘 모를 때 투표용지 사진상에서 매력적인 외모를 지닌 후보에게 더 끌린다고 인정하는 정도였다. 인도네시아는 총선 출마 후보가 워낙 많아 유권자들의 이해를 돕기 위해 투표용지에 후보의 이름뿐 아니라 얼굴 사진도 싣는다. 그래서 투표용지가 신문지를 펼친 것만큼 크고 사진이 중요한 역할을 한다.

파루크 의원 측이 고소와 함께 거세게 항의하자 다른 후보들도 논란에 가세했다. 낙선한 한 후보들 중 한 사람은 "나도 더 어린 시절 사진을 썼으면 더 매력적으로 보였을 텐데"라고 비꼬기도 했다. 낙선한 후보들의 푸념에도 불구하고 에비 당선자는 덤덤했다. "괜찮아요. 누구나 자유롭게 자신의 생각을 말할 권리가 있어요. 모두들 나름의 선거 전략이 있었던 거죠. 4월 총선에서 가장 많은 표를 얻은 것에 대해 유권자와 신, 가족, 선거캠프 동료에게 감사할 뿐입니다."라고 말할 뿐이었다.

논란이 커지자 선관위는 "이미 후보 시절 선거 규정에 따라 촬영이 허용된 것"이라고 주장했다. 이에 파루크 후보 측은 인도네시아 선거감독위원회(BAWASLU)에 해당 사안을 고발했고, 결국 헌법재판소까지 올라갔다.

2019년 8월 9일 헌법재판소가 내린 판결은 "에비 아피타 마야 DPD 후보가 편집한 아름다운 사진이 선거규정을 위반하지 않았다"였다.[15] 안와르 우스만(Anwar Usman) 헌법재판소장은 "청원인의 주요 탄원은 법에 따라 근거가 없다"면서 "청원인의 청원을 기각한다"고 발표했다.

인도네시아 선거 규정(총선 후보의 등록 및 검증을 위한 기술지침)에 따르면 후보자의 얼굴 사진 편집에 관한 자세한 규정은 나와 있지 않고 후보 등록일 6개월 이내에 촬영한 최신 컬러사진을 등록하도록 되어 있다. 사진의 배경색이나 의류에 관한 규정도 제시되어 있지 않다.

파루크 후보의 고발 요지는 '에비 후보가 허위사실(포토샵한 사진)을 유포해 유권자를 현혹하고 부당하게 당선되었다'는 것이다. 한마디로 가짜뉴스를 통해 당선되었다는 의미다. 결국 인도네시아 헌법재판소의 판결은 후보자 본인의 사진을 자유롭게 수정해도 그것은 가짜뉴스가 아니라는 것을 시사한다. 우리는 인도네시아에 비해 선거구역의 범위나 구역별 유권자 수가 적기 때문에 사진의 역할이 그만큼 중요한 것은 아니지만 우리나라에서 이와 유사한 사례가 있고 고발이 이루어진다면 어떤 결과가 나올지 자못 궁금하다.

## 24. 이 메시지로 돈을 버는 사람은 누구인가

코로나19와 관련된 가짜뉴스가 갖고 있는 특징 중의 한 가지는 겉으로 보기에 심각한 악의가 드러나지 않는다는 점이다. 코로나19로 인해 두렵고 잔뜩 움츠려져 있는 상황에서 그럴듯하게 포장된 가짜정보들은 뭔가 있어보이고 또 건강과 안녕을 당부하는 말들까지 있다.

그러나 이 세상에 있는 미디어 메시지에는 무언가 목적이 있다. 특히 사실이 아닌 것 혹은 잘못된 사실로 포장한 가짜뉴스는 명시적이든 묵시적이든 목적이 있다. 이를테면 악의가 없는 듯이 하면서 매력적으로 보이게 하면서 참여와 팔로어들을 확보한 뒤 페이지 계정의 용도를 변경한 뒤 돈벌이와 직결되는 콘텐츠로 전환하는 식이다.

## 코로나19 가짜뉴스에 편승한 가글액 홍보

2020년 2월 말에 한 블로그의 글이 올라왔다. "우한연구소로 파견되는 ○○○○미국친구의 글입니다. ….."로 시작하는 글이다.[16] 앞서 1장에서 이미 다루었던 그 글이다.[17] 내용 중에 띄어쓰기가 잘못된 부분이 많으나 원문을 보여줄 필요가 있다는 생각에 그대로 두었다.

"혹시 모르니 증상 및 예방법 올려드릴게요.
코로나19 증상 및 대처방법에 대한 내용을 공유합니다.
코로나19 바이러스는 내열성이 아니며 26-27 도의 온도에서 죽습니다.
따라서, 따뜻한 물을 마시는 것은 모든 바이러스에 효과적입니다.

코로나 바이러스에 대한 의사의 조언:

1. 크기가 매우 크며(셀의 직경은 약 400-500nm), 모든 일반 마스크(N95 기능뿐만 아니라)도 이를 필터링 할 수 있습니다. 그러나 감염된 사람이 당신 앞에서 재채기를하면 3미터 멀리 떨어지니 조심하셔야 합니다.
2. 바이러스가 금속 표면에 떨어지면 12시간 이상 생존합니다. 금속에 닿은 경우 비누로 손을 씻으십시오.
3. 바이러스는 옷에서 6-12 시간 동안 활성 상태를 유지할 수 있습니다. 세탁 세제는 바이러스를 죽입니다. 매일 씻을 필요가없는 겨울 옷의 경우, 태양 아래서 두어 바이러스를 죽일 수 있습니다.

코로나 바이러스로 인한 폐렴 증상:

1. 목구멍을 먼저 감염시켜 목구멍이 3 ~ 4 일 동안 지속되는 건조한 인후통 느낌을 갖게됩니다.
2. 그러면 바이러스가 코액에 혼합되어 기관으로 흘러 들어가 폐로 들어가 폐렴을 일으킵니다. 이 과정은 5-6 일이 소요됩니다.
3. 폐렴으로 고열과 호흡 곤란이 발생합니다. 비강 혼잡은 정상적인 종류와 다릅니다. 물에 빠진 것처럼 답답하게 느껴질 것입니다. 이런 느낌이 든다면 즉시 의사의 진료를 받아야합니다.

예방에 관하여:

1. 감염되는 가장 일반적인 방법은 공개적으로 물건을 만지는 것이므로 손을 자주 씻어야합니다. 바이러스는 5-10 분 동안 만 손에 살 수 있지만, 5-10 분 동안 많은 일이 발생할 수 있습니다(눈을 비비거나 의도하지 않게 코를 만질 수 있음).
2. 손을 자주 씻는 것 외에도 Betadine Sore Throat Gargle로 가글 양치질을하여 목구멍에 있는 동안 세균을 제거하거나 최소화 할 수 있습니다.(폐로 떨어지기 전).

항상 건강하시기를 기원합니다."

몇 가지 인사말을 덧붙였지만 앞서 소개했던 그 글이다. 추가적인 단어 몇 개를 넣기도 했고 일부 문장에서 약간의 변형이 나타나긴 했지만 전체적으로 볼 때 원전의 변종이다. 그러나 글의 뒷부분에 갑자기 베타딘 소어 스로트 가글(Betadine Sore Throat Gargle)이라는 이름이 나온다. 특정 상품류를 통칭하는 것이 아니라 구체적인 브랜드 이름이다. 코로나19가 확산되던 3월 당시 국내에 있는 거의 유일한 브랜드였다. 그리고 구입처까지 자연스럽게 연결된다.[18]

누군가가 만들어놓은 가짜뉴스로 불안감을 한층 끌어올린 후에 당시 상황에서 거의 유일한 치료약(?)일 수도 있는 가글액 브랜드를 버젓이 올려 놓았다. 돈을 벌기 위한 이 글의 목적이 뚜렷하게 드러나는 부분이다. 본래의 글이 가짜뉴스를 바탕으로 한 것이지만 '이 글로 인해 이익을 본 사람은 누구인가'를 질문하면 바로 알 수 있는 가짜뉴스의 한 예이다.

이 글에 대해 YTN이 팩트체크에 들어간 결과, 해당 가글 제품은 해외 직구로만 살 수 있어 일반 소비자가 사는 건 쉽지 않았다.[19] 대신 같은 회사, 같은 성분의 스프레이 제품은 국내에서 살 수 있었다. 해당 제품의 한국 판매를 맡은 업체의 홍보대행사 측은 지라시 유포 의혹을 강력히 부인했다. "지라시에 나온 가글 제품은 국내에 팔고 있지도 않고, 스프레이 제품 역시 코로나19에 효과가 있다고 밝힌 적이 단 한 번도 없다"는 것이었다. 또 "다른 코로나바이러스에 대해서는 임상 데이터가 있지만 이번 코로나19에 대해서는 전혀 임상 데이터가 없다"고 덧붙였다. "관련 보도자료를 낸 적도 없다"고 했다. 업체 측은 "이런 코로나 혼란 속에서 돈 벌자고 하는 회사가 전혀 아니"라며, 마케팅으로 돈 버는 회사처럼 비춰지는 것에 대해 크게 우려했다.

그러나 YTN의 보도에 따르면 실상은 달랐다. 아래 글은 2020년 1월 30일 이 업체가 뿌린 보도자료의 일부이다. 그리고 보도자료 뒷부분에도 이렇게 적혀 있다.

"현재까지 신종 코로나 바이러스에 대한 뚜렷한 치료법이나 예방 백신이 없는 상황에서 앞선 사스 및 메르스 등의 코로나 바이러스 유행 사태에서 입증된 저농도 XXXXXX의 항바이러스 효과는 이와 유사한 신종 코로나 바이러스 예방을 위한 개인 위생 관리에도 크게 도움이 될 것으로 기대된다."

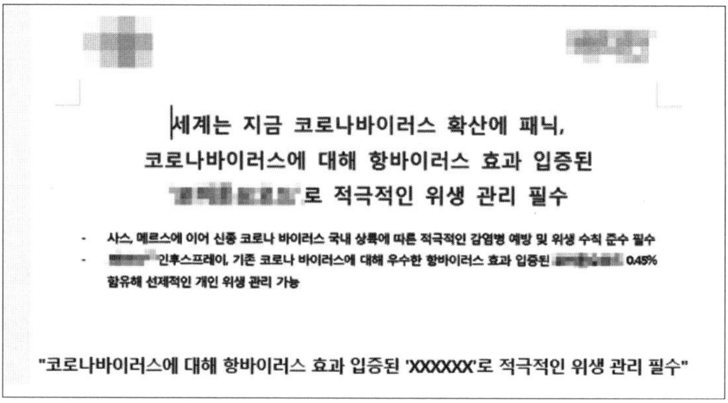

**세계는 지금 코로나바이러스 확산에 패닉,**
**코로나바이러스에 대해 항바이러스 효과 입증된**
**로 적극적인 위생 관리 필수**

- 사스, 메르스에 이어 신종 코로나 바이러스 국내 상륙에 따른 적극적인 감염병 예방 및 위생 수칙 준수 필수
- 인후스프레이, 기존 코로나 바이러스에 대해 우수한 항바이러스 효과 입증된 0.45% 함유해 선제적인 개인 위생 관리 가능

"코로나바이러스에 대해 항바이러스 효과 입증된 'XXXXXX'로 적극적인 위생 관리 필수"

의료 전문지인 데일리 메디는 2020년 3월 2일자 기사에서 이와 관련된 내용을 다루었다.[20]

"베타딘 인후스프레이의 경우 예전부터 소위 '빨간약'으로 불리며 상처 부위를 소독하는 데 사용되던 성분인 포비돈 요오드가 주성분이며 구강내 살균소독, 인두염, 후두염, 구내염 등에 사용된다. 실제로 2018년 Maren Eggers 교수 연구에서 농도 7%의 포비돈 요오드 가글액을 희석한 0.23% 농도의 포비돈 요오드를 사스와 메르스 바이러스 등의 코로나 바이러스에 노출했을 경우 15초 후에는 바이러스가 비활성화 됐다는 결과가 발표된 바 있다."

기사의 말미에 해당 업체의 공식입장문이라며 "포비돈 요오드 성분은 사스 및 메르스 코로나 바이러스 등 호흡기 바이러스를 비활성화하는 것에 대해 과거 시험관 실험을 통해 의학적으로 확인됐으나 현재 유행하고 있는 신종코로나바이러스에 대한 실험은 이뤄진 바 없어 이에 대한 효과는 확인되지 않았음을 알린다"며 "소비자들의 오해와 착오가 없길 바란다"고 전했다.

기사에 나오는 당사자의 입을 빌려 오해와 착오가 없길 바란다고 했지만 이 기사의 제목("코로나19 효과" 확신되면서 매출 급증 '구강 소독제')은 이미 해당 브랜드의 효능을 강하게 시사하고 있다.

일반 사람들이 보기에 '이 회사 제품은 코로나19에 효과가 있겠네'라고 오인할 수 있는 내용이다. 그러나 전문가들은 해당 제품을 써도 코로나19 예방 효과가 미미하다고 선을 긋는다. 가글이나 인후(목구멍) 스프레이는 입과 목구멍에 닿는 반면, 코로나19 바이러스는 코에도 있고 코 뒤쪽 점막 등 호흡기 전반에 퍼져 있기 때문에 그 효과라는 것이 의미가 없다는 이야기다. 서울특별시의사회 박홍준 회장은 "가글 용액이 닿는 부위가 구강하고 인후(목구멍)는 닿지만, 코 속이나 코 뒤쪽에 있는 점막에는 가글이 닿지 않기 때문에 그것으로써 모든 호흡기 부분을 막아낼 수는 없다."고 주장한다.[21] 단순히 입, 목에 있는 바이러스를 줄인다고 해서 코로나19를 예방하거나 치료한다고 볼 수는 없고 입, 목에 있는 바이러스를 일시적으로 줄인다고 해도 다른 호흡기에 있는 바이러스가 옮겨갈 수 있다는 의미다.

그러나 이 제품은 해당 업체가 입장문을 밝힌 이후에도 유튜브

를 통해 판매되고 있었다.[22]

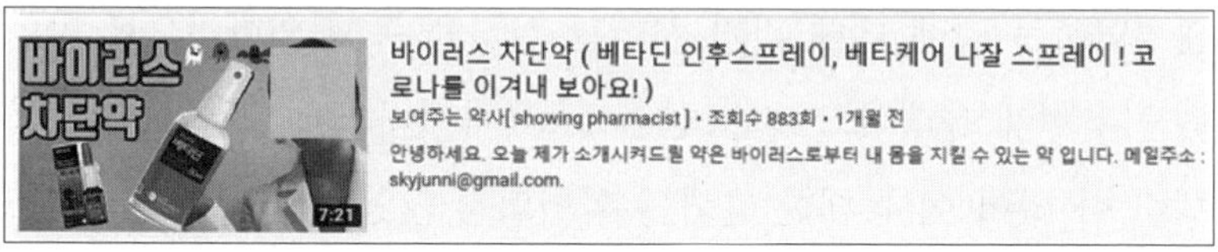


### 코로나19 재난 상황을 틈탄 스미싱 기법들, 세상에 공짜는 없다

2020년 5월 초 미국에서는 이메일과 SNS를 통해 정부가 코로나 바이러스를 예방하거나 치료하기 위해 극비로 추진하고 있는 상품들을 구매할 수 있다고 주장하는 메시지들이 SNS를 통해 여기저기 떠돌았다.[23] 이 메시지들에는 '특별가'라든지 '사적으로 친하게 지내는 정부 고위 관계자를 통해서'라는 등등 말들이 곁들여졌다.

미국의 경우 2020년 5월 3일 무렵은 하루 확진자 수가 3만 명을 넘어섰고 사망자 수도 1,624명에 달할 정도로 심각한 단계였다. 이런 심각한 상황에서 코로나19와 관련된 상품들을 그것도 특별가에 준다는 말에 관심을 가질 수밖에 없다.

그렇다면 이쯤 해서 질문을 한번 던져보자. 이 메시지가 사실이라면 이익을 보는 사람은 누구일까. 물론 귀한 상품이니까 고액일 것이다. 따라서 이 상품을 몰래 빼서 판매한 사람들은 거액을 챙길 것이다. 그리고 코로나19에 감염된 사람도 이 상품을 구매해서 치료에 도움을 받을 수도 있다. 그러나 우리나라 식품의약청이나 미국 FDA 승인과 같은 검증을 마치지 않은 상태이기 때문에 안전성을 담보할 수 없다. 즉 구매자의 입장에서는 부분적으로 이익을 볼 수도 있고 속아서 돈만 날리는 경우도 있다. 그렇다면 손해를 보는 사람은 누구일까. 정부다. 극비리에 추진하고 있는 일이 폭로되고 언론과 국민으로부터 온갖 불신과 비난을 받을 것이다.

이 말이 거짓인 경우도 생각해보자. 그럼 이익을 보는 사람은 누구일까. 그 말을 하고 판매한 사람이 유일하다. 결과적으로 어떤 경우든 이익을 보는 사람은 한 측밖에 없다.

더 중요한 것은 아직까지 공식적으로 승인받은 백신이나 치료약은 없다는 사실이다. 그리고 그러한 일을 정부 단독으로 할 수는 없고 제약 관련 연구자나 제약회사가 관련될 수밖에 없다. 설사 그 일을 추진하더라도 비밀리에 추진할 수 있는 일도 아닌 것이다.

미국 뉴잉글랜드주에서는 코로나19 진단을 저렴한 가격으로 빨리 해 준다는 정보가 나돌았다. 소비자 대상 보이스피싱과 사기성 스팸 등을 추적해 온 미국의 비즈니스보호협회의 뉴잉글랜드 지국 파울라 플레밍(Paula Fleming) 지국장은 "코로나19 진단 테스트를 제공하는 진료소 또는 의료기 회사를 사칭한 웹사이트나 로봇콜을 통해 코로나19 진단을 500달러에서 200달러 이내에서 수 분 내에 빨리 해준다는 광고로 돈을 입금하게 하고 사기를 치는 일 때문에 피해자가 늘어나고 있다"고 말했다.[24] 그녀는 "지금까지 FDA 승인을 받은 재택용 진단키트는 없다며 그런 전화를 받는다면 공적인 보건의료기관에 문의하고 상의해야 한다"고 말한다. 사기꾼들은 연락을 받은 사람들이 확인을 하지 못하도록 시간적 재촉을 하기 때문에 연락을 받은 즉시 보건의료 기관에 확인을 할 필요가 있다는 것이다.

코로나19는 경제적 어려움뿐만 아니라 대규모의 실직을 몰고 왔다. 그런 탓에 구직 수요는 더욱더 늘고 있다. 또 어려운 와중에서 재택근무를 원하는 사람도 늘고 있다. 사기꾼들은 집에서 일하는 가짜 직장을 만들거나 유능한 원격 근무를 약속하고 면접이 필요 없는 이직이나 취업 조건을 제시하는 방법들을 쓰고 있다. 예를 들면 채용을 조건으로 입사 후 받아야 할 교육훈련비를 선불로 처리하는 경우도 있고 신용 확인을 한다면서 입출금 계좌를 만들도록 요구하고 개인의 금융 관련 정보를 요구하는 경우도 있다. 또는 집에서 일하기 위해 비싼 장비와 용품을 구입하라고 요구하고 그 비용을 탈취해 가기도 한다.

돈에 관한 한 세상에 천사는 없다. 공짜도 없다. 사기를 치기 위한 미끼일 뿐이다. 눈을 확 뜨이게 만드는 현란한 금전적 조건들에 관한 메시지를 보거든 이런 질문을 해보자. 이 메시지로 인해 돈을 버는 사람은 누구일까. 최소한 나는 아니다.

### "나는 우한에서 왔다! 콜록 콜록"

유튜브 크리에이터! 어느새 우리나라 초등학생들이 선망하는 꿈의 직업이 되었다. 2019년 교육부와 한국직업능력개발원이 조사한 초중등 진로교육 현황조사 결과에 따르면 초등생의 경우 유튜버 크리에이터가 희망 직업 중 3위를 차지했다.[25] 2018년 5위에 이어 1년 만에 3위까지 올라왔다. 그런가 하면 취업포털 사람인이 2019년 10월 유튜버 도전 의향을 조사한 결과 성인 63%가 유튜버를 꿈꾸는 것으로 나타났다.[26]

이렇듯 많은 사람들이 유튜버를 갈망하는 이유는 무엇일까. '돈', '인기와 유명세', '크리에이터로서의 자아성취감' 등 다양한 요인들이 있겠지만 그중에서 단연 으뜸은 돈일 것이다. 돈은 당연히 다른 요인들을 동반하기 때문이다.

돈벌이로서 유튜브의 지상과제는 뭐니 뭐니 해도 광고를 통한 수익 창출이다. 이 목표를 달성하기 위해 인기영상을 제공하고 사용자가 좋아할 만한 영상을 끊임없이 추천한다. 이용자들을 최대한 유튜브 화면 앞에 붙들어놔야 하기 때문이다. 물론 광고 외의 수입원도 있다. 이를테면 라이브 방송을 하는 동안에 채팅에 참여하는 시청자가 보내주는 후원금, 즉 슈퍼챗도 있고 그 밖에 기부금도 있다. 그러나 수익원이 무엇이든 간에 조회수가 먼저 따라줘야 한다. 이 '논리'는 유튜브 크리에이터들에게도 그대로 적용된다. 구독자를 늘리고 조회 수가 많이 나와야 돈을 벌고 살아남을 수 있다. 그 과정에서 '무리수'를 던진다.

중앙대 유홍식 교수(미디어커뮤니케이션학부) 연구팀이 2016년 게임과 토크, 엔터테인먼트 분야로 나눠 분야별로 인기 있는 3명의 유튜브 크리에이터가 제작한 27개 영상을 분석한 결과 총 1,034개의 유해적 내용이 발견됐다.[27] 욕이나 막말, 비속어 등 문제적 언어 사용이 51.4%(531회)로 가장 많았고, 폭력적 내용이 20.4%(211회), 선정적 내용이 15.3%(158회)로 뒤를 이었다.[28] 성인인증시스템(유튜브 크리에이터가 설정할 수 있다)이 설정된 콘텐츠는 하나도 없었다.

이같은 연구결과는 유튜브의 세계에서 성공하기 위해서는 뭔가 '튀는 것', '자극적인 것', '충격적인 것'들이 필요하다는 것을 시사해 준다. 우리가 처음 겪어 알 수 없는 불안감과 두려움을 던져 주었던 코로나19는 이런 유튜버들이 활개치기에 안성맞춤이었다.

2020년 1월 30일 오후 4시 30분경 20대 청년이 부산 지하철 3호선의 붐비는 전동차의 한 칸에서 갑자기 기침을 한 뒤 "여러분, 전 우한에서 왔습니다. 전 폐렴입니다. 모두 저한테서 떨어지세요! 폐가 찢어지는 것 같습니다"라 외치면서 곧 숨이 넘어갈 듯 기침을 내뱉어 주위 승객들이 다급히 자리를 피하는 소동을 빚었다.[29]

이 청년은 이후 지하철에서 내려 "나는 이제 정상인"이라며 "아무도 내가 지하철에서 이상한 짓을 한 것을 모를 것"이라고 말하며 시민들을 비웃기도 했다. 이 청년은 지하철 내 상황과 승객들의 반응까지 포함한 과정을 카메라로 찍어 자신이 운영하는 유튜브에 올렸다.[30]

현장에 있던 승객의 신고로 경찰에 붙잡힌 이 청년은 곧장 지역 보건소로 이동해 검사를 받았다. 하지만 결과는 음성이었다. 그 또한 개인 채널 '우짱'을 운영하는 유튜버로 조회수를 높일 수 있는 동영상을 만들기 위해 자작극을 벌였던 것으로 밝혀졌다. 바로 조회 수를 높이기 위해 의도적으로 꾸민 것이다. 그가 한 말 또한 가관이다.[31]

"그 행동을 함으로 해서 조회수가 폭발적으로 증가했죠.(조회수) 30만 했던 것도 있고. 제가 원래 구독자 천 명밖에 안됐어요. 그런데 지금 구독자가 한 달도 안 돼서 세 배가 넘게 올랐거든요."

영상이 논란을 불러일으키자 이 유튜버는 자신의 채널에 사과 영상을 올렸지만 그나마 그 사과는 조롱으로 가득했다. 결국 이 유튜브와 유튜버의 목적은 조회 수 올리기, 즉 수익이었다. 우짱이 난리법석을 떨면서 올린 우한폐렴 가짜뉴스 소동 영상은 조회 수가 최소 2만에서 최대 40만 정도를 기록했다. 그러나 그가 올린 동영상이 수익으로 연결되는지에 대해서는 미지수다. 유튜브의 규정상 공포감 조성으로 인해 조회 수가 오른 콘텐츠와 유해한 허위정보 확산이 담긴 영상은 정책 위반으로 노란 딱지가 붙기 때문이다.

이 유튜버가 소동을 일으킨 1월 30일 우리나라 코로나19 상황은 위기경보 단계가 주의에서 경계로 격상한 단계로 6번째 확진자가 발생해 막연한 불안과 두려움이 몰려오던 시기였다.

이 20대 유튜버의 행위에 대해 부산 북부경찰서는 관련 수사를 시작한 뒤 허위사실 유포 및 업무방해 혐의로 2월 8일 구속영장을 신청했으나 기각됐다. '직업과 주거가 일정하고 피의자가 혐의 사실을 인정하고 있으며 범행 당시 동영상이 확보돼 증거인멸 가능성도 작다'는 게 그 사유였다.[32]

그러나 3월 13일 부산지검 서부지청은 이 유튜버를 다시 업무방해, 경범죄처벌법위반 혐의 불구속 기소하고 정식 재판에 회부했다.[33] 해당 유튜버가 자신의 잘못을 진정으로 뉘우치지 않은 점, 최근 정부가 코로나19 관련 허위사실, 일명 가짜뉴스 유포에 대해 엄중하게 대응하고 있는 점 등이 고려된 것이다. 약식기소는 공판 절차를 거치지 않고 서면 심리로 진행하는 재판으로, 보통 벌금형이 내려진다. 그러나 정식 재판으로 가면서 벌금형은 물론 징역형·금고형까지 처벌 가능 범위가 넓어진 셈이다.

중요한 것은 그의 행동과 말에는 분명한 '유튜브 조회 수로 수익을 올리기 위해서'라는 분명한 목적이 있었다. 그래서 우리는 질문한다. 저 유튜브는 왜 내보내는 것일까. 결국 그의 유튜브를 구독하는 것은 그의 목적을 충실히 달성시켜 주는 격이 된다.

그래서 미디어 메시지를 볼 때는 '왜 이 메시지를 만들었을까'를 생각해 볼 필요가 있다. 답은 1번. '사람들에게 유익한 정보를 주려고' 2번. '조회 수를 올려 돈을 벌려고' 3번. '누군가에게 정치적 해를 입히기 위해' 4번. '기타 재미 삼아' 중의 하나다. 가짜뉴스의 답은 2번 아니면 3번이다. 이 유튜버의 경우는 2번이 정확한 답이다.

## 25. 이 메시지는 누구에게 불리한가 혹은 유리한가

### 가짜뉴스의 종합 백화점, '조선족 선거권 발급 …'

코로나19 확진자가 급속하게 늘고 있었던 2020년 3월 초 SNS

에는 문 대통령이 긴급 행정명령으로 중국 동포에게 1개월만 국내에 거주하면 주민증과 선거권을 발급한다'는 뉴스가 돌았다. 이 뉴스에는 국가기간 통신사인 '연합뉴스' 로고가 붙어 있었고, '긴급뉴스', '종합 2보'처럼 실제 뉴스와 비슷한 문구도 달려 있었다.[34] 언론사 이름을 단 이 글은 급속히 퍼져 나갔다.

그런데 이 글은 가짜뉴스였다. 그것도 단순한 가짜뉴스가 아니라 형식, 내용 및 맥락 등 모든 것이 거짓인 가짜뉴스 백화점이었다.

연합뉴스

긴급속보: 2020년 3월 7일 0시를 기점으로 문재인 대통령이 긴급 행정명령으로 조선족은 1개월만 거주하면 주민증, 선거권 발급 (종합2보)

정부는 2020년 3월 7일 0시부터 조선족인임이 확인되면 1개월만 대한민국에서 체류하면 곧바로 대한민국 국민으로 편입시키고 곧바로
선거권과 주민증을 곧바로 발급해 주기로 긴급행정명령을 내렸다. 이로서 다가오는 김일성 생일과 겹치는 날짜인 4.15 총선에서 조선족이
선거 당락에 가장 큰 영향을 주는 변수가 되었다.

(서울=연합뉴스)노미현 기자 - 긴급 행정명령으로 4.15 총선에서 피 선거권을 갖게 되는 조선족 동포들이 수백만명 4월 이전에 들

116　5 Comments 426 Shares

'긴급 속보'라는 타이틀

이 글은 연합뉴스 로고 바로 아랫부분에서 '긴급속보'라는 타이틀로 시작한다. 속보는 그 특성상 사건 발생에 따른 소식을 긴급하게 전달하는 뉴스다. 따라서 제목 형태로만 보도하는 경우도 있고 보도사진에 캡션을 넣어 보도하는 경우, 그리고 핵심 내용만 압축적으로 제시한 형태도 있다. 그러나 타이틀 명칭은 일반적으로 명칭은 거의 '속보'로 통일해 쓰고 '긴급속보'라는 타이틀은 쓰지 않는다. 시급성을 강조해 관심을 더 끌어보겠다는 것으로 볼 수 있지만 이 글은 기본적인 타이틀 형식을 벗어난 가짜뉴스다. 연합뉴스의 실제 속보 형식을 보면 그 차이를 바로 알 수 있다.[35]

기사 입력 및 수정 시간

뉴스에서 속보는 시간적으로 빨리 보도해야 하는 경우를 말한다. 시간적 제약 때문에 빨리 보도해야 하지만 해당 뉴스는 계속 수정될 수 있다는 것을 의미한다. 따라서 일반 언론사의 인터넷 뉴스는 필수적으로 입력 시간과 수정 시간을 명확하게 표기한다. 그런데 이 글은 인터넷 뉴스가 반드시 지켜야 할 입력시간을 빠트렸다.

### 엉뚱한 사진

앞서 2장에서 언급한 것처럼 이 뉴스를 위해 찍은 사진이 아니라 2014년 2월 18일 재한중국동포유권자연맹의 새 지도부가 결정되면서 찍은 사진이다. 타임머신을 타고 날아온 엉뚱한 사진이다.

### 인터넷 웹사이트의 기사유형 분류 형식

언론사의 인터넷 뉴스는 독자나 시청자의 편의를 위해 뉴스를 유형화해서 상단에 배치한다. 연합뉴스의 경우 상단의 뉴스 유형은 '뉴스홈', '속보', '정치', '경제', '사회' 등등으로 분류해 놓고 있다. 이 글은 뉴스 유형을 적시하지 않고 있다.

### 비문형 제목

또한 제목에 '주민증, 선거권 발급'으로 표기되어 있는데 주민증은 '발급'이 맞지만 선거권과 어울리는 명사형은 '부여'가 맞다. 이는 주어와 서술어가 호응하지 못하는 비문형 제목이다. 정규 언론사의 뉴스 기사는 본문에서는 물론 제목에서 비문 쓰는 것을 금기시한다.

### 뉴스 본문 문장

"정부는 2020년 3월 7일 0시부터 조선족인임이 확인되면 1개월만 대한민국에서 체류하면 곧바로 대한민국 국민으로 편입시키고 곧바로 선거권과 주민증을 곧바로 발급해 주기로 긴급행정명령을 내렸다."는 한 문장 내에서 '대한민국', '곧바로' 이 단어들을 반복

사용하고 또 '확인되면'과 '체류하면'은 한 문장 내에서 접속사가 호응을 이루지 못하는 비문을 쓰고 있다. 언론사의 기자가 썼다면 신입기자라도 이런 오류는 범하지 않는다.

### 뉴스의 내용

대통령에게 부여된 긴급 사항 중에 '긴급행정명령'이란 조항 자체가 없다. 유사한 용어로는 헌법에 보장되는 긴급명령권이 있다. 헌법 76조 ①항은 '대통령은 내우 · 외환 · 천재 · 지변 또는 중대한 재정 · 경제상의 위기에 있어서 국가의 안전보장 또는 공공의 안녕질서를 유지하기 위하여 긴급한 조치가 필요하고 국회의 집회를 기다릴 여유가 없을 때에 한하여 최소한으로 필요한 재정 · 경제상의 처분을 하거나 이에 관하여 법률의 효력을 갖는 명령을 발할 수 있다'고 규정하고 있다. 그야말로 비상시국에나 발동될 수 있는 권한이다. 우리나라의 경우 3월 초 코로나19로 인한 사망자가 40명 수준에 이른 시점이다. 이러한 시기와 상황을 고려하면 뭔가 '비정상적인' 혹은 '특별한' 대통령의 행위임을 강조하려는 의도를 엿볼 수 있다.

선거권을 부여한다는 내용도 사실과 다르다. 지난 2005년 개정된 공직선거법 제15조 제2항 제3호는 영주권 취득일 후 3년 이상 한국에 거주한 외국인에 대해 선거권을 부여한다.[36] 다만 이는 지방선거에만 해당되며 대선 또는 총선에는 해당되지 않는다. 피선거권도 부여되지 않아 출마는 할 수 없다.

### 다른 언론에는 전혀 나오지 않은 독불장군 기사

뉴스 기사문에 나온 것처럼 1개월 이상 거주한 조선족 모두에게 투표권을 부여한다면 이는 뉴스가치가 대단히 큰 기사이다. 역대 총선 결과를 보면 한 자리 숫자의 차이로 당락이 갈리는 경우도 많은데 1개월 이상 거주한 조선족 모두에게 투표권을 부여한다면 그것은 빅뉴스 중의 빅뉴스다. 총선 판도가 바뀔 수 있을 정도로 큰 영향을 주기 때문이다. 따라서 이 정도 비중이 있는 기사라면 연합뉴스뿐만 아니라 거의 모든 매체에서 1면 톱이나 방송의 메인뉴스감이다. 그런데 이렇게 뉴스가치가 높은 기사인데도 불구하고 다른 언론사에는 단 한 줄도 뉴스로 보도되지 않았다. 포털이나 인터넷에 '조선족 선거권'을 키워드로 입력만 하면 바로 확인할 수 있는 기사다.

### 목적의 문제: 이 기사로 인해 누가 이익을 보는가

앞서 언급한 것처럼 이 기사는 가짜뉴스의 백화점이라고 해도 과언이 아닐 정도로 다양한 가짜뉴스성 요소들을 가지고 있다. 이 가짜뉴스가 뜬 시점은 여러 가지 상황 요인들이 복합적으로 얽혀 있다. 따라서 '이 기사로 인해 누가 이익을 보는가'를 질문하면 가짜뉴스 속성이 더 뚜렷하게 드러난다.

2020년 3월 초순경은 코로나 바이러스가 한창인 시점에서 우리 정부가 중국에 지나치게 우호적으로 대응했다는 인식과 논란이 팽배해 있는 상황이었다. 2020년 3월 2일 기준으로 확진자가 4,212명에 사망자는 22명에 달했고 특히 확진자 수의 경우 하루 만에

476명이 증가할 정도로 코로나19가 심각한 상황이었다. 감염 확진자와 사망자 수가 계속 늘어나는 시점이었지만 일각에서 제기하는 중국인 입국 금지 조치를 취하지 않았다. 또 중국인 · 중국 동포 · 중국 유학생들이 댓글, 청와대 국민청원 게시판 등을 통해 대규모 여론 조작을 하고 있다는 차이나게이트라는 의혹이 제기된 시기였다.

또 이 기사에 본문에는 “김일성 생일과 겹치는 날짜인 4 · 15 총선에서 조선족이 선거 당락에 가장 큰 영향을 주는 변수가 됐다”며 “4월 이전에 조선족 동포 수백만 명이 입국하기로 결정돼 더불어민주당은 압승의 길이 열리게 됐다”는 내용이 담겨있다.[37]

이런 몇 가지 정황을 종합하면 이 글의 목적은 뚜렷하다. 코로나19가 심각한 상황으로 치닫고 있었고 4.15 총선을 한 달여 앞둔 시점에 정부와 민주당의 친중국 행태를 한껏 부각시킴으로써 정부와 민주당의 이러한 행태에 반대하거나 중립적인 사람들의 지지와 동참을 이끌어내려는 의도가 뚜렷하다. 한마디로 정부와 민주당의 총선 패배가 그 목적이다. 또 경향신문이 보도한 것처럼 이 가짜뉴스는 초지일관 정부와 민주당을 반대해 온 보수 성향 온라인 커뮤니티 ‘일간베스트저장소(일베)’에 올려졌다는 점도 그 의도를 뒷받침해준다.[38] 이 가짜뉴스가 많은 사람에게 알려짐으로써 누가 어떤 이익을 볼 것인가를 확인한다면 바로 거짓을 확인할 수 있는 사례이다.

## 26. 메시지 제작자의 공적 주장에 개인적인 이해관계가 없는가

사람들은 같은 말이라도 공인된 사람들의 말을 더 신뢰하는 경향이 있다. 여기서 공인된 사람들이란 특정 분야의 전문 지식을 가진 전문가, 언론인, 과학자, 공직자 등을 말한다. 이들은 사회적으로 높은 수준의 책임감을 가지고 있기 때문에 그들이 하는 말이 객관적 근거가 있고 사회에 이로울 것이라고 믿는 경우가 많다. 특히 이들의 발언은 사회적으로 큰 영향을 미치기 때문에 개인적인 이해관계가 개입된 문제에는 관여하지 않도록 자율 규제 조항을 두기도 한다.

그런데 전문가들 모두가 늘 이런 책임감을 가지고 공적 발언을 하는 것은 아니다. 때론 개인의 사적인 이익을 얻기 위해 공적인 거짓말을 그럴듯하게 하는 경우가 있다. 이를 이해상충이라고 한다. 코로나19는 전 세계에 걸쳐 심각한 피해를 입히고 있지만 다른 측면에서 여기에는 다양한 이해관계가 상존하고 있다.

### '비타민C가 코로나19 치료제로 채택되었다'고 주장한 머콜라 박사

정골요법*(osteopathy) 의사인 죠셉 머콜라(Joseph Mercola) 박사**는

* 두개(頭蓋 머리뼈) · 사지(四肢)의 이상을 바로잡음으로써 내부 질환의 병을 치료하는 방법

** 머콜라 박사는 다양한 종류의 건강 보조제와 의료기 관련 상품들을 판매하고 있다. 한

2020년 4월 12일, 자신이 운영하는 한국 머콜라 닷컴 홈페이지에 '비타민C와 비타민D가 코로나바이러스 치료제로 최종 채택되었습니다'라는 제목의 글을 올렸다.[39]

참고로 한국 홈페이지에 나와 있는 커리어를 잠깐 소개하면 머콜라 박사는 정골요법 의사 외에 미국 일리노이주 호프만 에스테이트 성 알렉시어스 의료센터 가정의학과장을 역임했고 미국의 CNN 등 다수 언론에도 출연한 것으로 되어 있다. 또 우리나라 언론에는 '자연 건강법 전문가', '세계적인 건강 전문가' 등 다양한 분야의 전문가로 소개되어 있다. 그리고 현재 우리나라에서 온라인 방식으로 수십 가지에 달하는 의약품 보조제와 건강 의료용품 등을 판매하고 있다. 그의 글을 살펴보자.

머콜라 박사는 제목에서 말한 것처럼 비타민C와 D가 신종 코로나바이러스 SARS-CoV-2의 치료제로 최종 채택되었다고 주장한다. 그리고 이는 수천 명의 생명을 구할 수 있고 의료비용을 낮추기 때문에 좋은 소식이라고 덧붙인다.

머콜라 박사가 이런 자신의 주장을 뒷받침하기 위해 제시한 근거는 2020년 3월 24일 뉴욕 포스트(New York Post)가 보도한 기사다.[40] 그 기사에 따르면 뉴욕주 최대의 병원 시스템에서 중증 코로나바이러스 환자들에게 고용량의 비타민C가 공급되고 있는 것으로 나타났다. 그리고 이 방법은 중국 상하이에서 코로나바이러스를 가진 사람들에게 투여된 실험적 치료법을 기초로 한 것이라고

---

글로 된 자신의 닷컴을 운영할 정도라면 한국 내에서 판매량이 그만큼 많다는 것을 시사한다.

설명한다. 이에 덧붙여 비타민C를 투여받은 환자는 투여받지 않은 사람들보다 훨씬 더 상태가 나아진 것으로 나타났다고 밝혔다.

그리고 뉴욕 포스트 기사 외에 정분자 의학뉴스 서비스(Orthomolecular Medicine News Service)의 편집장인 앤드류 사울(Andrew Saul) 박사가 언급한 2020년 3월 17일자 인터뷰를 또 하나의 근거로 들었다. 이 인터뷰에서 사울 박사는 한국에서 고용량의 비타민C를 정맥 내에 투여해서 며칠 만에 건강을 회복하고 있다는 한국 의사의 말을 인용했다.

부가적인 근거를 들기는 했지만 머콜라 박사가 자신의 주장을 위한 핵심 근거는 뉴욕 포스트의 기사다. 그러나 비타민C가 코로나19의 예방 혹은 치료에 효과가 있다는 가짜뉴스는 국내는 물론 외국에서도 횡행했다. 그러나 그에 대한 과학적 혹은 의학적 증거는 확인되지 않았다.[41]

뉴스위크는 3월 26일자 기사에서 머콜라 박사가 유일한 근거로 든 뉴욕 포스트의 내용을 정면으로 반박했다.[42] 뉴욕 노스웰 병원의 중환자실에서 COVID-19로 양성 검사를 받은 환자는 다량의 비타민C로 치료를 받는 경우도 있었지만 그것이 코로나19 치료제로서 정맥 내 비타민C의 효과를 과학적으로 입증한 것이 아님을 분명히 했다. 미국 질병통제예방센터(CDC)에 따르면, COVID-19에 대한 특정 치료법과 관련하여 현재 FDA 승인을 받은 것은 없다. 여기에는 비타민C도 포함된다.[43]

밴더빌트 대학교 의과 대학 전염병 교수인 윌리엄 샤프너(William Schaffner) 박사는 "'비타민C와 비타민D가 코로나19를 예방하거나 치료하는 데 사용될 수 있다'는 주장을 들었다"고 말했다.[44] "나는 그것이 사실이면 좋겠습니다. 그러나 어떤 비타민이든 예방이나 치료가 효과적이라는 증거는 없습니다. 그것이 사실이라면, 이미 헤드라인 뉴스로 가득 찼을 겁니다"라고 말했다. 그리고 "우리도 적극 추천했을 것"이라고 그는 덧붙였다. 중국의 우한병원에서도 코로나19 치료를 위한 비타민C의 임상실험을 진행하고 있지만 아직 결과가 드러나지 않았고 그나마 코로나19의 치료법을 찾기 위한 수많은 시도 중의 하나일 뿐이다.[45]

비타민C를 지나치게 많이 섭취할 때 부작용도 많다. 비타민C는 적정 권장량이 있다.[46] 일반적으로 성인의 경우 남성은 90mg, 여성의 경우 75mg이다. 하루 2,000mg 이상을 섭취하면 부작용이 설사, 구토, 위경련, 복부 팽만과 불편함 등의 증세가 나타난다. 또 여성이 하루 4g 이상 4개월을 지속적으로 복용했을 때 신장 결석이 나타났으며 이는 다수의 연구에서 검증된 바 있다. 또 영양소의 불균형을 가져와 신체 기관을 훼손시킬 수도 있다.

이상의 근거를 종합했을 때 머콜라 박사가 주장한 '비타민C와 비타민D가 코로나 바이러스 최종 치료제로 채택되었습니다'라는 주장은 최소한 세 가지 점에서 가짜뉴스라고 할 수 있다.

첫째, 머콜라 박사의 주장은 뉴욕 포스트의 기사를 편의적, 오도적으로 해석한 '성급한 일반화 오류'의 전형적인 사례다. 뉴욕 포스트의 기사를 요약하면 '뉴욕의 한 병원 체인에서 코로나19 중증 환자를 대상으로 대용량의 비타민C를 정맥에 투여했고 그 결과 어느 정도 효과를 본 환자들이 있었다'는 것이다. 그러나 이는 극히 일부에 국한된 현상이다. 그리고 비타민C 정맥 내 주사는 동정적 사용, 즉 달리 치료할 방법이나 약품이 없는 중증 환자들에게 인도주의적 차원에서 미승인 약물을 투여할 수 있게 허용한 제도를 적용한 환자들이다. 뉴욕주 일부 병원에서 나타난 효과가 공식 승인을 받기 위해서는 수많은 단계가 남아 있는데도 불구하고 머콜라 박사는 공식적으로 채택된 것처럼 오도했다.

둘째, 머콜라 박사는 과거 의약품 사용 및 의료기 판매와 관련하여 다수의 오도성 주장이나 발언을 한 것으로 기록되어 있다. 의료 감시 웹사이트인 쿼크와치(QuackWatch.org)를 운영하는 스티븐 베럿(Stephen Barrett) 박사는 2012년 시카고 매거진에 머콜라에 대해 쓴 바 있다.[47] "그가 대중에게 공개하는 정보는 매우 오도성 있고 잠재적으로 매우 위험합니다. 그는 합법적인 과학 기반 의료의 위험과 잠재적 위험을 과장하며, 입증되지 않은 많은 아이디어를 홍보하고 오해의 소지가 있는 주장과 함께 상품들을 판매합니다."라는 내용이다. 이는 머콜라 박사의 주장이나 발언을 신뢰할 수 있는지에 대한 의문을 제기한다.

머콜라 박사는 또 2011년 그가 '혁명적'이라고 부르며 판매했던 열화상 카메라 Meditherm Med2000에 대해 미국 식품의약국으로부터 경고문을 받았다.[48] 머콜라 박사는 "Med2000이 여성들의 유방암 검사를 위한 기구로 숨어있는 염증을 감지하는 혁명적이고 안전한 도구"라고 주장했으나 FDA는 "그 주장이 허위주장이며 FDA의 승인을 받지 않았다"고 주장했다. 열화상 촬영에 관한 미국의학협회

(American Medical Association)의 입장 성명서는 그 효과를 입증하는 증거가 없기 때문에 "현재 진단 목적으로 열화상 촬영의 사용을 권장할 수 없다"고 결론지었다.

FDA는 또 2005년에 머콜라 박사에게 자신의 웹사이트에 코코넛 오일제품 등 3가지 보충제를 판매하는 것에 대해 약품 청구(FDA 승인 의약품에만 허용되는 진술)를 중단하라고 명령했다. 2006년에 FDA는 또 다른 경고장을 보냈으며, 약물 제거가 없는 4가지 제품에 대한 약물 청구를 중단하도록 명령했다.

미국 공정거래위원회(FTC)가 2016년 4월 14일, 일리노이주에 소재한 실내 선탠베드 판매업체 머콜라(Mercola)를 상대로 제품판매를 항구적으로 금지토록 하고, 소비자들에게는 환불해 주도록 하는 처분을 내렸다.[49] 그 근거로 공정거래위는 일리노이주 북부지방법원에 제출한 소장(訴狀)에서 조셉 머콜라 박사와 머콜라닷컴(www.Mercola.com) 및 머콜라닷컴 헬스리소스(www.Mercola.com Health Resources, LLC) 등 그가 경영하는 2개 회사들이 왜곡된 내용을 광고했다는 점을 꼬집었다.

즉, 광고를 통해 실내 인공선탠이 안전할 뿐 아니라 연구를 진행한 결과 실내 인공선탠이 피부암의 일종인 흑색종을 유발할 위험성을 증가시키지 않는다는 사실이 입증되었고, 머콜라 관련 회사가 발매한 제품들이 자외선과 적외선을 방출해 노화된 피부에 젊음을 되찾아 줄 것이라며 과장된 주장을 일삼았다는 것이다. 공정거래위는 광고에서 제시된 이 같은 주장이 사실이 아닌 데다 사실을 호도하는 것이고, 근거가 없는 내용이라고 강조했다. 이에 따라 공정거래위는 실내 선탠베드와 마찬가지로 왜곡되었거나 근거 없는 내용의 광고로 소비자들을 현혹해 왔던 다른 디바이스 제품들도 마케팅 및 판매활동을 전개할 수 없도록 금지시켰다. 소비자 환불과 관련해서는 지난 2012년 1월 1일부터 현재까지 판매된 '머콜라' 브랜드 실내 인공선탠 제품들을 구입한 이들에게 구입금액을 되돌려 주도록 명령했다.

세 번째, 머콜라 박사가 쓴 글이 가짜뉴스라는 점을 가장 뚜렷하게 보여주는 증거는 '해당 글을 쓴 목적이 코로나19를 치료하는데 필요한 해법이나 대안 제시를 위한 것이 아니라 자신의 개인적 이익, 즉 자신이 판매하고 있는 약품을 팔기 위한 것'이었다는 점이다. 4월 12일자 한국 머콜라 닷컴의 글은 4월 7일에 유기농소비자협회의 글을 그대로 옮긴 것 외에 다음과 같은 추가 글이 들어가 있다.[50]

> 이 질병에 관한 최신 뉴스를 받아 보시려면 머콜라 박사의 무료 뉴스레터를 구독하고 코로나바이러스 정보 페이지에 접속해 보세요. 또한, 다음과 같은 정보도 얻을 수 있습니다.
> 비타민C와 비타민D가 코로나바이러스 치료제로 최종 채택되었습니다
>
> 닥터 머콜라 2020년 3월 11일
> 코로나 바이러스 예방을 위한 비타민C-흡수율 높은 닥터머콜라 리포솜 비타민C

코로나19로 전 세계가 공포에 떨고 있는 상황입니다.
이탈리아를 대표로 한 유럽 전역에도 코로나19가 퍼졌고 미국에서도 이젠 세 자릿수가 넘는 감염자가 생긴 실정입니다.
그래서 오늘은 코로나 바이러스에 효과가 있다고 알려진 비타민C에 관한 간략한 설명과 흡수율이 좋은 닥터머콜라 리포솜 비타민C를 소개합니다.

비타민C와 코로나 바이러스의 상관관계에 대해서는 아래 기사에서 자세하게 설명하고 있습니다.

간단히 말씀드리자면, 중증 신종플루에 효과적인 것으로 밝혀졌던 비타민C 정맥주사와 관련하여 현재 코로나19와도 관련하여 연구가 진행중인데요,
코로나19에 대한 비타민C의 효과성을 현재 실험중인 해당 연구는 "중증 2019-nCoV(코로나19) 감염 폐렴 치료를 위한 비타민C 투여"이며 2020년 2월 11일 임상실험 웹사이트 ClinicalTrials.gov에 게시되었습니다.

위의 기사를 읽어보셨다면 아실 수 있겠지만 비타민 시는 다양한 종류의 감염에 유용하며 급성호흡기 감염에도 효과가 있는 것으로 연구결과 밝혀졌습니다.
… (중략)

그렇다면 이제는 왜 닥터머콜라 리포솜 비타민 시를 선택해야 하는지 말씀드리겠습니다.

1. 리포소말 기술을 사용하여 더 많은 비타민 시가 효과적으로 흡수될 수 있도록 하며 장내 불편함이 생기지 않도록 합니다.

2. 유화제로 대두 레시틴 해바라기 레시틴을 사용합니다
3. 믿을 수 있는 제조업체를 통해 만들어졌습니다.
4. 고품질의 밀봉 기술을 사용하여 비타민 시를 안전하게 전달합니다.
5. 고용량의 비타민 시를 효과적이고 실용적으로 섭취할 수 있도록 돕습니다.
6. 인지질을 포함하여 세포막을 보호하고 위에 리포솜이 형성되는 것을 돕습니다.

이러한 증거들은 머콜라 박사가 공적 성격을 지닌 자신의 웹사이트에 '비타민C와 비타민D가 코로나 바이러스 최종 치료제로 채택되었다'고 주장했지만 결국은 자신이 팔고 있는 비타민류 제품을 팔기 위한 수단으로 활용했음을 보여주고 있다.

머콜라 박사는 입증되지 않은 근거로 비타민C가 코로나19를 치료했다는 성급화 일반화의 오류를 범했고 결국 자신이 판매하는 상품을 홍보하기 위한 근거로 활용했다.

## 백신무용론의 기폭제가 된 웨이크필드 박사의 연구와 그 이면

머콜라 박사의 경우 이해 상충의 여부가 쉽게 드러났지만 의료나 과학 분야에서 이해 관계의 문제를 찾아내기란 쉽지가 않다. 전문지식에 기초해 그럴듯한 논리로 포장을 할 뿐만 아니라 은밀한 거래가 이루어지기 때문이다. 예를 들면 '담배가 암을 유발한다.'라는 사실은 이미 1953년에 과학적 연구를 통해 입증되었지만 그 유해성 논란은 1998년까지 이어졌다.[51] 이렇듯 40년 넘게 논란을 이어온 데는 담배업계의 지속적인 홍보와 로비, 그리고 청부받은 전문가들의 가짜연구가 크게 작용했다. 지구 온난화 문제 역시 마찬가지다. 백신의 효용성을 두고 일어난 혼란과 논란의 배경에도 청부받은 의사 및 의학박사들의 가짜연구와 오도성 주장이 큰 영향을 미쳐 왔다.

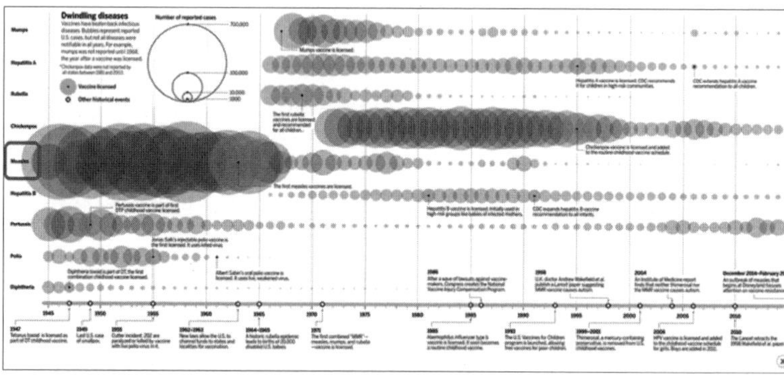


2017년 4월 28일 저명한 과학학술지인 사이언스는 '백신 전쟁

(Vaccine Wars)'을 대주제로 백신을 둘러싼 논란을 집중 조명했다.[52] 특히 이 잡지에서 미국 과학 저술가 메레디스 와이드먼(Meredith Wadman)은 그래프를 통해 인류 역사에서 백신 등장이 전염병을 얼마나 극적으로 감소시켰는지를 명쾌하게 보여주었다. 60년대 초반까지 70만 명을 오르내리던 홍역 감염자 수는 1962년 홍역 백신 개발을 기점으로 10분의 1 이하로 급감했다. 매년 수십만 명의 아이들을 감염시켰던 소아마비는 1955년 백신 개발 이후 역사의 뒤안길로 사라졌다.

이 자료를 포함해 수많은 과학적 증거가 백신의 효능과 이로움을 충분히 보여주었지만 그 부정적 영향에 관한 논란은 지금껏 끊이지 않고 있다. 더 나아가 이 문제가 논란에 그치지 않고 백신 접종 거부 운동으로까지 번지면서 홍역 백신 환자가 지속적으로 다시 늘고 있다.

2019년 12월 5일, 세계보건기구(WHO)와 미국 질병통제예방센터(CDC)는 '2018년 전 세계에서 홍역으로 인해 14만여 명이 목숨을 잃었다'는 충격적인 조사결과를 발표했다.[53] 비록 추산치이기는 하지만 이 수치는 2017년에 비해 1만 8,000명 이상이 늘어난 것이고 대다수가 5세 미만의 어린이인 것으로 집계됐다.

지역별로는 아프리카 사하라 이남 국가 등 가난한 지역이 홍역으로 인한 타격을 가장 심하게 입었다. 민주콩고, 라이베리아, 마다가스카르, 소말리아, 동유럽 우크라이나가 전 세계 발병 건수의 절반가량을 차지했다. 미국을 비롯한 선진국에서도 홍역 발병 건수가 눈에 띄게 증가한 것도 특징적이었다. 미국의 경우 2018년 홍역 발생 신고 건수가 25년 만에 가장 많았으며 알바니아, 체코, 그리스와 영국은 홍역 퇴치국 지위*를 잃었다.

WHO 유럽본부는 "유럽에서 지난 20년간 홍역이 96%나 감소했고 이 질병을 완전히 박멸할 수 있는 단계에서 갑자기 발병 사례가 많아졌다"며 "지난 50년간 노력해 안전하고 효과적인 백신을 만들었는데 여전히 홍역이 우리 생명과 재산, 시간을 허비하는 것은 받아들일 수 없는 일"이라고 지적했다.[54] 황승식 서울대 보건대학원 교수도 2019년 과학인을 위한 행사에서 "(백신의 안전성과 필요성은) 이미 과학계에서 논쟁이 끝난 사안"이라며 "예방 접종 거부는 자신뿐만 아니라 사회를 위협한다"고 주장했다.

백신 무용론은 코로나19가 한창 진행될 때도 가짜뉴스를 동반한 채 어김없이 등장했다. 닐 존슨(Neil Johnson) 미국 조지워싱턴대 데이터연구소 교수팀은 2020년 5월 13일에 발표한 국제 학술지 네이처에서 '백신 무용론과 관련된 페이스북 페이지** 숫자가 백신의 효용성을 밝히는 페이지 숫자보다 월등히 많다'는 결과를 밝혔다.[55]

연구팀은 지난 2019년 홍역이 발생했을 때의 페이스북 페이지 1,300개와 이 페이지를 매개로 약 8,800명의 페이스북 사용자가 나누는 대화를 분석한 결과, 백신 무용론을 주장하는 페이스북 페이지의 숫자가 백신 효용성을 인정하는 페이스북 페이지보다 3배나

---

* 홍역 퇴치국 지위는 자국 내의 토착화된 홍역 바이러스에 의한 환자 발생이 3년간 1명도 없고, 홍역 2회 예방 접종률이 95% 이상인 국가에 대해 세계보건기구가 인증해주는 제도다. 우리나라는 2014년부터 홍역 퇴치국의 지위를 유지하고 있다.

** 페이스북 페이지는 일종의 게시판으로 해당 계정의 소유자가 올리고 싶은 사진이나 글 등을 올릴 수 있는 공간이다.

더 많았다. 백신 효용성을 인정하는 페이스북 사용자의 숫자가 그렇지 않은 사람들보다 더 많지만 페이스북 페이지는 백신 무용론을 주장하는 숫자가 훨씬 많았다는 의미다. 연구팀은 이에 대해 "백신에 대한 의사결정을 내리지 않은 사람들이 백신 무용론을 주장하는 페이스북 페이지에 영향을 받을 확률이 더 커지는 것"이라고 설명했다.

예방접종과 그 안전성에 대한 논란은 백신이 17세기 말 의학의 패러다임으로 편입된 이래 지속적으로 제기돼 왔다. 1800년대 초 에드워드 제너가 우두 접종(variolation)을 보급한 후 몇 년이 채 지나지 않아 안티 백신 운동이 일어나기 시작했다.[56]

의무적으로 예방접종을 맞도록 하는 법률이 제정된 1800년대 중반에는 대규모 반대 집회가 벌어지기도 했다. 이 당시 종교인들이 주도한 안티 백신주의는 백신의 원료가 동물에서 기원하기 때문에 신의 섭리에 어긋난다고 주장했다.[57] 현대 의학이 꽃피고 백신으로 예방 가능한 감염병의 범위가 넓어진 20세기에 안티 백신 운동은 과학의 탈을 쓴 프로파간다로 등장한다.

1970년대 DTP* 백신 접종 후 신경학적 합병증 발생의 사례보고가 발표된 후 영국에서는 관련 언론 보도가 줄을 이었다. 1982년 미국 NBC 방송사가 방영한 TV 다큐멘터리 'DPT: Vaccination Rou-

---

* 디프테리아(diphtheria), 백일해(pertussis), 파상풍(tetanus)을 뜻하는 영어의 첫 글자에서 따온 말이다. 디프테리아, 백일해, 파상풍은 모두 세균이 일으키는 전신성 질병으로 특히 어린이가 감염되면 생명이 위험할 정도로 무서운 질병이다. 최근에는 예방접종을 실시하고 전반적인 위생 상태가 좋아져 발병률이 눈에 띄게 감소했다.

lette'에서는 백일해의 위험을 낮게, 그리고 DTP 백신의 위험을 과장되게 묘사한 선정적 작품으로 대중의 큰 관심을 불러일으켰다.[58]

1998년에 영국 의사 앤드류 웨이크필드가 의학 학술지 『랜싯』에 발표한 'MMR*백신과 자폐증 사이에 연관성이 있다'는 논문은 백신의 효용성 논란에 불을 지폈고 이후 백신 거부운동을 낳는 기폭제가 되었다.[59]

논란의 불씨가 된 논문은 자폐를 앓고 있는 아동 12명을 대상으로 한 연구에 근거했는데, 이 아동들 중 8명의 부모가 "MMR백신을 맞은 뒤부터 증상을 보였다"고 증언했다.[60] 웨이크필드는 특히 이 아이들이 장 질환까지 앓고 있다는 사실에 흥미를 느꼈다. 그는 "인과 관계를 입증한 것이 아니어서 앞으로 더 연구할 필요가 있다"면서도 한편으로는 "MMR백신 사용을 중단하고 각각의 질병에 대해서만 효과가 있는 단일백신을 써야 한다"고 주장했다.

웨이크필드의 주장은 2001년부터 언론에서 크게 화제가 되기 시작했다. 대중에 끼친 영향도 커서 1990년대 후반 90%를 웃돌던 MMR백신 접종률은 80% 아래로 급격히 떨어졌다.

그러다 2004년 2월 반전이 일어났다. 영국 더타임스의 일요판 신문인 선데이 타임스(Sunday Times)의 탐사보도 전문기자인 브라이언 디어(Brian Deer)가 웨이크필드의 논문이 사기임을 밝히는 기사를 게재하면서 MMR백신 논쟁의 상황이 급격히 전환하기 시작

---

* MMR 백신은 홍역(Measles), 볼거리(Mumps), 풍진(Rubella)을 동시에 예방하는 혼합백신이다. 홍역, 볼거리와 풍진은 소아에서 흔히 볼 수 있는 바이러스성 감염 질환이다.

했다. 디어의 기사에 따르면, 웨이크필드의 연구 이면에는 드러나지 않은 이해관계가 있었다. 또, 연구윤리위원회의 승인을 받지 않았으며, 연구 대상인 아동을 학대했다는 정황도 나타났다.

MMR백신을 둘러싼 논란은 웨이크필드의 논문이 나오기 전부터 있었다. MMR백신 제조사를 대상으로 제품에 결함이 있으니 사용을 중지하라는 집단소송이 1994년부터 이어지고 있었다. 이에 따라 리처드 바(Richard Barr)를 중심으로 한 변호사들이 법률보조위원회(Legal Aid Board, 현 Legal Aid Agency)로부터 거액을 지원받아 소송을 진행 중이었다. 이 과정에서 웨이크필드는 의학전문지 〈랜싯〉에 논문을 내기 전에 법률보조위원회로부터 55,000파운드를 받았다. 백신 제조사에 불리한 증거를 찾는 연구를 지원하는 비용이었다. 이 사항은 이해 관계 충돌의 문제를 가지고 있지만 웨이크필드는 이를 동료 연구자나 학술지에 알리지 않았다.

디어 기자는 2004년에 "텔레비전 다큐멘터리를 통해 웨이크필드가 MMR백신 사용을 중단하고 단일백신을 사용해야 한다고 주장하기 전에 단일백신 특허를 제출했다"고 폭로했다. 또 2006년에는 "웨이크필드가 MMR백신이 위험하다는 증거를 찾아내는 대가로 받은 비용이 총 43만 파운드에 달한다"고 밝혔다. 이어서 2009년에도 "웨이크필드가 자폐증과 MMR백신이 연관성이 있는 것처럼 보이기 위해 데이터를 변조하고 결과를 수정했다"고 지적했다.

영국 정부도 나섰다. 보건부장관 존 리드는 면허와 의료 윤리를 관장하는 공공기관인 영국의학협회(General Medical Council)에 웨이크필드 논문에 대한 조사를 요청했다.[61] 우여곡절 끝에 청문회는 2007년에 개최됐고 그 후 2년 6개월에 걸친 조사가 이루어졌다. 2010년 1월, 영국의학협회는 "웨이크필드가 연구 과정에서 부정직하고 무책임하게 행동했고, 아동을 대상으로 불필요한 침습적 시술을 했으며, 이런 실험이 윤리위원회의 승인 없이 이루어졌다"는 결론을 내렸다. 결국 〈랜싯〉지도 "웨이크필드의 논문을 취소한다"고 발표했다.

논문의 방법론과 내용도 문제였지만 백신 거부 운동의 기폭제가 된 영국 의사 웨이크필드의 논문은 순수한 의학적 소견이 아니라 금전적 이해관계에 뿌리를 둔 오도성 주장이었다.

### '플란데믹' 동영상과 미코비츠 박사의 개인적 은원

미국에서 코로나19가 정점을 찍던 시기인 2020년 5월 초에 이와 같은 백신 논쟁을 다시 한번 가열시키는 동영상이 나타나 세인의 관심을 촉발시켰다. '플란데믹: 코로나19 이면의 감춰진 어젠다(Plandemic: The Hidden Agenda Behind Covid-19)'라는 제목의 동영상이다.[62] 플란데믹은 플랜(plan)과 팬데믹(pandemic)이 합쳐진 것으로 '기획된 세계적 대유행', 즉 코로나19가 누군가 계획에 의해 퍼트려졌다는 일종의 음모론을 담고 있다. 2020년 여름에 정식 방영될 다큐멘터리의 발췌본인 이 동영상은 코로나19의 기원과 그 배경, 백신, 그리고 공중 보건 및 제약산업을 둘러싼 이면들을 심층적으로 다루고 있다.

이 다큐멘터리는 30,000명 이상의 구독자를 보유하고 있는 미키 윌리스(Mikki Willis)가 운영하는 제작사 엘리베이트(Elevate)에서 제작했다.[63]

이 동영상은 제목부터가 자극적이지만 비교적 긴 분량을 매끄럽게 편집한 것으로 외형만 보면 마치 잘 만들어진 한 편의 다큐멘터리를 보는 듯하다. 이 동영상의 핵심은 과거 미국 암연구소에서 전문연구원으로 근무했던 쥬디 미코비츠(Judy Mikovits) 박사의 발언들이다.

미코비츠 박사는 조지 워싱턴 대학에서 생화학 및 분자 생물학 박사 학위를 취득하고 오랫동안 백신 분야를 연구해 온 전문가였다. 미코비츠 박사는 네바다 대학 위트모어 피터슨 연구소(이하 'WPI') 연구실장으로 재직하던 2009년에 동료 연구자들과 함께 만성피로증후군(CFS)은 레트로바이러스가 그 원인일 수 있다는 연구결과를 과학전문지 사이언스(10월 8일)에 발표했다.

미코비츠 박사는 이 논문에서 "만성피로증후군 환자 101명과 건강한 사람 218명을 대상으로 실시한 검사 결과 만성피로증후군* 그룹은 67%인 68명에게서 이 레트로바이러스의 일종인 친이종쥐백혈병바이러스(XMRV)가 검출된 데 비해 대조군은 8명인 3.7%에 불과했다"고 밝혔다.[64] 이 결과를 바탕으로 미코비츠 박사는 만성피로증후군의 원인이 이 바이러스임을 증명하는 것은 아니더라도 이 바이러스가 만성피로증후군과 밀접한 관계가 있음을 보여주는 것이라고 주장했다. 당시까지만 해도 만성피로증후군이 발병하는 원인도 모르고 치료법도 없던 상황에서 이러한 발견은 거의 획기적인 일이었다.

이 논문이 발표된 뒤 미국, 영국, 호주, 캐나다, 뉴질랜드 등에서 만성피로증후군 환자의 헌혈이 금지됐다. 또 많은 병원들이 후천성면역결핍증(AIDS) 환자들에게 처방하는 항레트로바이러스제제를 만성피로증후군 환자에게 처방했다. 그러나 이후 여러 국가에서 진행된 수십 건의 연구에서는 둘 사이의 연관성을 발견하는 데 실패하면서 최초 결과의 진위 여부를 두고 논란이 불거졌다. 웰컴트러스트 선임연구원 그렉 타워스(Greg Towers)는 2010년 12월 저명한 의학 학술지 레트로바이롤러지(Retrovirology)에 발표한 논문에서 "미코비츠 박사팀의 결과는 실험실 내 오염으로 인한 '긍정오류'

---

* 만성피로증후군이란 세계인구의 약 1%가 겪고 있는 원인 모를 질병으로 1980년대에 처음 발견되었다. 증세는 견딜 수 없는 피로감, 관절-근육통, 두통, 림프절 압통, 인후통, 기억력-집중력 저하 등으로 나타난다. 증세는 최소한 6개월 이상 지속되며 다발성경화증이나 류머티스관절염만큼이나 고통스럽다.

의 결과일 가능성이 크다"라고 분석했다.[65]

그 과정에서 주 연구자인 미코비츠 박사는 2011년 9월 지시불복종을 이유로 WPI에서 해고되고 11월에는 WPI 컴퓨터에 있는 각종 자료를 불법으로 빼돌리고 컴퓨터 데이터를 불법 점유했다는 이유로 수감생활까지 했다.[66] 그해 12월에는 해당 논문을 실은 사이언스가 "미코비츠 박사의 논문이 과학적 신뢰를 상실했으며 결론에 타당성이 없는 것으로 판단된다"며 논문을 철회했다.

그 후에 미코비츠 박사는 별다른 족적을 보이지 않았지만 최근에는 백신 반대론자로 선회하여 또 다른 백신 반대론자인 켄트 헤켄리블리(Kent Heckenlively) 그리고 로버트 케네디 주니어(Robert Kennedy Jr.) 등과 함께 '부패의 전염병(Plague of Corruption)'이라는 책을 출간했다.[67]

미코비츠 박사의 이력을 장황하게 소개한 이유는 그가 플란데믹 비디오에서 주장한 내용이 이해관계의 문제를 내포하고 있기 때문이다. 실제로 이 동영상이 허위사실을 담고 있다는 이유로 삭제되기 전까지 유튜브, 트위터, 페이스북 등의 SNS에서 7백만 이상의 조회 수를 기록했다.[68] 유튜브가 내건 삭제 근거는 코로나19의 치료제에 대한 허위 사실 유포였다.

이 동영상에서는 논란이 될 수 있는 다양한 내용을 다루고 있지만 백신과 관련하여 미코비츠 박사는 이 비디오에서 "기존의 백신이 그래왔던 것처럼 백신은 앞으로도 수백 명의 사람들을 죽음으로 몰아넣을 것"이라고 주장했다.[69] 주장의 핵심 중의 하나는 자신의 연구에 따르면 백신은 사람들의 면역체계를 약화시켜 유행성 전염병에 더 취약하게 만든다는 것인데, 이 사실을 덮기 위해 플렌데믹을 기획한 세력들, 즉 빌 게이츠, 세계보건기구, 그리고 앤서니 파우치 박사, 미국 보건기구, 제약업계들이 이를 은폐하기 위해 자신을 매장시켰다는 것이다.

팩트체크 기관인 팩트체크 오알지 닷컴의 분석에 따르면 그녀가 어떤 백신을 언급하고 있는지는 확실하지 않지만 지금까지 백신은 그 반대로 수천만 명 혹은 그 이상의 생명을 구했다고 밝혔다. 이를테면 질병통제예방센터와 세계보건기구(WHO)의 연구자들에 따르면 홍역 백신은 2000년에서 2016년까지만 해도 전 세계적으로 2천만 명 이상의 생명을 구한 것으로 나타났다.[70]

어떻게 보면 뻔한 거짓말에 뻔한 이야기다. 그럼에도 불구하고 조회 수가 말해주듯 큰 관심과 반향을 불러일으켰다. 코로나19로 인한 불안과 두려움, 그리고 이를 부추기는 세력들의 음모론이 의외로 잘 먹혀들어간다는 것을 잘 보여주기도 한다.

미코비츠 박사는 이 동영상에서 "각종 백신이라는 것이 사람들의 면역체계를 약화시켜 코로나19를 포함한 유행성 전염병에 더 취약하게 만든다는 자신의 연구가 파우치를 비롯한 미국의 보건기관들에 의해 매장당했다"고 주장했다.[71] 그 밖에도 동영상 곳곳에서 파우치 박사와 일단의 세력을 묶어 비난하는 내용이 자주 나타난다.

이 주장의 사실 여부를 확인하는 데는 앞으로 많은 시간을 요할지도 모르지만 미코비츠 박사는 이 동영상을 파우치 박사에 대한 개인적인 복수의 장으로 활용하고 있다. 이 역시 이해관계의 반영이다.

메시지 제작자나 전문가가 이해관계의 문제를 가지고 있는가의 여부는 그 메시지가 가짜뉴스인지 혹은 오도성 주장인지의 여부를 가리는 데 중요한 기준이 된다. 그러나 그 이해관계를 밝혀내는 것은 매우 어렵다. 다루는 분야가 전문적일 뿐 아니라 이해관계 여부는 은밀하게 감춰져 있기 때문이다. 웨이크필드의 연구나 주장이 개인적 이익을 위한 것이었다는 사실이 밝혀지기까지 6년의 시간이 걸렸다. 따라서 특정의 전문분야에 대한 주장에서 이해관계 여부를 가려내는 일은 특히 일반인의 입장에서 거의 불가능한 일일지도 모른다.

여기서 중요한 것은 그럴 개연성이 늘 있을 수 있다는 점을 인식하는 것이다. 미디어리터러시 영역에서 할 수 있는 일은 어떠한 주장이라 할지라도 그 반대의 주장이 있을 수 있다는 점, 그리고 논란이 있는지의 여부를 확인해 보는 것이다.

# 미주

## 머리말

1. "불안이 불안 키우는 '코로나 과잉대응'", ≪한겨레≫(2020. 4. 28)
2. "코로나보다 무서운 '인포데믹스', 병원 기피하면 더 큰 위험 초래", ≪의사신문 ≫(2020. 6. 23)
3. "은혜의 강 교회 코로나19 집단감염 원인은 '소금물 분무기'", ≪경향신문≫(2020. 4. 28)
4. Marianna Spring, "Coronavirus: The human cost of virus misinformation", BBC News(May, 27, 2020)
5. Foo Yun Chee, "Fight fake news linking 5G with coronavirus, European Union members urge", Global News(June, 2, 2020)
6. Adam B. Ellick, Adam Westbrook and Jonah M. Kessel, "The Seven Commandments of Fake News", The New York Times,(Nov. 13, 2018)
7. Pamela Geller, "CORONAVIRUS: Reports of 10,000 DEAD in Wuhan, China", GELLER REPORT(Jan. 24, 2020)
https://gellerreport.com/2020/01/coronavirus-death-toll.html/?fbclid=IwAR3MwXJWV7OLJgrKCOnd9ZMdspDHUdsB8HAlZ6XzH5s16qdP_kkzGSE1LkE
8. "Health experts refute false claims that drinking boiled garlic water cures novel coronavirus", AFP Fact Check(Feb. 5, 2020)

9. Scott Brennen, Felix Simon, Philip N. Howard, & Rasmus Kleis Nielsen, "Types, sources, and claims of COVID-19 misinformation", Oxford's Reuters Institute for the study of journalism(April, 7, 2020)
https://reutersinstitute.politics.ox.ac.uk/types-sources-and-claims-covid-19-misinformation
10. "[서평] 크라이시스 마케팅…. 코로나19를 극복할 세계 석학들의 해법", ≪미래 한국≫(2020. 5. 4)
11. "은혜의 강 교회 코로나19 집단감염 원인은 '소금물 분무기'", ≪경향신문≫(2020. 4. 28)
12. "Saline solution kills China coronavirus? Experts refute online rumour", AFP Fact Check(Jan. 24, 2020)
13. "마늘-카레로 바이러스 예방? … 불안 · 혼란 부추기는 인포데믹 우려", ≪동아일보≫(2020. 3. 17)
14. "[특집]'가짜뉴스' 어떻게 구별해야 할까", ≪주간경향≫(2019. 9. 10)
15. "Researchers offer ways to address life under COVID-19", Science Daily(April, 30, 2020)
https://www.sciencedaily.com/releases/2020/04/200430113048.htm
16. 황치성, 『미디어리터러시와 비판적 사고-디지털 세상에서 자기주도적 삶과 학습을 위한 지침서』, 교육과학사, 2018.
17. 황치성, 『세계는 왜 가짜뉴스와 전면전을 선포했는가-허위정보의 실체와 해법을 위한 가이드』, 북스타, 2018.
18. "'가을 전 대유행 올 수 있다' 정은경 본부장", ≪동아사이언스≫(2020. 6. 22) http://dongascience.donga.com/news/view/37631
19. "파우치 '정치적 헛소리 대신 과학 · 증거 따를 것'…트럼프 겨냥 일침", ≪경향신문≫(2020. 7. 15)

### 1장

1. 김문성, 『심리학 개론-심리학의 탄생부터 마음의 치유까지』. 스마트북,

2013.
2. "전 세계에 퍼진 예방법 알고 보니 가글 홍보?" YTN 뉴스(2020. 2. 25)
3. https://band.us/band/67180064/post/51379?goBand=true
4. "전 세계에 퍼진 예방법 알고 보니 가글 홍보?" YTN 뉴스(2020. 2. 25)
5. "These 14 claims on COVID-19 are viral, but misleading" AFP Fact Check(March, 19, 2020)
6. "빌 게이츠 재단이 6500만명 사망 예측? 전 세계 허위정보 팩트체크", 뉴스톱(2020. 2. 3)
http://www.newstof.com/news/articleView.html?idxno=10233
7. Pamela Geller, "CORONAVIRUS: Reports of 10,000 DEAD in Wuhan, China", GELLER REPORT(Jan. 24, 2020)
8. Olga Robinson and Marianna Spring, "Coronavirus: How bad information goes viral", BBC News(March, 19, 2020)
9. 같은 책
10. "생강물 마셔 코로나 바이러스 막는다? 의료인 사칭 문자에 시민 혼란", ≪한국일보≫(2020. 3. 2)
11. "'다니엘 래드클리프 신종 코로나 확진 판정받았다' 가짜뉴스로 드러났다", 허프포스트코리아(2020. 3. 11)
https://www.huffingtonpost.kr/entry/daniel-radcliffe-coronavirus_kr_5e689c39c5b6670
12. https://www.instyle.com/news/daniel-radcliffe-coronavirus-tweet
13. Queenie Wong, "Twitter users duped by fake account that falsely claimed Daniel Radcliffe has coronavirus", cnet(March, 10, 2020)
14. Evan Annett, "What is 'fake news,' and how can you spot it? Try our quiz", The Globe and Mail(Feb. 1, 2017)
15. https://www.truthorfiction.com/obama-executive-order-bans-pledge-allegiance
16. Caroline Wallace, "Obama Did Not Ban the Pledge". Fact Check.org(December, 2, 2016) https://www.factcheck.org/2016/09/obama-did-not-ban-

the-pledge/

17. 같은 책

18. Craig Silverman, "Here Are 50 Of The Biggest Fake News Hits On Facebook From 2016", BuzzFeed News(December, 30, 2016)

19. "가짜 보도자료에 속은 〈블룸버그〉 과징금 65억원 받아", ≪한겨레≫(2019. 12. 17)

20. "[김익현의 미디어 읽기] 표현의 자유 vs 언론의 책임: '가짜 자료'에 속은 블룸버그, 법의 보호 받을까", ZDNet Korea(2019. 12. 18)
http://www.zdnet.co.kr/view/?no=20191218144716

21. "[빌 게이츠 백신음모] 우리가 알던 그가 아니다. 빌 게이츠의 괴기 행적과 드러나는 실체", 2020년 4월 21일
https://www.youtube.com/watch?v=pYGeWO26DOo

22. https://namu.wiki/w/%EC%8A%A4%ED%94%BC%EC%B9%B4%EC%8A%A4%ED%8A%9C%EB%94%94%EC%98%A4

23. https://www.youtube.com/watch?v=SAQ2Lysa5QE

24. https://www.youtube.com/watch?v=pYGeWO26DOo

25. "빌게이츠, '사회주의만이 지구의 희망' … 갑자기 무슨 말?", ≪동아일보≫(2015. 11. 2)

26. James Bennet, "'We Need an Energy Miracle': Bill Gates has committed his fortune to moving the world beyond fossil fuels and mitigating climate change", The Atlantic(November, 2015)
https://www.theatlantic.com/magazine/archive/2015/11/we-need-an-energy-miracle/407881/

27. "사회주의가 대안? 빌게이츠는 그런 말한 적 없다: 세계 최대 부호, 종북좌파 인증? '초치는 언론', 두 차례 인용 거치며 원문에 없는 발언 확대 재생산", ≪미디어오늘≫(2015. 12. 3)
http://www.mediatoday.co.kr/news/articleView.html?idxno=125871

28. Louis Dore, "Bill Gates says that capitalism cannot save us from climate changeIndependent", The Independent(Sep. 30, 2015)

29. "사회주의가 대안? 빌게이츠는 그런 말한 적 없다: 세계 최대 부호, 종북 좌파 인증? '초치는 언론', 두 차례 인용 거치며 원문에 없는 발언 확대 재생산", ≪미디어오늘≫(2015. 12. 3)
30. "Innovating to zero!", Bill Gates(TED2010)
https://www.ted.com/talks/bill_gates_innovating_to_zero
31. "코로나19 가짜뉴스 범람…국민 불안감 증폭", ≪한의신문≫(2020. 3. 5)
32. "코로나19보다 무서운 '인포데믹' … 정보 방역이 변수", KBS 뉴스(2020. 3. 18)
33. "코로나19, '카레가 치료제'… 70만명에게 '가짜정보' 퍼뜨려", ≪조세일보≫(2020. 3. 5)
34. "14억 명 중 확진자 3명, 인도가 코로나19 강한 건 카레 덕분?", ≪중앙일보≫(2020. 3. 3)
35. "Turmeric and Lemon Help Fight Coronavirus? Doctors Say No Proof", The Quint(March, 12, 2020)
https://www.thequint.com/news/webqoof/turmeric-and-lemon-help-fight-coronavirus-heres-the-truth-fake-news-doctors-explain
36. "소금물 · 카레가루가 치료 효능? '정보전염병' 감염 조심하세요", ≪한겨레≫(2020. 3. 17)
37. "Coronavirus: YouTube bans 'medically unsubstantiated' content", BBC News(April, 22, 2020)
38. "코로나19 3월 3일 발생현황", eMD Medical News(2020. 3. 3)
https://www.mdon.co.kr/mobile/article.html?no=25882
39. "코로나19 전 세계 현황은?…7월 16일 신규확진자 미국 6만, 추가사망자 브라질 1천명 이상", 메디칼월드뉴스(2020. 7. 16)
40. https://book.naver.com/bookdb/book_detail.nhn?bid=10948582
41. "코로나19 가짜뉴스 범람…국민 불안감 증폭", ≪한의신문≫(2020. 3. 5)
42. "코로나19, '카레가 치료제'… 70만명에게 '가짜정보' 퍼뜨려", ≪조세일보≫(2020. 3. 5)
43. https://book.naver.com/bookdb/book_detail.nhn?bid=16339184

44. "Beware these fake claims about Covid-19", GroundUp(April, 16, 2020)
45. https://www.youtube.com/watch?v=I2M-NaPVacM
46. "False claim: Video claims COVID-19 patent has existed for years, hinting to conspiracy", Reuters Fact Check(May, 11, 2020)
47. Claire Savage, "Flu shot will not make you test positive for COVID-19", AFP Fact Check(May, 8, 2020)
48. 같은 책.
49. https://book.naver.com/bookdb/book_detail.nhn?bid=6818671
50. https://en.wikipedia.org/wiki/Rashid_Buttar
51. Flora Carmichael & Abid Hussain, "BBC World Service: Pro Indian 'fake websites targeted decision makers in Europe'", BBC News(December, 16, 2019)
52. https://www.newsguardtech.com/wp-content/uploads/2020/03/American-Thinker.com-3-24-20.pdf
53. https://washingtonposted.news/
54. NewsGuard, Coronavirus Misinformation Tracking Center. https://www.newsguardtech.com/coronavirus-misinformation-tracking-center/
55. EU Disinfolab(November, 15, 2019) https://www.disinfo.eu/2019/11/13/uncovered-265-coordinated-fake-local-media-outlets-serving-indian-interests/
56. https://timesofsouthkorea.com
57. Hiawatha Bray, "Survey says: Many Americans love their fake news", Boston Globe(Jan. 17, 2020)
58. https://www.healthyfoodhouse.com/
59. https://www.newsguardtech.com/coronavirus-misinformation-tracking-center/
60. https://en.wikipedia.org/wiki/List_of_fake_news_websites
61. https://www.snopes.com/news/2016/01/14/fake-news-sites/
62. https://blog.naver.com/sj871225/221790854719
63. "신종 코로나 '가짜뉴스' 작성 고등학생들, SBS에 방문 사과", ≪중앙일

보≫(2020. 1. 29)

64. 김선호. 「투명성 제고를 위한 네이티브 광고 규제정책: 미국 FTC 사례」, ≪KISO 저널≫ 제26호.(2017).
http://journal.kiso.or.kr/?p=7953
65. Rex Santus, "These activists spent $40K to make a fake Washington Post pushing Trump's impeachment", Vice News Huffpost(Jan. 17, 2019)
66. "'트럼프 대통령이 사임했다'…美 워싱턴 뒤흔든 '가짜뉴스'", ≪헤럴드경제≫(2019. 1. 18)
67. "'트위터 오타' 트럼프, 인터넷에서 조롱 이어져", ≪매일경제 ≫(2016. 12. 18)
68. "[서소문사진관] '트럼프 대통령 사임하다' 알고 보니 가짜 뉴스", ≪중앙일보≫(2019. 1. 17)
69. 김영석. 『설득커뮤니케이션』. 나남출판. 2005.
70. Melanie Payne, "Fact check: Did Florida county commissioner propose a blow dryer cure for coronavirus?", News-Press(March, 24, 2020)
71. "Fact check: debunking myths about coronavirus", The Ferret(March, 20, 2020)
https://theferret.scot/coronavirus-myths-fact-check-covid-19/
72. Melanie Payne, "Fact check: Did Florida county commissioner propose a blow dryer cure for coronavirus?", News-Press(March, 24, 2020)
73. "[팩트체크K] '춘해보건대 김희진 총장입니다' 코로나19 예방법…진실은?", KBS 뉴스(2020. 2. 24)
74. 세계보건기구 홈페이지
https://www.who.int/emergencies/diseases/novel-coronavirus-2019/advice-for-public/myth-busters
75. https://dimke.com/bio.html
76. "단톡방 가짜 뉴스에 '화들짝'", ≪LA중앙일보≫(2020. 4. 30)
77. "은혜의 강 교회 코로나19 집단감염 원인은 '소금물 분무기'", ≪경향신문≫(2020. 3. 16)

78. "[팩트체크K] 반복되는 소금 허위 정보…누가 왜 만들었을까?", KBS 뉴스(2020. 3. 18)
79. "Saline solution kills China coronavirus? Experts refute online rumour", AFP Fact Check(Jan. 24, 2020)
80. 같은 책.
81. "코로나19 음모론의 진원지가 된 페이스북, 왜?", WIRED UK(2020. 3. 11) https://www.wired.kr/news/articleView.html?idxno=1415
82. "False claim: Gargling with warm water and salt or vinegar will kill the coronavirus", Reuters fact check(March, 17, 2020)
83. "[Reality Check] Coronavirus: Bogus Jeff Bezos message and other misleading stories unpicked", BBC News(April, 11, 2020)
84. "마늘-카레로 바이러스 예방?…불안 · 혼란 부추기는 인포데믹 우려", ≪동아일보≫(2020. 3. 17)
85. "[팩트체크K] 반복되는 소금 허위 정보…누가 왜 만들었을까?", KBS 뉴스(2020. 3. 18)
86. "False claim: Gargling with warm water and salt or vinegar will kill the coronavirus", Reuters fact check(March, 17, 2020)

## 2장

1. "[팩트체크] '비상약 준비' '서울의대 졸업생 단톡방' 글 진짜일까?", JTBC 뉴스(2020. 3. 2)
2. "마늘 42쪽 끓여 1주일 마시면 예방? 판치는 사이비 민간요법", ≪조선일보≫(2020. 1. 30)
3. "신종 코로나바이러스 치료에 '마늘'이 좋다? 거짓 정보 난무", ≪의협신문≫(2020. 2. 2)
4. "Health experts refute false claims that drinking boiled garlic water cures novel coronavirus", AFP Fact Check(Feb. 5, 2020)
5. "바이러스 확산 우려에도 … 전광훈, 장외집회 총동원령", JTBC 뉴스

(2020. 2. 3)
6. “코로나19: 마늘, 아이스크림, 미네랄 보충제 … 민간요법 도움 될까?”, BBC 코리아(2020. 3. 9)
7. Alice Yan in Shanghai, “Coronavirus: desperate times drive some Chinese people to take desperate measures”, South China Morning Post(Feb. 15, 2020)
8. “의대 · 병원 이름 앞세운 ‘코로나19 가짜뉴스’ 기승”, ≪청년의사≫(2020. 3. 2)
https://www.docdocdoc.co.kr/news/articleView.html?idxno=1077997
9. “FactCheck: No, drinking water every 15 minutes will not protect you from getting the coronavirus”, the Journal.ie(March, 12, 2020)
10. “World Health Organization refutes viral claims that holding your breath can test for COVID-19”, AFP Fact Check(March, 11, 2020)
11. “Health experts say drinking water every 15 minutes does not prevent coronavirus infection”, AFP Fact Check(March, 9, 2020)
12. “코로나19: 마늘, 아이스크림, 미네랄 보충제…민간요법 도움 될까?”, BBC 코리아(2020. 3. 9)
13. “10초 이상 숨을 참고, 불편함 없으면 코로나19 감염안된 것?” 서울대학교 언론정보연구소(2020. 2. 28) https://factcheck.snu.ac.kr/v2/facts/2113
14. 로버트 치알디니, 『설득의 심리학 1- 사람의 마음을 사로잡는 6가지의 불변의 법칙』, 황혜숙 옮김, 21세기 북스, 2003.
15. “‘포모(FOMO) 증후군’을 아십니까?” 허프포스트코리아(2016. 7. 5)
16. “전 세계에 퍼진 예방법 알고 보니 가글 홍보?”, YTN 뉴스(2020. 2. 25)
17. “Jane Lytvynenko, New York City Officials Say There Is No Shut Down Planned This Weekend Because Of The Coronavirus”, BuzzFeed News(-March, 12, 2020)
18. “Reality Check, Coronavirus: Fake and misleading stories that went viral this week”, BBC News(April, 4, 2020)
19. https://news.naver.com/main/read.nhn?oid=001&aid=0011375162
20. https://news.naver.com/main/read.nhn?oid=052&aid=0001403009

21. https://news.naver.com/main/read.nhn?oid=422&aid=0000412321

22. http://www.tbs.seoul.kr/news/bunya.do?method=daum_html2&-typ_800=1&seq_800=10375429

23. https://namu.wiki/w/%EB%8C%80%EB%AC%B8%EC%9E%90%C2%B7%EC%86%8C%EB%AC%B8%EC%9E%90

24. "[Reality Check] Coronavirus: Bogus Jeff Bezos message and other misleading stories unpicked", BBC News(April, 11, 2020)

25. "중국산 '불량 진단키트' 의혹에 … 英 '환불해 달라'", ≪한국일보≫(2020. 4. 18)

26. https://www.facebook.com/DrRashidAButtar/videos/coronavirus/1043017082765439/

27. Julie Posetti & Cherilyn Ireton, "Journalism, 'Fake News' & Disinformation. Handbook for Journalism Education and Training", UNESCO, 2018. http://unesdoc.unesco.org/images/0026/002655/265552E.pdf

28. http://blog.daum.net/skyriders/6985797

29. "'가짜뉴스 법적대응' 확 바뀐 靑…결정타 '연합뉴스 로고'였다", ≪중앙일보≫(2020. 3. 11)

30. "CNA debunks fake tweet announcing school closure due to coronavirus outbreak", CNA News(Feb. 7, 2020)

31. "Dayasena Kiribando, This 2017 photo shows food waste in Australia – it is unrelated to the COVID-19 pandemic", AFP Fact Check(May, 12, 2020)

32. Melissa Davey, "Almost 90% of edible tomatoes thrown away based on appearance – research", The Guardian(2017. 10. 12)

33. 정은령 · 고예나, "인터넷 신뢰기반 조성을 위한 정책방안 연구", 서울대학교 산학협력단, 방송통신위원회, 2018).

34. Sami Acef, "This video was filmed in 2011, nearly a decade before the novel coronavirus outbreak", AFP Fact check(March, 19, 2020)

35. https://www.who.int/news-room/releases

36. "This video was filmed in Azerbaijan in November 2019", AFP Fact

check(April, 9, 2020)

## 3장

1. "[이인식의 멋진 과학] 잠재의식 속의 편견", 조선비즈(2008. 9. 20)
http://biz.chosun.com/site/data/html_dir/2008/09/19/2008091901060.html
2. https://namu.wiki/w/%EC%A1%B0%EC%A7%80%20%ED%94%8C%EB%A1%9C%EC%9D%B4%EB%93%9C%20%EC%82%AC%EB%A7%9D%20%EC%82%AC%EA%B1%B4?from=%EC%A1%B0%EC%A7%80%20%ED%94%8C%EB%A1%9C%EC%9D%B4%EB%93%9C
3. "조지 플로이드 사건이 드러낸 미국의 원죄 '인종차별'", 뉴스앤조이(2020. 6. 9)
http://www.newsnjoy.or.kr/news/articleView.html?idxno=300803
4. David Braucher, "Fake News: Why We Fall For It– Don't believe everything you read!", Psychology Today(December, 28, 2016)
https://www.psychologytoday.com/us/blog/contemporary-psychoanalysis-in-action/201612/fake-news-why-we-fall-it
5. "[이인식의 멋진 과학] 잠재의식 속의 편견", 조선비즈(2008. 9. 20)
6. 같은 책.
7. David Braucher, "Fake News: Why We Fall For It– Don't believe everything you read!", Psychology Today(December, 28, 2016)
8. Kavanagh, J. & Rich, M. D, "Truth Decay: An Initial Exploration of the Diminishing Role of Fact and Analysis in American Public Life", Rand Corporation, 2018.
9. Adam Waytz, "The Psychology Behind Fake News", KelloggInsight(March, 6, 2017) https://insight.kellogg.northwestern.edu/article/the-psychology-behind-fake-news
10. "가짜뉴스 모아보기", 스토리오브서울(2018. 8. 30)
http://www.storyofseoul.com/news/articleView.html?idxno=3157

11. "Before Trump: the real history of fake news", The Guardian(November, 22, 2019)
12. "허위뉴스는 독자가 만든다", ≪하바드비즈니스코리아 ≫(2018 11∽12 합본)
https://www.hbrkorea.com/magazine/article/view/7_1/page/3/article_no/1249
13. Adam Waytz, "The Psychology Behind Fake News", KelloggInsight(March, 6, 2017)
14. 페터 쾰러, 『다빈치가 자전거를 처음 만들었을까』, 박지희 옮김, 한국경제신문, 2020.
15. Shivam Vij, "India's anti–Muslim fake news factories are following the anti–Semitic playbook", The Print(May, 27, 2020)
16. 페터 쾰러, 『다빈치가 자전거를 처음 만들었을까』, 박지희 옮김, 한국경제신문, 2020.
17. "소셜미디어: 페이스북이 미얀마에 불러온 참극", BBC News 코리아(2018. 9. 14)
18. "미얀마 마웅 자니 인터뷰 '천천히 타오른 로힝야족 학살, 스마트폰이 혐오폭탄 됐다'", ≪경향신문≫(2018. 10. 23)
19. "천천히 진행 중인 제노사이드, 로힝야 학살, 마웅 자니(Maung Zarni)에게 듣는 로힝야 이야기", 참여연대(2018년 10월)
http://www.peoplepower21.org/International/1587170
20. "Hindu family leaves Gopalganj district in Bihar due to fear after their minor son was killed", OpIndia(May, 10, 2020)
https://www.opindia.com/2020/05/bihar–gopalganj–hindu–family–leaves–rohit–jaiswal–murder/
21. https://namu.wiki/w/%EC%BD%94%EB%A1%9C%EB%82%98%EB%B0%94%EC%9D%B4%EB%9F%AC%EC%8A%A4%EA%B0%90%EC%97%BC%EC%A6%9D–19/%EA%B2%BD%EA%B3%BC/2020%EB%85%84%205%EC%9B%94

22. Priyanka Jha, "Gopalganj case: OpIndia blames victim's father, accuses him of lying to give itself a clean chit", Alt News(May, 25, 2020)
https://www.altnews.in/gopalganj-case-opindia-defence-is-an-empty-defence/
23. Mahtab Alam, "Bihar: Case Against Rightwing Sites For Fake Claims of Communal Angle in Minor's Murder", The Wire(May, 15, 2020)
https://thewire.in/communalism/bihar-opindia-khabartak-minor-murder-muslims
24. Priyanka Jhapratik Sinha, "Gopalganj case: Boy drowns in river, OpIndia claims he was sacrificed in a mosque", Alt News(May, 17, 2020)
https://www.altnews.in/gopalganj-boy-drowned-in-river-opindia-falsely-claimed-that-minor-hindu-boy-sacrificed-by-mosque/
25. "Islamic propaganda website Alt News lies about OpIndia report, alleges OpIndia invented the recorded comments made by father of murdered minor boy in Bihar", OpIndia(May, 17, 2020)
https://www.opindia.com/2020/05/islamic-propaganda-website-alt-news-lies-about-opindia-report-alleges-opindia-invented-the-recorded-comments-made-by-father-of-murdered-minor-boy-in-bihar/
26. Priyanka Jha, "Gopalganj case: OpIndia blames victim's father, accuses him of lying to give itself a clean chit", Alt News(May, 25, 2020)
27. Payal Mohta, "Fuelled by social media, in India Muslims are 'a convenient scapegoat' for the coronavirus", EQUAL TIMES(May, 6, 2020)
https://www.equaltimes.org/fuelled-by-social-media-in-india#.XtAU3jozaUk
28. 같은 책.
29. 같은 책.
30. Geoffrey A. Fowler, "Dangers of misinformation: How to identify and stop the spreadIndependent Online", ABC News(June, 7, 2020)
31. Eli Saslow, "'Nothing on this page is real': How lies become truth in online

America", Washington Post(November, 18, 2018)
32. 케일린 오코너 · 제임스 오언 웨더럴, 『가짜뉴스의 시대—잘못된 믿음은 어떻게 퍼져나가는가』, 박경선 옮김, 반니, 2019.
33. "가짜뉴스가 확산되는 이유: 불완전한 인지과정, 확증편향이 주요 원인", 사이언스 타임스(2018.9. 4)
http://www.sciencetimes.co.kr/?news=%EA%B0%80%EC%A7%9C%EB%89%B4%EC%8A%A4%EA%B0%80-%ED%99%95%EC%82%B0%EB%90%98%EB%8A%94-%EC%9D%B4%EC%9C%A0
34. Prateek Sharma, "Cognitive biases and false memories: The psychology behind fake news and their spread in India", Firstpost(October, 27, 2019)
35. 황용석 · 정재관 · 정다운, 「가짜뉴스 관련 국내 입법안 분석과 그 한계 – 위헌성 여부를 중심으로」, ≪사회과학연구≫ 제 25권 제2호(2018), 101–123.
36. Marianna Spring, "Coronavirus: The human cost of virus misinformation", BBC News(May, 27, 2020)
37. https://namu.wiki/w/%EC%BD%94%EB%A1%9C%EB%82%98%EB%B0%94%EC%9D%B4%EB%9F%AC%EC%8A%A4%EA%B0%90%EC%97%BC%EC%A6%9D-19/%EA%B2%BD%EA%B3%BC/2020%EB%85%84%204%EC%9B%94
38. "신종 코로나 소독하겠다며 알코올 마신 이란인 728명이 사망했다", 허프포스트코리아(2020. 4. 28)
39. Nick Pisa, "HOT TODDY 'REMEDY' Coronavirus UK – First Brit known to catch virus 'beat deadly flu with glass of hot whisky and honey'", The Sun(Feb. 3, 2020)
40. Ross Ibbetson, "First Briton to contract coronavirus in Wuhan claims he refused antibiotics and shook off the deadly infection with a HOT TODDY of whisky and honey—as death toll soars to over 360", Mail Online(Feb. 3, 2020)
https://www.dailymail.co.uk/news/article-7959643/First-Briton-contract-coronavirus-claims-shook-infection-hot-toddy-whisky.html

41. "'음주로 코로나19 예방?' 가짜뉴스다", 디트뉴스 24(2020. 2. 28)
http://www.dtnews24.com/news/articleView.html?idxno=572434
42. https://www.hidoc.co.kr/healthstory/news/C0000501288
43. "'신의 선물' 믿었다 사망…트럼프발 가짜뉴스, 사람 잡았다", ≪중앙일보≫(2020. 4. 30)
44. Marianna Spring, "Coronavirus: The human cost of virus misinformation", BBC News(May, 27, 2020)
45. "WHO '술 마시면 코로나19 쉽게 걸리고 악화'", 연합뉴스(2020. 4. 16)
46. "코로나19 바이러스, 메탄올로 소독? 안 되요", 메디컬투데이(2020. 3. 24)
http://www.mdtoday.co.kr/mdtoday/index.html?no=381364

## 4장

1. 핵터 맥도널드, 『만들어진 진실-우리는 어떻게 팩트를 편집하고 소비하는가』, 이지연 옮김, 흐름출판, 2018. 20쪽.
2. Olga Robinson & Marianna Spring, " BBC Trending: Coronavirus: How bad information goes viral", BBC News(March, 19, 2020)
3. "[충격단독] 이만희 가짜시계!!! 문재인 야바위 의혹!!!", 가로세로연구소(2020. 3. 2)
https://www.youtube.com/watch?v=qsgdFRUgTEA
4. "'문재인과 이만희 악수' 가짜뉴스는 어떻게 나왔나", ≪경향신문≫(2020. 3. 7)
5. "문재인 측 '개성공단 불허, 전향적으로 검토해야'", ≪천지일보≫(2012. 10. 14)
6. "'문재인과 이만희 악수' 가짜뉴스는 어떻게 나왔나", ≪경향신문≫(2020. 3. 7)
7. "[팩트체크] 이만희와 문재인이 악수한 과거 사진이 있다?", 뉴스톱(2020. 3. 2)
http://www.newstof.com/news/articleView.html?idxno=10350

8. "코로나 치료돼도 폐손상 심각?…SNS 떠도는 가짜뉴스", ≪중앙일보≫(2020. 2. 27)
9. 같은 책.
10. "[팩트체크] '기재부-제약회사 사장단 회의 요약' … 실체는?", JTBC 팩트체크(2020. 2. 27)
11. "Fake Prescription of Ganga Ram Hospital's Doctor Goes Viral", The quint (June, 12, 2020)
12. Arjun Deodia, "Fact Check: This Covid-19 prescription is not given by Delhi's Sir Ganga Ram Hospital", India Today(June, 13, 2020)
13. "WHO, '안전성 논란' 하이드록시클로로킨 실험 재개", 뉴시스(2020. 6. 4)
14. Shachi Sutaria, "Delhi's Sir Ganga Ram Hospital Says Viral COVID-19 Prescription Is Fake", BoomLive(June, 12, 2020)
15. Megan Leonhardt, "Coronavirus scams have cost Americans $39 million so far—here's how to protect yourself", CNBC(May, 25, 2020)
16. "코로나19 정부지원 대출 빙자 보이스피싱 주의…20대 사기미수범 검거", ≪경향신문≫(2020. 5. 8)
17. "'힘드시죠' 코로나 19 정부지원 대출 등 빙자 사기 주의", 노컷뉴스(2020. 5. 8)
18. "코로나19 정부지원 대출 빙자 보이스피싱 주의 … 20대 사기미수범 검거", ≪경향신문≫(2020. 5. 8)
19. Julie Posetti & Cherilyn Ireton, "Journalism, 'Fake News' & Disinformation. Handbook for Journalism Education and Training", UNESCO, 2018.
20. "The next outbreak? We're not ready", Bill Gates(TED2015). https://www.ted.com/talks/bill_gates_the_next_outbreak_we_re_not_ready
21. "코로나19: 빌 게이츠는 어떻게 '코로나19 음모론'의 타겟이 됐을까?", BBC News Korea(2020. 6. 8)
22. "5년 전 전염성 바이러스 예측한 빌 게이츠 강연 재조명", YTN 뉴스( 2020. 4. 14)
23. "코로나19: 빌 게이츠는 어떻게 '코로나19 음모론'의 타겟이 됐을까?",

BBC News Korea(2020. 6. 8)

24. "'빌 게이츠가 코로나19 배후' 음모론에 독일 정치권 일제히 비판", ≪한겨레 ≫(2020. 5. 13)

25. "'빌 게이츠가 바이러스 만들어'…세계 곳곳 '코로나 음모론' 기승", ≪동아일보≫(2020. 4. 15)

26. "코로나19: 빌 게이츠는 어떻게 '코로나19 음모론'의 타겟이 됐을까?", BBC News Korea(2020. 6. 8)

27. "Innovating to zero!", Bill Gates(TED2010).
https://www.ted.com/talks/bill_gates_innovating_to_zero

28. https://www.youtube.com/watch?v=v4BQScY82Hs&feature=youtu.be

29. "[브랜드흥망사] '까르푸' 기억하세요? 한국에서 실패한 글로벌 유통 공룡", IT dongA(2018. 11. 26) https://it.donga.com/28417/

30. "Infowars' Jones Hawked 'Nanosilver Toothpaste' Fake Coronavirus Cure", Poligraph.info(March, 18, 2020)

31. "WARNING LETTER: Free Speech Systems LLC d.b.a. Infowars.com", FDA.
https://www.fda.gov/inspections-compliance-enforcement-and-criminal-investigations/warning-letters/free-speech-systems-llc-dba-infowarscom-605802-04092020

32. "Infowars' Jones Hawked 'Nanosilver Toothpaste' Fake Coronavirus Cure", Poligraph.info(March, 18, 2020)

33. Danny Wicentowski, "Jim Bakker and His Fake 'Silver Solution' Coronavirus Cure Sued by Missouri", AGRIVERFRONT TIMES(March, 10, 202)

34. "Infowars' Jones Hawked 'Nanosilver Toothpaste' Fake Coronavirus Cure", Poligraph.info(March, 18, 2020)

35. 같은 책.

36. Andrew Court, "FDA orders conspiracy theorist Alex Jones to remove claims from his Infowars website that his dietary supplements can boost immune systems and KILL coronavirus", Mail Online(April, 10, 2020)

37. 황치성, 『세계는 왜 가짜뉴스와 전면전을 선포했는가-허위정보의 실체와 해법을 위한 가이드』, 북스타. 2018.
38. "가짜 뉴스 '인포워스' 계정 폐쇄 이후 커지는  표현 자유 논란", ≪한국일보≫(2018. 8. 8)
39. "은나노 기술, 정말 항균효과 있나", 이웃집 과학자(2018. 12. 5) http://www.astronomer.rocks/news/articleView.html?idxno=86619
40. 같은 책.
41. " KIST · 서울대 연구진, 바이러스 잡는 은나노 소재 개발", ≪매일경제≫(2013. 6. 3)
42. "비타민D로 면역력을 강화시켜라", JTBC(2020. 3. 6) https://www.youtube.com/watch?v=OuFJa4IhcDk
43. Susan A. Lanham and others. "Vitamin D and SARS-CoV-2 virus/COVID-19 disease" BMJ Journals(June 09, 2020). BMJ Nutrition, Prevention & Health.
http://dx.doi.org/10.1136/bmjnph-2020-000089
44. "[구본권의 사람과디지털] 코로나19, 독감과 6가지가 다르다", ≪한겨레≫(2020. 3. 11)
45. "[팩트체크] 코로나19 치료법은 비타민C 섭취?", JTBC 뉴스(2020. 3. 3)
46. "Health experts say there is no evidence vitaminD is effective in preventing novel coronavirus infection", AFP Fact Check(Feb. 28, 2020)
47. https://www.who.int/emergencies/diseases/novel-coronavirus-2019/advice-for-public/myth-busters
48. "Health experts say there is no evidence vitaminD is effective in preventing novel coronavirus infection", AFP Fact Check(Feb. 28, 2020)
49. https://blog.naver.com/leemsan/221804010290
50. "Coronavirus panic in Hong Kong sparks run on toilet paper", DeccanHerald(Feb. 6, 2020)
51. "'사재기 대란' 홍콩서 휴지 강도 등장", KBS 뉴스(2020. 2. 18)
52. "신종 코로나보다 더 무서운 가짜뉴스; 정보의 출처와 내용을 확인하고

교차 검증하자", 브런치(2020. 3. 18).
https://brunch.co.kr/@mrnoface/40

53. "Fake news of shortage toilet paer and Tissue in Japan was made by a caregiver guy", K-Tora-Camp(March, 3, 2020)
54. "'휴지 없다' 유언비어에 우르르…SNS대란 재현', ≪헬스 컨슈머≫(2020. 3. 3)
55. 같은 책.
56. Keoni Everington, "Rumors over face mask shortage spark run on toilet paper in Taiwan", Taiwan News(Feb. 10, 2020)
57. Anne Quito. "Taiwan is using humor as a tool against coronavirus hoaxes", QUARTZ(June, 5, 2020)
58. David Derbyshire, "Colgate gets the brush off for 'misleading' ads", Telegraph(Jan. 17, 2007)
59. "코로나바이러스 없애는 목걸이?…'효과 검증 되지 않아'", KBS 뉴스(2020. 3. 10)
60. "코로나19 확산에 검증 안 된 예방용품 유통…성분 특성 꼼꼼히 따져봐야", ≪동아일보≫(2020. 3. 12)
61. "코로나바이러스 없애는 목걸이?…'효과 검증 되지 않아'", KBS 뉴스(2020. 3. 10)
62. "코로나19 확산에 검증 안 된 예방용품 유통…성분 특성 꼼꼼히 따져봐야", ≪동아일보≫(2020. 3. 12)

## 5장

1. 황치성,『세계는 왜 가짜뉴스와 전면전을 선포했는가-허위정보의 실체와 해법을 위한 가이드』, 북스타, 2018.
2. https://ko.wikipedia.org/wiki/%ED%92%8D%EC%9E%90
3. Surabhi Sabat, "Fact Check: Did An Italian Doctor Couple Die Of Coronavirus?", REPUBLICWORLD(March, 26, 2020)

4. 같은 책.

5. "코로나19 이탈리아 사망자 중국 추월", 연합뉴스( 2020. 3. 20)

6. "Fact Check: Did Italian Doctor Couple Die After Treating Coronavirus Patients? Know Truth Behind Viral Photo Showing Them Share a Last Kiss", Latestly(March, 25, 2020)

7. "'이웃이 사망했다'…여행 취소 수수료 아끼려 가짜뉴스 퍼뜨리는 사람들", 조선닷컴(2020. 3. 20)
https://news.chosun.com/misaeng/site/data/html_dir/2020/03/10/2020031001642.html

8. 같은 책.

9. Emily Bicks, "Phony Jersey Mike's Black Lives Matter Campaign Goes Viral on Twitter", heavy(July, 1, 2020)

10. "Yassir Lester Fools Internet with Fake Jersey Mike's BLM Post to Highlight Performative Corporate Gestures", The Comedy Bureau(July, 1, 2020)

11. http://flipperdeflap.blogspot.com/2012/11/kim-jong-un-named-onions-sexiest-man.html

12. Julie Posetti & Cherilyn Ireton, "Journalism, 'Fake News' & Disinformation. Handbook for Journalism Education and Training", UNESCO, 2018.
http://unesdoc.unesco.org/images/0026/002655/265552E.pdf

13. "'포토샵 보정' 심해서 당선 논란에 휩싸인 인니 국회의원", ≪한국일보≫(2019. 7. 15)

14. 같은 책.

15. "Kasus 'foto cantik' Evi Apita Maya: Mengapa MK memenangkan Evi?", BBC 인도네시아(August, 12, 2019)

16. "[와이파일]코로나19 지라시 추적기…그 가글액은 왜 나왔을까?", YTN 뉴스(2020. 3. 1)

17. https://kin.naver.com/qna/detail.nhn?d1id=7&dirId=7010107&docId=348197581&qb=7L2U66Gc64KYIOyYiOuwqSDqsIDquIA=&enc=utf8&section=kin&rank=3&search_sort=0&spq=0

18. https://blog.naver.com/skskal26/221822434410
19. "[와이파일]코로나19 지라시 추적기…그 가글액은 왜 나왔을까?", YTN 뉴스(2020. 3. 1)
20. "'코로나19 효과' 확산되면서 매출 급증 '구강 소독제'", 데일리메디(2020. 3. 2)
21. "[와이파일]코로나19 지라시 추적기…그 가글액은 왜 나왔을까?", YTN 뉴스(2020. 3. 1)
22. https://www.youtube.com/watch?v=0W9pawof-48
23. Rachel Manek, "How to avoid the top coronavirus scams", FOX11 News(-May, 12, 2020)
24. Gina Marini, "Better Business Bureau warns of fake COVID-19 test kits", WPRI.com(May, 19, 2020)
25. "초등생 장래희망, 유튜버가 의사 앞질렀다", ≪동아일보≫(2019. 12.11)
26. "'수익 노린 유튜버는 바보' 336만명 구독 백종원 쓴소리, 왜", ≪중앙일보≫(2020. 2. 4)
27. "태어나 '말보다 먼저 배운' 유튜브, 우린 갓튜브 제국에 산다", ≪한겨레≫(2018. 8. 18)
28. 같은 책.
29. "'코로나19 몰카' 유튜버들의 너무도 추악한 속내", 오마이뉴스(2020. 2. 19)
30. "'장난'으로 우한폐렴 가짜뉴스 올렸다가…경찰에 붙잡힌 20대들", ≪뉴데일리≫(2020. 2. 9)
31. "'코로나19 몰카' 유튜버들의 너무도 추악한 속내", 오마이뉴스(2020. 2. 19)
32. "'우한에서 왔어요 콜록콜록' 신종코로나 감염자 행세한 유튜버, 구속 피했다", ≪아시아경제≫(2020. 2. 12)
33. "부산지하철 코로나 감염자 행세 유튜버 '우짱' 재판으로", ≪매일신문≫(2020. 3. 13)
34. "[팩트체크K] 대통령 긴급명령으로 중국동포 투표권 줬다고?", KBS 뉴스(2020. 3. 9)
35. https://news.naver.com/main/read.nhn?mode=LSD&mid=sec&sid1=001&oi

d=001&aid=0011580689

36. "재난상황에 혐오 대상된 중국…'중국동포에 선거권 부여' 가짜뉴스 퍼져", ≪투데이신문≫(2020. 3. 13)
37. 같은 책.
38. "정부 · 언론 사칭하는 코로나19 가짜뉴스…경찰 '구속 수사까지 검토'", ≪경향신문≫(2020. 3. 15)
39. "비타민 C와 비타민D가 코로나바이러스 치료제로 최종 채택되었습니다", 머콜라(2020. 4. 12)
https://korean.mercola.com/sites/articles/archive/2020/04/12/%EC%BD%94%EB%A1%9C%EB%82%98%EB%B0%94%EC%9D%B4%EB%9F%AC%EC%8A%A4-%EC%B9%98%EB%A3%8C.aspx
40. Lorena Mongelli & Bruce Golding, "New York hospitals treating coronavirus patients with vitamin C", New York Post(March, 24, 2020)
41. "〈SBS 사실은〉 '비타민C로 치료' 소문 사실일까", SBS 뉴스(2020. 3. 3)
42. Rosie McCall, "New York Hospitals Are Using Vitamin C to Treat Some Coronavirus Patients", Newsweek(2020. 3. 26)
43. "False claim: Vitamin C cures the new coronavirus", Reuters Fact Check(April, 16, 2020)
44. Stephen Gruber-Miller, "Fact check: Vitamins C and D are not used in 'conventional treatment' of coronavirus", USA Today(May, 2, 2020)
45. "False claim: Vitamin C cures the new coronavirus", Reuters Fact Check(April, 16, 2020)
46. Rachel Nall, "What happens when you take too much vitamin C?", Medical News Today(December, 4, 2019)
47. Stephen Gruber-Miller, "Fact check: Vitamins C and D are not used in 'conventional treatment' of coronavirus", USA Today(May, 2, 2020)
48. "FDA warns doctor: Stop touting camera as disease screening tool", Chicago Tribune(April, 26, 2020)
49. "美 공정거래위, 선탠베드업체 판금처분 주목 … 왜곡되고 과장된 광고로

소비자 현혹..환불명령까지", ≪화장품신문≫(2016. 4. 15)

50. https://korean.mercola.com/sites/articles/archive/2020/04/12/%EC%BD%94%EB%A1%9C%EB%82%98%EB%B0%94%EC%9D%B4%EB%9F%AC%EC%8A%A4-%EC%B9%98%EB%A3%8C.aspx

51. 리 매킨타이어, 『포스트트루스-가짜뉴스와 탈진실의 시대』, 김재경 옮김, 두리반. 2018. 40쪽.

52. https://science.sciencemag.org/content/356/6336/364

53. "지난해 홍역으로 14만명 넘게 숨졌다…어린이가 다수", ≪아시아경제≫(2019. 12. 6)

54. "'백신 불신'이라는 유령이 전세계를 떠돌고 있다…", ≪매일경제≫(2018. 8. 31)

55. "페이스북에선 백신 무용론자 목소리가 더 크다", 동아사이언스(2020. 5. 14)

56. "예방접종은 음모인가", ≪의협신문≫(2016. 4. 25)

57. 같은 책.

58. 같은 책.

59. 홍성주 외.「연구 진실성 제고를 위한 사례연구」, 과학기술정책연구원. 2018. 127쪽-136쪽

60. 같은 책.

61. "란셋紙, MMR 백신의 자폐증 유발 논문 철회 결정", 메디컬타임스(2010. 2. 3)

62. https://archive.fo/GcACW 2020년 5월 8일

63. Daniel Funke, "PolitiFact fact-checks 'Plandemic': A documentary full of false conspiracy theories about the coronavirus", PolitiFact(mAY, 8, 2020)

64. "만성피로증후군 주범은 레트로바이러스(?)", 연합뉴스(2009. 10. 9)

65. "레트로바이러스-만성피로증후군 관련 없다", 메디컬옵저버(2011. 12. 26)

66. 같은 책.

67. Chris McGreal, "A disgraced scientist and a viral video: how a Covid conspiracy theory started", The Guardian(mAY, 14, 2020)

68. "'코로나, 누군가 의도적으로 퍼뜨려' … SNS에 퍼지는 음모론 '퇴치' 골몰", 조선비즈(2020. 5. 8)

69. Chris McGreal, "A disgraced scientist and a viral video: how a Covid conspiracy theory started", The Guardian(mAY, 14, 2020)

70. Angelo Fichera & Saranac Hale Spencer, D'Angelo Gore, Lori Robertson and Eugene Kiely, "The Falsehoods of the 'Plandemic' Video"
https://www.factcheck.org/2020/05/the-falsehoods-of-the-plandemic-video/

71. Daniel Funke, "PolitiFact fact-checks 'Plandemic': A documentary full of false conspiracy theories about the coronavirus", PolitiFact(May, 8, 2020)

| 지은이 소개 |

# 황치성

1989년에 한국언론진흥재단에 입사해 조사분석팀장, 월간 〈신문과방송〉 편집장, 미디어교육팀장, 책임연구위원을 거쳐 정년퇴임했다.
학부 때부터 신문방송학을 전공했으며 고려대 대학원에서 〈갈등이슈에 대한 개인 의견과 특정 신문에 대한 태도가 기사 편향 및 여론 지각에 미치는 영향 연구〉를 주제로 박사학위를 취득했다.
「이달의 기자상」 및 「한국기자상」 심사위원, 「한국방송대상」 심사위원을 역임했으며 경향신문에서 오랫동안 칼럼을 집필했다.
미디어교육 팀장을 수행하면서 미디어리터러시 영역의 묘미에 빠져 오랫동안 연구를 해 왔고 교육부에서 발간한 〈교육마당21〉 기획 자문위원, 미디어와 진로활동을 주제로 한 교사연수 강의, 서울시 교육청 자유학기제 교육과정 개발위원 활동을 했다. 현재는 방송통신심의위원회 규정 연구반 위원과 한국언론진흥재단 웹진 미디어리터러시 기획 자문위원을 맡고 있으며 미디어리터러시 및 가짜뉴스 분야 프리랜서로 활동하고 있다.
저서로는 〈세계는 왜 가짜뉴스와 전면전을 선포했는가〉, 〈미디어리터러시와 비판적 사고〉를 포함, 〈신종플루와 언론〉, 〈청소년의 미디어 이용과 21세기 핵심역량〉, 〈미래 성장동력으로서 미디어리터러시〉, 〈언론인의 직업환경과 역할 정체성〉, 〈갈등 이슈 보도의 새로운 접근〉, 〈SNS와 선거전략〉 등이 있다.

이메일 csnhwang@naver.com

## 코로나19 가짜뉴스 수사학

미디어리터러시 원리로 푸는 26가지 생각 레시피

---

2020년 9월 15일 1판 1쇄 인쇄
2020년 9월 20일 1판 1쇄 발행

지은이: 황 치 성
펴낸이: 한 정 주
펴낸곳: 교육과학사

경기도 파주시 광인사길 71
전화: (031) 955-6956~8 팩스: (031) 955-6037
Home-page: www.kyoyookbook.co.kr / E-mail: kyoyook@chol.com
등록: 1970년 5월 18일 제2-73호

정가 16,000원

ISBN 978-89-254-1536-9

Printed in Korea.